암살단

The Assassins

The Assassins

암살단

이슬람의 암살 전통

버나드 루이스 지음 | **주민아** 옮김 | **이희수** 감수

살림

마이클에게

차 례

추천사 … 9

감사의 말 … 16

서문 … 18

1. 아사신파의 발견 … 25

2. 이스마일파 … 57

3. 신종파 … 85

4. 페르시아에서 수행한 임무 … 127

5. 산중 노인 … 177

6. 수단과 목적 … 221

주석 … 244

찾아보기 … 274

일러두기

1. 이슬람의 인명과 지명 등은 현재 이슬람 관련 학계에서 통상적으로 사용하는 용어를 기준으로 하였다.
2. 옮긴이의 추가 설명은 본문 중에 괄호 안에 넣어 표시하였다.
3. 감수자의 추가 설명은 각주로 표시하였다.

추천사

아사신은 11세기경 이슬람교 시아파의 한 갈래인 이스마일 종파 일부에 붙여진 명칭이다. 종교적 열정과 자신의 신앙에 대한 확고한 믿음 때문에 박해를 받았고, 존재가 위협당하는 절박한 상황에서 종종 반대파 요인들을 암살하는, 고도로 숙련된 생존방식을 구사하기도 했다. 주류에서 소외된 소수종파로서 이스마일파는 자신들의 존재와 신념체계를 지키기 위해 끊임없이 지배층과 협상을 벌여야 했고 통치자의 안전보장과 묵인을 필요로 했다. 그러나 불안한 공존은 깨지기 일쑤였고, 체제 유지를 위해 눈엣가시인 이스마일파는 종종 정치적 희생양으로 박해의 손쉬운 대상이 되곤했다. 이스마일파 지도자는 항상 자신들의 기반을 뒤흔들려는 최고 통치자와 반대파 재상들에 대한 대비책을 세워 두어야 했다. 절대적인 영적 카리스마를 가진 이맘을 중심으로 무조건적 충성을 맹세한 암살단이 생겨나게 된 배경이다. 그들은 신념적 무장뿐만 아니라 고도로 훈련받은 암살 전문가로서 이맘의 명령에 따라

한 치의 오차도 없이 명령을 완수해 내었다.

이스마일파의 이러한 생존방식으로서의 요인 암살은 지나치게 과장되고 확대되어 이슬람 주류 사회와 서구 사회에 퍼져 갔고, 서구 사회에서 반대파 살해를 정당화하는 역사적 근거로 종종 원용되곤 했다. 아사신이라는 단어에서 오늘날 암살의 영어식 의미인 'assassination' 이란 단어가 파생되었음도 이러한 과정을 잘 설명해 준다.

시아파의 형성

이슬람의 마지막 예언자 무함마드는 632년 아무런 후계자를 남기지 않고 사망하였다. 후계 공백상태에서 무함마드의 추종자들은 당시 아랍 부족들의 관습에 따라 최고회의 '슈라'를 개최하여 전원합의제로 새로운 대표를 선출했다. 슈라에 의해 아부 바크르, 우마르, 오스만, 알리가 차례로 무함마드의 후계자인 칼리프가 되었다. 칼리프는 종교적 카리스마와 세속적 통치권을 모두 갖춘 초월적 지도권을 의미하였다. 특히 무함마드의 유일한 부계 혈족인 알리는 네 번째에 겨우 칼리프가 되었음에도 반대파들의 암살로 목숨을 잃었다. 예언자 무함마드의 4촌 동생이자 사위로서 마지막 칼리프가 된 것도 억울한데, 알리의 살해는 그의 추종자들에게 돌이킬 수 없는 좌절을 안겨 주었다. 무엇보다 680년 이라크의 카르발라에서 알리의 아들인 후세인이 시리아의 우마이야 왕조 세력에 의해 무참하게 학살당하자 알리의 추종자들은 도저히 시리아 중심의 아랍 세력들과 신앙을 함께할 수 없다고 생각하고 떨어져 나왔다. 그들이 바로 시아파들이다. 이처럼 '시아Shi'a'라는 말은 '떨어져 나온 무리'란 의미이다. 그러다 보니 남아 있는 주류 공동체가 자연히 순니파가 된 셈이다. 후일 그들이 정통 주류로 자처하면서 이슬람 공동체는 크게 순니와 시아로 양분되었다.

이스마일파의 등장

시아파와 순니파는 종파적 차이라기보다는 정치적 배경으로 노선을 달리하게 된 정파에 가깝다. 시아파는 성직자 계층을 두지 않는 순니파와는 달리 종적 이념체계를 강조하여 이맘이라는 독특한 개념을 강화했다. 신의 대리인인 이맘은 오류를 범하지 않는 완성된 인격체로서 신의 메시지를 전달하는 초현실적 카리스마를 갖고 있다고 믿었다. 그 종교적 카리스마는 순니파들이 옹립한 아부 바크르, 우마르, 오스만 중심의 칼리프가 아니라 무함마드에서 알리로 정통성이 이어지며 알리의 후손만이 이슬람의 맥을 이을 수 있다고 믿었다. 그러나 알리의 후손들은 873년 12대째 이맘 무함마드 후자트 알라를 끝으로 맥이 끊겨 버렸다. 그러나 시아파 추종자들은 마지막 이맘이 죽지 않고 사라졌을 뿐이며 언젠가 마흐디(메시아)로 재림할 것이라는 믿음을 갖게 되었다. 이처럼 12명의 이맘을 추종하는 사람들은 이타나 아시아리Ithana Ashiari 혹은 12이맘파(Twelvers)로 알려져 있으며, 시아파 중에서도 보다 온건한 분파에 속한다. 16세기 이후 12이맘파는 이란 사파비 왕조의 국교가 되면서 이란에 확고한 종교적 기반을 갖추었다.

문제는 6대 이맘 사후에 계승권을 둘러싸고 벌어진 첨예한 논쟁이었다. 이맘 알리 이후 765년 6대 이맘 자파르 알 사디크Ja'far al-Ṣādiq가 사망한 큰 문제가 생겼다. 자파르의 장남이 이스마일Ismā'īl이었는데, 그는 여러가지 석연치 않은 이유로 이맘 자리를 상속받지 못했다. 한편 장남인 이스마일을 7대 이맘으로 추종하는 무리가 있었는데 이들을 7이맘파 혹은 이스마일파라 한다. 시아파 내에서도 소수로 몰린 이스마일파는 내부 결속과 신앙의 정체성을 강화하기 위해 독특한 교리를 발전시켰다. 그들은 꾸란 구절에는 외적 의미인 자구적 해석만이 아니라 내적 의미(batin)가 숨겨져 있는데, 이맘만이 그 진정성에 도달할 수 있다고 믿었다.

이스마일파의 조직과 교리

이스마일파는 조직 구성에 있어서도 선교나 설교, 즉 '다와'를 담당하는 '다이'라는 선교 전문 집단을 두었다. 다이는 문자 그대로 설교자를 의미하며 그들은 서품 받은 성직자와 같은 조직체였다. 이 조직의 최고 직책은 다이들의 수장으로 후자hujja라 불렸다. 물론 이맘은 이스마일파의 신학적·정치적 체계 전반에서도 중심인물이었다. 이스마일파의 가르침에 따르면 오직 이스마일파 이맘만이 신의 계시와 우주적 이치를 입증할 수 있었다. 이스마일파 이맘만을 진정한 이맘으로 여겼다. 그들의 경쟁자들은 찬탈자고 죄인이었으며, 경쟁자의 가르침은 거짓이었다.

충성과 순종을 강조하고, 기존의 세상을 거부하는 이스마일파 교리는 때때로 은밀한 혁명 반대파의 수중에 들어가면서 강력한 이념적 무기가 되었다. 9세기 후반과 10세기 초 이슬람 제국인 압바스조의 혼란과 분열을 틈타 이스마일파의 활동과 영역구축은 최고조에 달했다. 예멘에서 그들은 지속적인 승리를 확보했고, 드디어 908년 이스마일파 추종자였던 우바이둘라가 이집트의 파티마 왕조의 초대 칼리프가 되도록 하는 데 성공했다.

그러나 1094년 파티마 왕조 칼리프 알 무스탄시르가 죽자, 이스마일파는 다시 두 그룹으로 나뉘었다. 한 그룹은 카이로에서 등극한 어린 아들을 받들었고, 또 다른 그룹은 권좌에서 밀려나 피살된 무스탄시르의 큰아들 니자르Nizar에게 충성을 맹세했다. 하산 이 사바흐가 주도하는 페르시아의 이스마일파가 바로 니자리파로 알려진 두 번째 그룹이었다. 니자리파는 파티마 왕조의 새 칼리프를 부정할 뿐만 아니라, 당시 새로운 이슬람 세력의 중심으로 시아파 파티마조를 위협하던 셀주크 투르크의 지배에 대항해 급진적이고 폭력적인 투쟁을 시작했다. 하산 이 사바흐가 주도하는 새로운 형태의 폭력적 투쟁조직은 아사신Assassins, 즉 암살단으로 불리게 되었다. 이 명칭은 마약의 일종인 아랍어 하시시hashish에서 유래되었다.

아사신들은 북부 페르시아의 근접할 수 없는 험준한 산악지대인 알라무트와 시리아에 단단한 요새를 짓고 헌신적이고 광신적인 추종자 집단을 양성했다. 그들은 신비스러운 은둔자 이맘의 이름으로 이슬람 국가들의 왕과 고위 관료들에 대한 암살을 주도면밀하게 수행했는데, 1092년 셀주크 투르크의 명재상 니잠 알 물크 암살을 비롯하여 십자군

전쟁의 영웅 살라딘 암살 미수에 이르기까지 일련의 대담한 암살사건의 배후로 알려져 있다. 이스마일파 암살단은 13세기 몽골 침략 이후 급격히 세력이 약화되어 미미한 이단종파로 변모되었다. 니자리파는 현재 이란, 시리아, 인도 등지에서 아가 칸이란 이맘 공동체로 명맥을 유지하고 있다.

아사신파의 등장과 소멸

급진 이스마일파인 니자리파는 단순히 음모를 꾸미고 암살을 저지르는 집단만은 아니었다. 그들은 자랑스러운 과거와 전 우주적 임무를 지닌, 한 종교의 독실한 교도들이었다. 그리고 다른 신실한 신도들처럼 그들의 명예와 원칙이 담긴 과거와 근거지가 온전히 보존되기를 간절히 바랐다. 암살은 정치적 목적을 달성하는 효율적인 책략으로 역사상 거의 모든 국가에서 공통으로 발견되는 현상이지만, 그 악역을 이스마일파 니자리들에게 과장하여 지우는 것은 서구의 지나친 왜곡임에 틀림없다.

역시 버나드 루이스다. 아사신이라는, 크게 관심을 갖지 않는 한 주제를 철저하고 광범위하게 추적하고 역사적으로 정리해 주었다. 유럽에서 만들어진 아사신에 대한 고정관념과 이미지의 확대재생산 과정을 시기별로 1차 사료를 분석하면서 논리정연하게 서술해 준 책이다. 중세 이후 서구 세계에 만연된 관점에 의하면, 아사신파의 분노와 무기는 주로 십자군을 겨냥했다. 이는 명백히 잘못된 역사적 사실이다. 아사신파에 암살된 수많은 인물들 중에서 십자군은 극소수에 불과하며, 희생자의 절대다수는 무슬림들이었다.

금세기 중동 최고의 석학으로 그의 해박한 지식과 정교한 문헌분석, 학문적 경계를 허물며 동서양을 종횡무진으로 넘나드는 이 책을 통해 이슬람 역사에 대한 지적 여행의 즐거움을 다시 한번 맛볼 수 있기를 기대한다.

이 희 수(한양대 문화인류학과 교수/이슬람문화연구소 소장)

감사의 말

먼저 맨체스터 대학교의 존 앤드루 보일John Andrew Boyle 교수와 대학 출판부에 감사를 전합니다. 보일 교수는 1958년 페르시아어로 된 아타 말리크 주바이니Ata-Malik Juvaini의 연대기를 영어로 번역하여 『세계정복자의 역사*The history of the world-conqueror*』를 출간했습니다. 교수님과 출판부가 그 저서 중 많은 구절을 인용할 수 있도록 기꺼이 허락해 주셨습니다. 그리고 위스콘신 대학교의 세턴K. M. Setton 교수님과 출판부에도 감사를 드립니다. 1955년 세턴 교수가 책임편집자로서 볼드윈Marshall W. Baldwin과 공동으로 엮은 『십자군의 역사*A history of Crusaders*』 제1권 『초기 백년사*The first hundred years*』 가운데 아사신파에 관한 내용 일부를 이번 책에 그대로 실을 수 있도록 허락해 주셨습니다. 또한 대영박물관의 메러디스 오웬스G. Meredith Owens 님께 감사를 드립니다. 이 책에 실린 여러 가지 일러스트 자료를 끈기를 갖고 찾아서 빌려 쓸 수 있도록 더 없이 큰 도움을 주셨습니다. 이스탄불 대학교의 누란 아토소이Dr. Nurhan

Atosoy 박사께도 감사를 전합니다. 그 분의 연구실에서 여러 터키어 소장 자료를 확인하고 얻을 수 있었습니다. 이스마일파 요새에 관한 세계적 권위자 메이저 피터 윌리Major Peter Willey 님께 고마움을 전합니다. 사진을 마음대로 쓸 수 있도록 해 주셨습니다. 원고 교정을 봐준 아내와 우리 딸, 고마워요. 마지막으로 날카로운 문학적 판단과 정확한 편집자적 시각을 기꺼이 내 주신 하토A. T. Hatto 교수께 다시 한번 감사를 드리고 싶습니다.

출판사에서 이 책 안에 일러스트 자료를 실을 수 있도록 해 주신 다음 분들께 감사를 전합니다. 7번, 8번, 9번, 11번 사진 게재를 허락하신 메이저 피터 윌리님, 1번과 5번 사진을 주신 대영박물관, 6번과 13번 사진을 주신 아사드S. I. Asad 님, 3번 그림을 주신 이스탄불의 슐레이마니예 도서관(Suleymaniye Library), 4번 사진을 주신 바르부르크 연구소(Warburg Institute), 2번 사진을 주신 이스탄불의 톱카피 사라이 박물관(Topkapi Sarayi Museum).

버나드 루이스

서문

1967년에 이 책이 처음 발간된 후, 출간 당시에 얻지 못했던 당대 사회와의 관련성을 이제야 얻게 되었다. 이후 속편 출간의 역사만 보더라도 이 사실을 쉽게 알 수 있다. 영어판은 영국과 미국에서 몇 회에 걸쳐 재판을 찍었고, 1982년 파리에서 프랑스어 번역판이 나왔다. 프랑스어판에는 맥심 로빈슨Maxim Robinson이 길고 흥미로운 서문을 써 주었다. 아랍어로 3권의 번역서가 출간되었는데, 그중 한 권은 사전에 나의 허락을 받은 책이다. 나머지 2권은 테헤란에서 불법으로 번역되었는데 첫 작업은 이란 군주 치하에서, 두 번째 작업은 이란 공화국 시대에 진행되었다. 이후 일어, 스페인어, 터키어, 이탈리아어, 독일어, 헤브루어 번역본이 나왔다.

외국의 번역본과 발행자들이 이 책에 부제를 덧붙이는 일이 허다한데, 그것을 보면 이 책의 내용과 그 주제에 대한 사람들의 관심이 변화하는 양상을 가장 잘 읽을 수 있다. 오리지널 영어판은 간단하게 『아사

신파: 이슬람의 과격 종파*The Assassins: A radical sect in Islam*』이다. 맨 처음 이 책을 번역한 프랑스어판은 부제를 '중세 이슬람의 테러리즘과 정치(Terrorism and Politics in Medieval Islam)'로 바꾸었다. 이탈리아어판은 본래 부제를 쓰고 거기에, 정확한 표현은 아니지만 '역사상 최초의 테러리스트(The First Terrorists in History)'라고 덧붙였다. 독일어판 제목은 『아사신파: 과격 이슬람의 종교적 암살 전통에 대하여*The Assassins: On the tradition of religious murder in radical Islam*』였다.

이렇게 부제를 수정한 의도는 명백하다. 이 책에서 설명된 사회적 변화와 활동을 오늘날 중동과 서구 사회에 영향을 끼치고 있는 그것과 비교하려는 것이다. 솔직히 중세의 아사신파와 현대 이슬람 암살단 사이에 나타난 유사성은 아주 놀랄 만하다. 가령 시리아와 이란의 연관성, 미리 계산된 테러 자행, 비밀 암살단이 보이는 완전한 충성, 적극적이라고 할 만큼 자기를 희생하는 태도, 대의명분에 충실하고 천국의 보상을 기대하는 점을 들 수 있다. 일각에선 중세 집단은 십자군을, 현대 집단은 미국과 이스라엘을 겨냥했으니 둘 다 공통적으로 외부의 적을 공격 대상으로 삼았다는 점에서 더 큰 유사성을 찾아냈다.

분명 그와 같은 유사성이 보일 것이다. 하지만 그렇다 해도, 그 유사성은 이 테러 공격의 실제라기보다 잘못된 인식에서 비롯된 것이다. 중세 이후 서구 세계에 만연된 관점에 의하면, 아사신파의 분노와 무기는 주로 십자군을 겨냥했다. 이는 명백히 사실이 아니다. 아사신파에 희생된 수많은 인물들 중에서 십자군은 극소수에 불과하며 이조차 무슬림의 문제로 인해 표적이 된 것이었다. 아사신파에 희생된 절대다수는 무슬림이었다. 즉 그들의 공격 목표는 기본적으로 전혀 관련성 없는 외부인이 아니라 당시 이슬람 세계를 지배하던 엘리트층과 잘못된 사고방식이었다. 현대 테러리스트 집단 가운데 일부는 분명 이스라엘과 서구인을 목표로 삼고 있다. 하지만 그 외에 많은 집단들은 장기적으로 볼 때 더 중요한 태도를 보인다. 그들의 1차 목표물은 이슬람 세계의 기성 체제, 즉 이슬람 개념을 배신한 체제이며, 목적은 그들 자신의 새로운 질서로 이 체제를 전복시키는 것이다. 이러한 사항은 이집트 대통령 안와르 사다트Anwar Sadat를 암살한 집단이 발표한 성명에서 확실히 드러났다. 그 무장 단체의 지도자가 자랑스럽게 "나는 파라오를 살해했다"라고 선언했을 때, 당시 이집트의 대통령이 이스라엘과 평화정책을 추진한다고 비난한 게 아니라, 그를 이슬람의 성경인 꾸란Qur'an에 나오는 불경한 폭군의 원형으로 가정하고 비난한 것이다.

중세 아사신파와 현대 무장 테러단체 사이의 흥미로운 유사성과 차이점은 또 있다. 중세 아사신파가 선택한 대상은 거의 변함없이 기성 체제의 통치자와 지배계층으로 군주, 장군, 고관대작, 주요 성직자, 관리들이었다. 현대 무장 테러단체와 달리 그들은 오로지 권력을 가진 지배 상류층만을 공격했으며 본연의 임무에 충실한 평범한 국민들에겐 절대로 위해를 가하지 않았다. 공격 무기도 거의 언제나 똑같았다. 임무를 맡은 아사신 요원이 직접 사용했던 단검뿐이었다. 그 당시에 큰 활이나 격발식 활, 탄환, 독약 등 단검보다 더 안전하고 간편한 무기를 구할 수 있었음에도, 한결같이 단검만을 사용한 것도 의미심장하다. 다시 말해 그들은 가장 힘들고 경호가 삼엄한 목표물과 가장 위험한 살해 방식을 선택했던 것이다. 이렇게 되면 아사신 요원은 자기가 맡은 목표물을 죽이고 나서 도망치려고 하지 않았으며, 동료들도 그를 구하려 하지 않았다. 우리 생각과는 정반대로 그들은 임무를 마치고 살아남는 것을 오히려 수치로 여겼다.

이런 면에서, 오로지 이런 면에서만 아사신파가 오늘날의 자살 폭탄 테러의 선조라고 생각될 것이다. 그러나 더 중요한 관점에서 그 자살 폭탄 테러집단은 선조들의 신념과 관습에서 급격하게 이탈했다. 이슬람은 줄곧 자살을 중대한 죄라고 여기면서 강하게 비판해 왔다. 자살은 그 장본인이 천국으로 갈 것이라고 아무리 강하게 주장해 봤자, 천국의 권리가 박탈되는 중죄로 오히려 그는 지옥에서 본인이 저지른 자살 행위를 끝없이 반복하는 고통으로 영원불멸의 처벌을 받게 될 운명이다. 한 가지 확실한 차이점이 있다. 아사신파가 절대적으로 강력한 적의 수중에 자신을 그대로 던지는 쪽이라면, 현대 테러집단은 제 손으로 죽음을 자초하는 쪽이다. 전자의 경우, 어느 정도의 권위를 인정받은 성전에서 실행하면 천국으로 가는 직행표이지만 후자의 경우는 지옥 불에 떨어지는 지름길이다. 과거에 결정적으로 차별화되었던 둘 사이의 경계가 흐려진 것은 자살 폭탄을 관습으로 흡수, 새로운 이론의 기틀을 마련했던 20세기 무슬림 신학자들의 소행이다.

기독교, 유대교와 마찬가지로 이슬람도 윤리적인 종교이다. 그래서 테러와 협박은 이슬람의 신앙이나 율법에서 찾아볼 수 없다. 심지어 이슬람 율법은 성전을 일종의 종교적 의무로 규정하면서도 전쟁 수행에 필요한 여러 가지 정교한 원칙을 내세운다. 예컨대 그 원칙에는 교전의 시작과 끝, 민간인 처리, 무차별적 무기 사용 지양 등의 문제가 포함된다. 그럼에도 현재 많은 무슬림들 중에 이슬람 종교의 이름으로 살인을 저지르는 집단이 존재한다. 따라서 중세 아사신파 연구 작업은 한 가지 유용한 목적을 갖게 된다. 이 연구는 암살과 살인에 대한 주류 이슬람의 태도를 설명하는 지침서가 아니다. 오히려 이 연구를 통해 특정 집단이 어떻게 해서 기초적인 이슬람 종교와 정치 연합체에 과격하고 폭력적인 변화를 일으켰는지, 그리고 그들만의 목적을 위해 신정 체제를 어떤 식으로 이용하려고 했는지 밝힘으로써 한 가지 실례가 될 것이다. 따라서 이란에서 출발하여 시리아와 레바논 산악 지대로 확산되었던 중세 아사신파의 역사는 우리에게 교훈이 될 수 있다. 아사신파를 통해 알게 될 교훈 중에서, 무엇보다도 가장 중요한 점은 아마도 그들이 최종적으로 실패했다는 사실일 것이다.

2002년 6월

뉴저지, 프린스턴

버나드 루이스

1장 아사신파의 발견

الله

1332년 프랑스의 필립 6세는 빼앗긴 '성스러운 기독교 성지'(예루살렘과 팔레스타인을 가리킨다. ―역주)를 되찾기 위해 새로운 십자군 원정을 생각하고 있었다. 이때 독일의 성직자 브로카르두스Brocardus는 이 원정 수행에 필요한 지침과 권고사항을 왕에게 전달하면서 보고서 한 편을 작성했다. 그가 아르메니아Armenia에서 얼마간 체류했던 경험을 바탕으로 작성한 그 보고서의 주요 부분은 동방 원정길에 도사리고 있는 특정 위험 요인들과 이에 맞서 방어할 때 필요한 예방 조치들이었다. 그 위험 요소 중에 아사신파가 들어 있었다.

"그들은 아사신이라고 하는데, 저주와 천벌을 받을 것들이다. 그들은 자기를 팔아치우고, 사람의 피에 굶주린 자들이다. 그들은 대가를 받고 무고한 사람을 죽이며 생명이나 구원 같은 건 신경 쓰지 않는다. 다른 나라의 몸짓, 옷, 말, 관습과 행위를 모방하여 마치 악마처럼 천사의 모습으로 둔갑한다. 그러니까 양의 탈을 쓰고 숨어 있다가 정체가 발각되는 순간 죽어 버린다. 실제로 내가 그들을 본 적이 없고, 주변의 평판이나 문서를 통해 알고 있는 사실이라, 더 이상 밝힐 게 없으며 더 완벽한 정보를 줄 수 없다. 특정한 관습이나 표시로써 그 부족을 알아보는 방법을 알려드릴 수도 없다. 이런 면에서 내가 아는 바가 없고 다른 사람들도 마찬가지다. 또한 이름을 듣고 감지하는 방법도 알려드릴 수가 없다. 그 집단이 너무나 저주스럽고 모두가 그 부족을 혐오하기 때문이며, 그들은 최대한 본래 이름을 숨기고 살아가기 때문이다. 따라서 나는 왕을 안전하게 지키고 보호할 수 있는 단 한 가지 방법을 알고 있다. 왕실의 모든 사람들 중에서 그 역할이 무엇이든, 아무리 보잘것없고 사소하고 초라하다 할지라도 그들의 나라, 도시, 족보, 배경, 인간성을 확실하게, 완전히, 명백하게 밝히지 못한다면 어느 누구도 받아들여선 안 된다."[1]

브로카르두스가 볼 때, 아사신파는 특별히 기술이 뛰어나고 위험한 부족으로 구성된 비밀 암살단이었다. 그는 동방의 여러 위험 요소 중 하나로 아사신파를 언급했으나 그들의 정확한 근거지, 종파, 국가를 밝히지 못했으며 종교적·정치적 목적이 무엇인지도 확실히 알지 못했다. 다만 아사신파는 무자비하고 기술이 뛰어난 암살단이므로 대비를 철저히 해야 한다는 정도였다. 사실 13세기 무렵, 아사신이라는 단어는 이미 여러 가지 형태로 나타나 유럽 어법에서 일반적으로 '고용된 전문 살인자'를 뜻하는 말로 통용되고 있었다. 1348년에 사망한 피렌체의 연대기 작가 지오반니 빌라니Giovanni Villani의 기록에 따르면, 루카Lucca 왕이 피사Pisa에 있던 적을 살해하기 위해 '왕의 자객(i suoi assassini)'을 보냈다. 이보다 조금 더 빠른 기록은 1321년에 사망한 단테Dante의 『인페르노*Inferno*』에서 찾아볼 수 있다. 그는 19편에서 죽음을 언급할 때 '간악한 살인자(lo perfido assassin)'라고 말한다. 14세기 단테 비평가인 프란체스코 다 부티Francesco Da Buti는 당시 일부 독자들에게 여전히 낯설고 모호한 그 단어를 이렇게 설명하였다. "아사신이란 돈을 목적으로 남을 살해하는 사람이다(Assassino è colui che uccide altrui per danari)."[2] 그때부터 '아사신'은 대부분의 유럽 언어에서 보통명사가 되었으며 암살자, 특히 은밀하고 간악하게 사람을 죽이는 살인자를 의미했다. 그 희생자는 대개 공공의 인물로서 광신적 태도나 탐욕 때문에 살해당했다.

단테(1265~1321)
13세기 이탈리아의 시인. 그는 저서 『인페르노』에서 '아사신'이라는 용어를 사용했다.

그러나 그 단어가 처음부터 그런 뜻으로 사용된 것은 아니었다. 실제로 맨 처음 십자군 연대기에 보면, '아사신'은 동부 지중해 연안 지역에 거주하는 잘 알려지지 않은 이슬람 종파로서 절대군주 '산중 노인(The Old Man of the Mountain)'이 이끄는 집단으로 등장한다. 특히 선한 크리스천과 무슬림이 하나같이 그들의 신앙과 행위를 혐오한다고 적혀 있다. 아사신파에 대한 초기 기록은 1175년 프리드리히 바르바로사Frederic Barbarossa 황제가 이집트와 시리아에 파견한 어느 특사의 보고서에도 나타난다.

"다마스쿠스Damascus(현재 시리아의 수도 —역주), 안티오키아Antioch(B.C. 60년 로마 통치 이후 고대 시리아 수도이자 최고의 도시로 성경에 '안디

옥'으로 나온다. —역주), 알레포Aleppo(시리아 할라브 주의 주도로 아랍어 이름은 할라브Halab이다. —역주) 국경 산악 지대에 어떤 사라센(7세기 이후 서아시아 이슬람교/사회를 부르는 말로, 십자군 원정 이후 서유럽에서 보편화되었다. —역주) 종족이 살고 있는데 제 나라 말로 '헤이세에시니Heyssessini'라 부르고 로마어로 바꾸면 '산상 노인(segnors de montana)'이다. 이 종족은 사라센 법에도 금지하는 돼지고기를 먹고, 어머니고 여자 형제고 구별 없이 모든 여자들을 취하는 등 무법천지다. 그들은 산악 지대에 거주하는데 난공불락의 성 안에 숨어 있기 때문에 쉽게 공략하지 못한다. 땅은 그리 비옥하지 않아 대부분 가축을 키우며 살아간다. 그들의 우두머리인 '수장(Master)'이 있는데, 사라센의 모든 군주들뿐 아니라 주변 크리스천 국가의 왕들에게도 가장 위협적인 공포의 대상이다. 그 수장은 경천동지할 방법으로 사람을 해하는 기술이 있었기 때문이다. 그 방식을 소개하면 다음과 같다. 이 수장이 사는 산악 지대 안에는 매우 높은 담벼락으로 둘러싸인, 참으로 아름다운 궁궐이 수없이 널려 있었으나 아무나 들어갈 수 없으며 출입문이라곤 경비가 매우 삼엄한 작은 문 하나뿐이다. 수장은 이 궁궐 안에 소작농의 아들들을 많이 데려다가 어릴 적부터 키우면서 아이들에게 라틴어, 그리스어, 로마어, 사라센어는 물론이고 이외에 다른 나라 말도 가르친다. 여러 교사들이 아이들을 맡아 성인이 될 때까지 지도하는데 수장의 어떤 말이나 명령에도 모두 복종해야 하며 그 명령에 따를 때, 모든 살아 있는 신을 지배하는 권력을 지닌 수장이 그들에게 천국의 기쁨을 전해줄 것이라고 가르친다. 또한 어떤 식으로든 수장의 뜻에 저항하면 구원받을 수 없을 것이라고 훈련시킨다. 어린 아이들은 궁궐에 들어오는 순간부터 성인이 되어 절대 수장이 누군가를 암살하라고 지시를 내릴 때까지 오로지 교사와 수련 지도자들만 만나며 그들이 가르치는 내용 이외에 다른 지도를 받지 않는다. 절대 수장은 그들과 함께 있는 자리에서 자신의 명령에 기꺼이 복종할 것인지 물어 보고 그렇게 하면 천국을 내려줄 것이라고 말한다. 그러면 그들은 지금까지 배운 대로 아무런 저항이나 추호의 의심도 없이 수장의 발밑에 엎드려 열성을 다해 수장이 시키는 일이면 뭐든지 다 하겠다고 대답한다. 거기서 수장은 일일이 황금 단도를 건네주고 자신이 지목하는 군주나 왕을 살해하도록 지시하면서 그들을 파견한다."[3]

몇 년 후 티레Tyre(현재 레바논의 해안 도시로 베이루트에서 약 80킬로미터 거리에 위치 —역주)의 윌리엄William 주교는 십자군 원정 역사에서 드러난 아사신파에 대해 짧은 설명을 덧붙였다.

"토르토사Tortosa 교구 내에, 페니키아Phoenicia로 불리기도 하는 티레 지역에 어느 부족이 살고 있다. 그들은 10개의 성과 거기에 딸린 마을을 갖추고 있으며, 소문에 의하면 그 수가 약 6만 명 정도이다. 그들에겐 세습이 아닌 오로지 지도자의 능력과 미덕을 보고 군주와 수장을 선출하는 관습이 있다. 그들은 위엄을 갖춘 칭호를 모두 마다하고, 지도자를 '장로(Elder)'라고 부른다. 백성들은 수장에게 복종과 순종을 바치는데, 이 유대관계는 수장이 시키는 일이라면 아무리 험하고 힘들거나 위험할지라도 열성을 바쳐 못할 게 없을 정도로 매우 강하다. 가령, 이 부족이 증오하거나 의심을 품은 군주가 있다면 수장은 부하에게 단검을 내리고 그 명령을 받은 사람은 누구든지 그 행위의 결과나 탈출 가능성을 전혀 고려하지 않은 채 즉시 임무를 수행한다. 수장의 명령을 수행할 기회를 얻기까지, 그들은 열성적으로 임무를 완수하기 위해서 필요한 노력과 수고를 아끼지 않는다. 우리 백성들과 사라센인들은 그들을 아사신이라고 부르지만, 이 이름의 기원은 알지 못한다."[4]

이렇게 수많은 이슬람의 군주와 관리들을 찌른 아사신파의 단검이 처음으로 십자군 희생자에게 향했으니, 그때가 1192년이었다. 최초의 희생자는 당시 예루살렘의 라틴 왕국 몬페라트의 콘라트(Conrad of Montferrat)였다. 이 암살 사건은 십자군에게 깊은 인상을 남겼고 이후 3차 십자군 연대기의 대부분은 두려움을 안긴 그 일당과 그들의 신앙, 끔찍한 살해 방법, 무엇보다 난공불락 요새에 숨은 수장에 대한 이야기와 연관된 것이다. 독일의 연대기 역사가인 뤼베크의 아르놀트(Arnold of Lübeck)는 이렇게 기록하였다.

"이제부터 나는 이 수장에 관한 모든 것을 이야기하겠다. 터무니없는 일처럼 보이겠지만, 믿을 만한 목격자들의 증거가 있으니 나는 그 존재를 입증할 수 있다. 이 '산중 노인'은 마법을 부려 백성들의 혼을 빼놓기 때문에 그 백성들은 신을 경배하지도 믿지도 않고 대신 그 수장만을 믿고 경배한다. 동시에 그는 영원한 즐거움을 누릴 수 있는 열락에 대한 희망과 약속을 건네고, 그들이 이승의 삶보다 죽음을 더욱 원하도록 만드는 등 이상한 방식으로 백성들을 유혹한다. 심지어 백성들은 높다란 벽에 올라가 수장의 신호나 명령 한마디면 뛰어내릴 정도이다. 그들은 뼈가 산산이 부서지면서 비참하게 죽어 가는 삶을 기꺼이 받아들이는 것이다. 수장은 세상에서 가장 축복받은 자는 인간을 죽여 피를 보는 자이며, 그 행위에 대한 앙갚음으로 스스로 죽음을 택하는 자라고 주장한다. 한 백성이 교묘한 기술로 사람을 살해하고 죽은 사람에 대한 앙갚음으로 그와 같이 복되게 죽는 과정을 밟기로 결심할 때, 수장은 직접 그 일에 쓰일 칼을 내려 준다. 다음, 그 백성을 무아지경과 망각의 상태로 빠져들게 만드는 독약으로 중독시켜서, 눈앞에 겉만 번지르르한 물질이 아니라 쾌락과 즐거움이 가득 찬 환상적인 꿈을 펼쳐 주는 마법을 부린다. 마지막으로 백성에게 암살 행위의 보상으로 이 모든 것을 영원히 얻을 수 있을 거라고 약속한다."[5]

사실 맨 처음에 유럽의 상상력을 자극했던 것은 아사신파의 살해 방식이 아니라, 위에 설명했듯 광신에 가까운 절대적인 헌신이었다. 프로방스의 어느 음유시인이 쓴 시를 들어 보자. "그대는 '산중 노인'이 아사신파를 지배하는 것보다 더 완벽하게, 그대의 힘 안에 나를 사로잡았도다." 또 다른 음유시인은 "아사신파가 절대적으로 충실하게 주인을 모시듯, 나도 절대로 어긋나지 않을 충실함으로 사랑을 받들었다오"라고 노래한다. 작자 미상의 어느 연애편지에서 글쓴이는 연인에게 이렇게 확신시킨다. "나는 그대의 아사신이오. 그대의 명령에 따라 이루어지는 천국을 얻고 싶다오."[6] 그러나 얼마 지나지 않아 아사신파의 충실함보다 살해 행위가 더욱더 강렬한 인상을 주게 됨으로써 오늘날까지 그대로 유지되어 온 '암살'이라는 뜻이 'assassin'이란 단어에 붙게 되었다.

레바논과 시리아 지역에서 십자군의 체류기간이 늘어나면서 그들은 아사신파에 대한 정보를 더 많이 얻을 수 있었고, 심지어 몇몇 십자군은 그들과 직접 만나 이야기도 나누었다. 템플 기사단(Templars)과 구호기사단(Hospitallers)은 아사신 성의 지배권을 장악해 그들로부터 공물을 받았다. 티레의 윌리엄 주교는 아사신파의 장로 '산중 노인'이 예루살

아사신파 장로 '산중 노인'의 명으로 알라무트 성에서 뛰어내리고 있는 피다이들.

렘 왕에게 동맹을 요청하러 갔다가 실패했다고 기록에 남긴다. 윌리엄 주교의 후임자는 1198년 샹파뉴의 앙리 백작(Count Henry of Campagne)이 아르메니아에서 본국으로 돌아오는 길에 아사신파 장로의 환대를 받았다는 다소 의심스런 이야기를 전해 준다. 당시 장로는 초대 손님을 교화시킬 목적으로 수많은 부하들에게 성벽에서 뛰어내리라고 명령했다. 그런 뒤에 정중하게 자신의 요구사항을 들어준다면 다른 부하들도 대줄 수 있다고 말했다. "만일 저 분께 해를 끼치는 자가 있다면, 도리어 그 자가 죽게 될 것이니 명심하라." 영국의 역사가 매튜(Matthew of Paris)는 이보다 더 그럴듯한 기록을 남긴다. 1238년 몇몇 이슬람 통치자가 보내는 사절이 유럽에 도착하였는데, 대부분 아사신파의 '산중 노인'이 보낸 사람이었다. 당시 동방의 몽골족이 새로운 패권자로 등장하여 위협이 되었던바, 사절단은 프랑스와 영국에 원조를 청하기 위해 유럽까지 갔던 것이다. 1250년경 성 루이St. Louis가 성지 이스라엘과 팔레스타인으로 십자군을 이끌고 갔을 때, 당시 아사신파의 '산중 노인'과 더불어 선물과 임무를 교환할 수 있었다. 아랍어를 할 줄 아는 수사 이브 르 브르통Yves le Breton이 아사신파에 보내는 왕의 사신들을 수행하여 아사신파의 수장과 종교에 대해 논의했다. 통역자 브르통의 보고서에 의하면, 아사신파에 대한 무지와 편견 때문에 아사신파가 속한 이슬람 종파의 교리 중에 일부 유명한 내용만

조금 알 수 있었다고 한다.[7]

십자군은 아사신파를 시리아 내에 존재하는 하나의 종파라고만 인식했고 이슬람 내에서 그들의 위치나 이슬람 영토 내 다른 집단과의 관계에 대해선 거의 알지 못했다. 십자군 설교 저자 중에 아크레Acre(현 이스라엘 아코Akko 지역 —역주) 주교 버티의 제임스(James of Virty)는 이슬람 관련 사건에 대해 가장 잘 알고 있던 사람이었는데, 13세기 초반에 아사신파가 본래 페르시아(페르시아는 현대 이란의 옛 명칭으로, 이 책에서 페르시아와 이란이 혼용된다. —역주)에서 유래했다고 지적했지만 그 사실 외엔 아무것도 모르는 듯하다.[8] 그러나 13세기 후반에 페르시아 내의 아사신파의 본 종파에 대한 새로운 정보들이 드러났다. 최초의 정보원은 플랑드르 출신의 성직자 루브룩의 윌리엄(William of Rubruck)이었다. 그는 프랑스 국왕의 명으로 1253년부터 1255년까지 몽골 제국 수도 카라코룸Karakorum의 대칸(Great Khan, 여기서는 몽골 제4대 황제이자 훌라구의 맏형인 몽케칸을 가리킨다. —역주) 궁을 방문하는 임무를 띠고 파견되었다. 그의 기록에 따르면 그 여정은 페르시아를 통과해야 했는데 바로 아사신파의 산악 근거지가 카스피 해의 남부 카스피 산맥과 인접한 곳이었다. 카라코룸에 도착한 윌리엄은 삼엄한 보안 조치에 매우 놀랐다. 그것은 당시 40여 명의 아사신파 신도들이 변장을 하고 대칸을 암살하려 한다는 소문 때문에 발생한 상황이었다. 이에 맞대응하여 대칸은 형제 한 사람을 선발해 아사신파의 근거지를 무너뜨릴 군대를 파견, 모조리 쓸어버리라는 명령을 내렸다.[9]

윌리엄이 페르시아 내 아사신파를 설명할 때 사용한 단어는 '물리크Muliech'나 '물리에트Mulihet'였는데, 이는 아랍어 '물히드mulhid', 복수형

13세기에 페르시아를 거쳐 여행했던 마르코 폴로의 견문록에는 아사신파의 근거지였던 알라무트 성과 그곳의 매혹적인 정원, 그리고 '산중 노인'에 대한 이야기가 나온다.

'말라히다malahida'를 잘못 쓴 것이다. 일탈자라는 뜻을 지닌 이 단어가 소위 기존 종파와 전혀 다른 종교 분파에 일반적으로 사용되었고, 특히 아사신파가 속한 이스마일파를 가리키는 말로 쓰였다. 아사신파는 앞선 사람들보다 훨씬 더 유명한 여행가 마르코 폴로Marco Polo의 견문록에 다시 등장한다. 그는 1273년 페르시아를 거쳐 여행했고, 그걸 바탕으로 오랫동안 아사신파의 근거지였던 알라무트Alamut 성과 골짜기를 기술한다.

"'산중 노인'은 그들 언어로 알로아딘ALOADIN이라고 불린다. 그는 두 개의 산 사이에 낀 골짜기를 성벽으로 둘러싸서 세상에 둘도 없는 가장 크고, 가장 아름답고, 사철 다양한 과실이 넘쳐 나는 정원으로 바꿔 버렸다. 그 안에는 누구나 한번쯤 상상해 볼 수 있는 가장 우아한 궁궐과 누각이 전부 금박의 아름다운 색깔로 뒤덮여 있다. 그리고 젖과 꿀, 포도주와 물이 졸졸 흐르는 수로가 여러 개 있다. 또한 세상에서 가장 아름다운 수많은 궁녀들이 온갖 악기를 연주하면서 너무나도 감미로운 노래를 부르며 차마 눈을 깜박일 수도 없이 매력적인 자태로 춤을 춘다. '산중 노인'은 그의 백성들이 이곳이 땅 위의 천국이라고 철석같이 믿도록 만들고 싶었다. 그래서 선지자 무함마드가 설파하던 천국의 모습 — 즉 젖과 꿀, 포도주와 물이 흐르는 아름다운 정원이어야 한다, 천국에 사는 모든 이들의 환락을 위해 어여쁜 여자들이 가득해야 한다 — 대로 그 정원을 건설했다. 그래서인지 진짜로 그 지역의 사라센인들은 그곳이 무함마드의 천국이라고 믿어 의심치 않았다.

어떤 남자도 그 천국의 정원에 들어갈 수 없었다. 단, 아시신Ashishin이 되려는 뜻을 품은 사람만 출입을 허용했다. 천국의 정원 입구에는 요새가 있었는데, 이 세상 전부를 막아 낼 수 있을 만큼 견고했다. 이곳이 정원으로 들어가는 유일한 출입구였다. '산중 노인'은 12세에서 20세까지 그 나라의 수많은 청년들을 궁궐로 데려왔다. 말하자면 군인이 될 소양이 있는 청년들이었다. 그는 그 청년들을 모아 놓고 무함마드가 늘 바라던 대로 천국에 대한 이야기를 들려주곤 했다. 그리고 그들은 사라센인들이 무함마드를 믿고 공경하듯 '산중 노인'을 믿고 따랐다. 그런 뒤에 '산중 노인'은 한 번에 4명, 6명, 혹은 10명씩 데리고 정원으로 데리고 가서, 처음으로 청년들을 깊은 잠에 빠뜨려 온갖 도취에 취하게 만드는 독약을 마시게 한다. 그렇게 해서 깨어나면 그들은 무함마드가 말하던 그 천국의 정원에 와 있음을 알게 된다.

그들은 눈을 떠 그렇게 아름다운 곳에 자기가 서 있다는 사실을 알고 진짜로 그곳이 천국이라고 생각했다. 그도 그럴 것이 아름다운 여인들과 궁녀들이 청년들의 혼을 쏙 빼놓을 정도로 희롱했고, 젊은 남자들이 원하는 바를 얻을 수 있었던 것이다. 그러니 그들은 절대로 그 궁궐을 버리지 못했을 것이다.

'산중 노인'이라 불리던 이 군주는 화려하고 웅장한 스타일로 궁궐을 유지했으며, 소박한 부족민들로 하여금 자신이 위대한 선지자라는 사실을 확고하게 믿을 수 있도록 조치했다. 그리고 그의 아시신 중 한 사람에게 임무를 전달하고 싶을 땐, 정원에 있던 청년 가운데 한 명에게 앞에서 언급했던 그 독약을 마시게 하고 궁궐로 데려갔다. 그리하여 그 젊은이가 약에서 깨어나면 천국은 사라졌고 성 안에 와 있음을 깨닫는다. 순간 넘치던 즐거움은 싹 없어졌다. 이윽고 그는 '산중 노인'의 면전으로 인도되는데, 눈앞에서 마치 진짜 선지자를 알현한 듯 넘치는 존경심으로 경배를 하였다. 그러면 군주는 어찌하여 여기에 왔는지 물어보고, 청년은 천국으로부터 오게 되었노라고 답하곤 했다. 그 모습은 무함마드가 율법에서 묘사했던 바로 그대로였다. 물론 이런 일은 군주의 명을 기다리는 다른 청년들과 아직 뽑히지 못한 사람들에게 그곳에 들어가고 싶다는 욕망을 크게 불러일으켰다.

'산중 노인'은 군주 암살 건이 생기면 선택된 청년에게 이렇게 말하곤 했다. "너는 가서 이러이러하게 그를 베어라. 그리고 네가 돌아오면 천사들이 너를 천국으로 인도할 것이다. 비록 네가 죽는다 해도, 내가 천사들을 보내어 너를 천국으로 불러들일 것이다." 이렇게 그는 청년들에게 믿음을 불러일으켰다. 그런 까닭에 청년들은 암살을 하는 과정에서 그 어떤 위험이 닥쳐와도, 기꺼이 그의 명령을 따랐다. 그가 말했던 천국으로 돌아와야 한다는 욕망이 컸기 때문이다. 이런 식으로 '산중 노인'은 백성들로 하여금 자신이 제거하고 싶은 사람을 암살시켰다. 따라서 이에 모든 군주들은 엄청난 두려움을 느낀 나머지 그 종파와 평화와 우호 관계를 지속하기 위해서 자진해서 공물을 바치고 속국이 되고 말았다.

또한 말하건대 그 '산중 노인'은 자기 밑에 특정한 사람을 두었다. 그 부하들은 '산중 노인'의 방식을 그대로 따라 했고 행동도 똑같았다. 이들 중 한 사람은 다마스쿠스 영토로, 또 다른 사람은 쿠르디스탄Curdistan으로 파견되었다."[10]

페르시아의 이스마일파를 아사신파로 부르고, 그들의 지도자를 '산중 노인'이라고 언급하는 등 마르코 폴로 — 어쩌면 필사하던 사람 — 는 당시 유럽에서 이미 익숙한 용어들을 사용했다. 그러나 아사신파는 페르시아 출신이 아니라 시리아 출신이었다. 아랍어와 페르시아어 자료는 '아사신'이 그 지방의 이름으로, 페르시아나 다른 국가의 종파는 해당사항이 없고 유일하게 시리아의 이스마일파를 가리키는 단어임을 명확히 보여준다.[11] '산중 노인'이란 칭호도 시리아어였다. 이스마일파가 그들의 부족장을 산중 노인이나 장로로 부르는 것은 당연했다. 아랍어로 샤이크Shaykh, 페르시아어로 피르Pir를 뜻하는 그 단어는 무슬림들 사이에서 존경을 뜻하는 보통명사였다. 하지만 '산중 노인'이라는 특정 호칭은 시리아에서만 사용되었던 것으로 보이며, 어쩌면 십자군들만 쓰던 단어인 것 같다. 그 호칭이 아직까지 그 시대의 기타 아랍어 문헌에는 나타나지 않기 때문이다.

이스마일파의 시리아, 페르시아 분파를 칭할 때 이 용어들의 사용이 일반화되었다. 마르코 폴로의 기록은 약 반세기 후 이탈리아 포르데노

네의 오도릭(Odoric of Pordenone)이 쓴 동방 관련 기록과도 비슷하다. 마르코 폴로의 서사를 통해 시리아의 아사신파가 유럽의 상상력에 더욱더 깊은 영향을 끼쳤던 것이다. 정원과 천국 이야기, 추종자들이 죽음을 각오하고 뛰어내리는 일, 변장과 암살에 있어 아사신파의 신출귀몰한 기술, 그들의 불가사의한 부족장 '산중 노인' 이야기는 역사서와 여행기부터 시, 소설, 신화에 이르기까지 유럽 문학에서 그 흔적을 많이 찾아볼 수 있다.

그 이야기는 정치에도 영향을 끼쳤다. 아주 일찍부터 유럽에서도 정치적인 암살이나 암살 시도를 할 때에 '산중 노인'의 부하들을 수소문하는 일부 무리가 있었다. 프리드리히 바르바로사가 밀라노Milan를 공격할 당시, 한 명의 아사신이 그의 군영에서 체포되었다는 소문이 있었다. 또 1195년 사자왕 리처드(Richard Coeur de Lion)가 시농Chinon에 머물고 있을 때, 아사신파라고 전해지는 자들이 15명이나 체포되었다. 그들은 프랑스 국왕의 지시로 리처드 왕을 암살하러 왔다고 밝혔다. 이후 그런 범죄가 빈번히 발생한 탓에, 수많은 통치자와 지도자들이 불편한 적을 처단하기 위해 '산중 노인'과 연계하여 그의 밀사들을 고용한 게 아니냐는 비난을 받았다. 그러나 이런 주장이 근거가 없다는 건 거의 확실하다. 페르시아든 시리아든 아사신파의 부족장들은 서부 유럽의 정치적 음모와 책략에 전혀 관심이 없었기 때문이다. 더구나 유럽인들도 다양한 암살 기술이 있었으므로 굳이 외부의 도움이 필요치 않았다. 14세기 무렵, 아사신이란 단어는 암살자를 뜻하는 말로 굳어졌고 원래 그 이름의 주인인 아사신파와의 특정한 연관성이 사라지고 말았다.

하지만 그 종파는 계속해서 유럽에 관심을 불러일으켰다. 그들의 역사를 맨 처음 학문적으로 탐색한 서구 학자는 드니스 르베이 드 바틸리Denis Lebey de Batilly인 것으로 보인다. 그는 1603년 리옹Lyons에서 관련 저서를 출간했다. 이 출간 연도는 매우 중요한 의미를 담고 있다. 르네상스 시대 이교도 윤리가 유입됨으로써 유럽에서 일종의 정책 수단으로서 암살 행위가 부활되었기 때문이다. 즉 기독교와 이교도 간의 종교전쟁으로 인해 암살 자체가 하나의 경건한 의무로 승화된 것이다. 국왕 한 사람이 국가의 정치와 종교를 결정할 수 있는 새로운 군주제가 등장함으로써 암살 행위는 국가가 나서서 용인하는 매우 효과적인 공격 수단이 되었다. 그리하여 군주와 고위 성직자들은 전혀 개의치 않고 정치적, 종교적 정적을 제거하기 위해 암살자를 고용하곤 했다. 게다가 이론가들은 언제든지 적나라한 폭력의 논리를 이데올로기라는 점잖은 엄폐물로 뒤덮을 준비를 하고 있었다.

그래도 르베이 드 바틸리의 의도는 온건한 편이었다. 프랑스에서 새롭게 통용되기 시작했던 특정 용어에 대해 그것의 진짜 역사적 의미가 무엇인지 밝히려 했기 때문이다. 그의 연구는 거의 기독교 자료를 기반으로 한다. 따라서 13세기 유럽에 알려졌던 내용 외에 별다른 것은 없다. 그러나 새로운 증거 없이도 새로운 통찰력은 얼마든지 나올 수 있다. 특히 당시 스페인 국왕의 부하에게 암살된 나소의 윌리엄(William of Nassau), 어느 도미니크회 수사에게 암살된 프랑스의 앙리 3세, 여러 자객들에게 쫓기면서 숱한 궁지에 몰렸던 영국의 엘리자베스 여왕 등 일련의 암살 사건을 목격한 세대는 손쉽게 그 저서가 알려주는 새로운 의미를 간파할 수 있었을 것이다.

아사신파의 기원과 정체성을 둘러싼 미스터리를 해결하는 데에 참

BIBLIOTHEQUE
ORIENTALE,
OU
DICTIONNAIRE
UNIVERSEL,
CONTENANT GÉNÉRALEMENT
Tout ce qui regarde la connoissance des Peuples de l'Orient.
LEURS HISTOIRES ET TRADITIONS
LEURS SCIENCES ET LEURS ARTS,
Par Monsieur D'HERBELOT.
A MAESTRICHT.

1603년 리옹에서 발간된 르베이 드 바틸리의 저서 『고대 아사신파 단검의 기원을 찾아서』의 표지.

으로 중요한 최초의 진보가 이루어진 것은 초기 계몽사상의 산물이었다. 1697년 바르톨로메 데르벨로Bartholome d'Herbelot의 위대한 저서 『비블리오테크 오리엔탈레*Bibliotheque Orientale*』가 그 신호탄이었다. 이 책은 그 당시 유럽 내 동방 학자들이 이슬람의 역사, 종교, 문학에 대해 제공할 수 있는 거의 모든 내용을 수록한 역작이었다. 또한 사상 처음으로 당시 유럽에 전파된 극소수의 이슬람 자료를 활용한 저서로, 교리에 얽매이지 않고 학문적 추구를 통해서 이슬람 종교 역사의 거시적 맥락에서 페르시아와 시리아의 아사신파를 정립하려고 노력하였다. 바르톨로메에 따르면, 아사신파는 중요한 반체제 종파인 이스마일파에 속하며 그 자체로는 시아파의 분파이다. 시아파는 순니파(Sunnis)와 더불어 이슬람의 양대 종파로 불리면서 대립 각을 세우고 있다. 이스마일파 수장은 이맘Imam이라고 하는데 이들은 이스마일 이븐 자파르Isma'il ibn Ja'far의 후손들이며, 선지자 무함마드의 딸 파티마Fatima와 사위 알리의 후손들이 이맘을 계승하면서 무함마드의 뒤를 이었다. 18세기에 또 다른 동방 학자들과 역사가들이 그 주제를 잡고서 아사신파의 역사, 신앙, 연관 세력과 모체인 이스마일파에 대해 새로운 사항을 추가했다. 일반적으로 아랍어로 추정되는 아사신이라는 이름의 기원을 파헤치려는 사람들도 있었지만, 아직까지 아랍어 텍스트에서 증거를 찾진 못했다. 몇 개의 어원이 제시되기도 했으나 그중 설득력 있는 것은 하나도 없었다.

19세기 초반에 들어서 아사신파에 대한 새로운 관심이 폭발했다. 프랑스 혁명과 그 여파로 음모와 암살에 대한 대중의 관심이 되살아났기 때문이다. 나폴레옹이 이집트와 시리아로 원정을 감행함으로써 동방 이슬람에 좀 더 새롭고 가깝게 접촉할 수 있었으며 이슬람 연구에 새로운 전기를 마련했다. 대중의 관심을 충족시키기 위해 몇몇 학자가 연구를 시도하기도 했다. 그후 당대 최고의 아랍 지역 학자인 실베스트르 드 사시Silvestre de Sacy가 아사신파에 주목했고, 그 결과 1809년 5월 19일 프랑스 아카데미(Institut de France)에 아사신파 왕조와 그 이름의 기원을 밝히는 연구 논문을 제출했다.[12]

실베스트르 드 사시(1758~1838)
18세기 프랑스의 학자이며 당시 최고의 아랍 지역 전문가. 그의 연구논문은 이후 아사신파 연구의 이정표가 되었다.

실베스트르 드 사시의 연구논문은 아사신파 연구의 이정표가 되었다. 그는 과거 학자들이 활용했던 소수의 동방 자료 외에도 파리의 국립 도서관(Bibliotheque Nationale)에 소장된 풍부한 아랍어 사본 자료를 활용할 수 있었다. 거기엔 당시 서구 학자들이 전혀 알지 못했던 십자군 원정을 다룬 주요 아랍어 연대기까지 포함되었다. 이 자료들에 대한 그의 분석은 이전 저자들의 성과를 훨씬 뛰어넘는 것이었다. 그 연구논문 중 가장 중요한 부분은 단연 그간 말 많고 탈 많았던 '아사신'이란 단어의 기원을 밝혀낸 점이다. 그는 이전의 여러 학설을 점검하고 버릴 건 과감히 버리면서 결론적으로 그 단어가 아랍어 하시시Hashish에서 유래되었다고 결론지었다. 그리고 십자군 원정 자료에서 아사시니Assassini, 아시시니Assissini, 헤이시시니Heyssisini 등 여러 형태가 나오는데, 이것은 전부 아랍어 하시시Hashishi와 하슈샤시Hashshash, 구어체 복수형 하시시인Hashishiyyin과 하슈샤신Hashshashin의 다른 형태라고 설명했다. 이 사실을 확인하면서, 그는 하시시hashishi라 불리는 종파 신도들이 언급된 아랍어 텍스트를 인용할 수 있었지만, '하슈샤시'라는 이름의 증거는 찾을 수 없었다. 그 이후, 어형 '하시시'는 나중에 밝혀신 여러 자료들에 의해 확인되었다. 그러나 아직까지 내가 아는 한, 이스마일파를 하슈샤시라고 부르는 자료는 전무하다. 따라서 실베스트르 드 사시의 연구논문 중 이 부분과 유럽의 이형이 모두 아랍어 '하시시'와 복수형 '하시시인'에서 파생했다는 설명은 폐기되어야 할 것 같다.

이렇게 수정해 놓고 보니 그 어원과 전혀 다른 아사신이라는 단어의 의미와 그 용어 자체에 다시 의문이 생긴다. 아랍어로 '하시시'는 약초, 더 구체적으로 말린 약초나 마초를 뜻한다. 나중에 그 단어는 인도의 대마(cannabis sativa)를 뜻하는 말로 특수하게 진화했는데, 중세 시대 무슬림들은 이미 대마의 마약 최면 효과를 잘 알고 있었다. 이보다 현대적인 단어 하슈샤시는 하시시를 흡입하는 사람을 뜻하는 보통명사이다. 후세의 많은 학자들이 아사신파가 하시시 중독자였기 때문에 그런 이름이 붙었다는 의견을 냈다. 비록 실베스트르 드 사시가 이런 의견을 정설로 채택하진 않았지만, 그 역시 아사신파의 지도자들이 추종자들에게 임무를 성공적으로 완수한 뒤에 기다리고 있는 천국의 기쁨을 미리 맛보이기 위한 수단으로 몰래 하시시를 이용하였다고 설명한다. 그는 마르코 폴로의 기록과 연관시켜 이런 해석을 내리면서, 동방과 서방의 다른 자료에서 마약에 취한 추종자들이 은밀한 '천국의 정원'으로 인도된다는 내용을 찾아냈다.

위 이야기는 일찍부터 등장하여 사람들 사이에 널리 퍼지긴 했으나, 거의 확실히 사실이 아니다. 당시 하시시 사용과 그 효과는 누구나 다 아는 얘기로 절대 비밀이 아니었다. 더구나 종파 신도들이 마약을 사용했다는 것은 이스마일파 측에서도 확인하지 못하며 보수적인 순니파 저자들도 입증하지 못한다. '하시시'라는 이름도 시리아에서만 사용되었으며, 게다가 이 말은 민중들의 욕설이었던 듯하다. 아무래도 하시시를 사용했기 때문에 '아사신'이라는 이름이 붙여진 것이 아니라 이 이름으로 인해 마약 이야기가 만들어진 것으로 보인다. 지금까지 나온 다양한 해석 중에서, 그 이름이 종파 신도들의 광신적 태도와 무모한 행동에 대해 경멸하는 표현이었다는 설명이 가장 그럴듯하다. 즉 그들의 관습에 대한 설명이라기보다는 그 행위에 대해 조롱하는 뉘앙스가 강하다. 특히 서방 비평가들에게 마약 이야기는 달리 설명될 수 없는 그들의 행위에 대해 합리적인 해석을 내릴 때 도움이 되었을 것이다.

실베스트르 드 사시의 연구 논문은 이후 그 주제에 관해 더 깊이 있는 연구가 계속 나올 수 있는 길을 터 주었다. 그중에 하나가 오스트리아 출신 동방학자 요제프 폰 하머Joseph von Hammer가 1818년 독일 슈투트가르트에서 발간한 『아사신파의 역사*History of the Assassins*』이다. 이 책은 1833년에 프랑스어로 번역되고, 1835년에 영어로 번역되었다. 하머의 저서는 동방의 자료에 근거를 두었지만 정치와 종교색이 강한 소논문에 가까웠다. 즉 그것은 '비밀 집단의 파괴적 영향 그리고 막 나가는 야심으로 불거진 공포에 대응하는 종교의 타락'에 대한 일종의 경고였다.

요제프 폰 하머(1774~1856)
오스트리아 출신 동방학자. 저서 『아사신파의 역사』는 아사신파에 대한 서방의 보편적 이미지를 집약한 주요 자료로 평가된다.

하머가 볼 때, 아사신파는 '더욱 엄격한 신조와 더욱 혹독한 도덕이라는 가면을 쓴 채, 모든 종교와 도덕 체계를 훼손시키는 사기꾼과 괴뢰 집단'이었다. 즉 그들의 행위는 군주가 내려주는 단검으로 자행되는 살인 의식과 같다. 3세기 동안 그 무법자 소굴은 속세의 영적 권력의 중심으로서 이슬람 칼리파 제국과 함께 무너지기 전까지, 전 세계적으로 두려움을 불러일으켰던 막강한 세력이었다. 사실상 그들은 처음부터 파멸을 맹세한 집단이었으며, 이슬람 제국이 무너지자 완전히 압도당했던 것이다. 하머는 독자들이 핵심을 놓칠 경우에 대비하여 아사신파를 템플 기사단, 제수이트 수사단(Jesuits), 광명파(Illuminate), 프리메이슨 결사대(Freemasons), 루이 16세를 처형한 프랑스 국민 공회(French National Convention) 의원들과 비교하고 있다. "서방의 경우 혁명 집단이 프리메이슨 결사대 내부에서 발생하였다면, 동방에서는 이스마일파 소속의 아사신파가 그에 해당한다. 계몽주의자들은 순전히 설교와 훈계만으로 군주의 보호와 실용적 종교의 속박에서 국가를 해방시킬 수 있다고 착각했다. 이들의 과대망상은 프랑스 혁명의 결과, 즉 가장 끔찍한 방식으로 그 광기를 입증한 것이다. 하산 2세 시절, 아시아에서도 똑같은 일이 발생했다."[13]

하머의 저서는 상당한 영향력을 발휘하였고, 이후 150여 년간 아사신파에 대한 서방의 보편적 이미지를 집약한 주요 자료였다. 그러는 동안 학문적 연구는 계속 진행되었고 특히 프랑스에서 시리아와 페르시아 내 이스마일파의 역사에 관련된 아랍어, 페르시아어 텍스트를 찾아서 편집하고 번역하고, 활용하면서 상당한 작업이 이루어졌다. 그중 몽골 제국 시대 페르시아 역사가 주바이니Juvayni와 라시드 알 딘Rashid al-Din의 저서가 가장 중요하다. 두 사람은 알라무트에서 나온 이스마일파 문서를 입수해 활용함으로써 북부 페르시아 내 이스마일파 권력에 대해 사상 처음으로 논리적인 설명을 할 수 있었다.

새로운 형태의 자료가 등장하자 한 단계 중요한 발전이 이루어졌다. 직접 이슬람의 자료를 활용함으로써 중세 유럽의 연구 저서에서 나온 기존 정보에 많은 내용들이 추가되었다. 하지만 이런 자료들조차 주로 순니파의 것이었다. 물론 순니파는 서방 연대기 역사가와 여행가들보다 정보력은 훨씬 높았으나 이스마일파의 교리와 목적에 대해 보다 적대적인 입장을 취했다. 어쨌든 이리하여 사상 처음으로 이스마일파 자체의 관점이 직접 반영된 정보가 세상에 나왔다. 18세기에 이미 많은 여행가들은 중앙 시리아 지역 몇몇 마을에 여전히 이스마일파가 존재한다고 지적했다. 일례로 1810년 알레포의 프랑스 총영사 루소Rousseau는 실베스트르 드 사시에게 자극을 받아 지리적, 역사적, 종교적 정보를 활용하여 당시 시리아 내 이스마일파에 대한 설명을 담은 책을 발간했다.[14] 그 자료는 전해지지 않지만 지역적이고 구술적인 연구였던 것으로 보인다. 실베스트르 드 사시가 직접 몇몇 부분에 추가 설명을 위한 주석을 달았다고 한다. 루소는 그 지역 정보원들을 끌어들여 이스마일

마스야프 성
아사신파의 주요 근거지 중 하나. 황량한 계곡을 내려다보는 산꼭대기에 위치하여 접근 자체가 힘든 천연의 요새다. 오른쪽은 마스야프 성벽에 새겨진 비문(13세기).

파에 대한 일단의 정보를 유럽에 전달한 최초의 유럽인이었다. 1812년 그는 시리아 내 이스마일파 주요 근거지 중의 하나인 마스야프에서 입수한 이스마일파 책에서 내용을 일부 발췌하여 발간했다. 그 안에 역사적인 정보는 거의 들어 있지 않지만 이스마일파의 종교적 교리에 대해선 어느 정도 해명해 주었다. 시리아에서 나온 다른 텍스트들도 파리로 전해졌고 일부는 나중에 출판되기도 했다. 19세기에 수많은 유럽과 북미 여행가들이 시리아 내 이스마일파 마을을 찾아 그 유적과 이스마일파 주민들에 대해 간단하게 기록을 남겼다.

정작 거대한 알라무트 성 유적지가 아직도 건재한 페르시아에서는 거의 정보를 입수하지 못했다. 1833년 영국의 몽티스W. Monteith 대령은 『왕립 지리학 저널*Journal of the Royal Geographical Society*』에 알라무트 골짜기 입구까지 갔지만 사실상 그 성에 접근하지도, 위치를 확인하지도 못했다고 보고했다. 이후 동료 장교였던 저스틴 셰일Justin Sheil 중령이 마침내 그 성에 직접 가 보았다는 사실이 1838년 같은 저널에 실렸다. 몇 년 후 세 번째 영국의 장교 스튜어트Stewart가 그 성을 찾아갔는데, 이는 알

라무트 탐색이 재개되고 나서 무려 1세기가 지난 후였다.[15]

그러나 페르시아 내 이스마일파의 과거 영화를 기념하는 유적은 더 많았다. 1811년 알레포의 총영사 루소는 페르시아로 가는 길에 이스마일파에 대해 조사했다. 그리고 아직도 페르시아 내에 이스마일파 계보의 이맘에게 충성을 바치는 사람이 많다는 사실을 알고 깜짝 놀랐다. 이맘의 이름은 샤 칼리룰라Shah Khalilullah(Shah는 페르시아어로 왕을 뜻한다. —역주)이며 그는 테헤란과 이스파한 중간쯤에 위치한 쿰Qumm 근처 케크Kehk라는 마을에 거주했다. 루소는 이렇게 적고 있다.

"샤 칼리룰라 추종자들은 그를 신처럼 숭배하는 것 같았다. 그가 기적의 재능을 갖고 있다고 생각하기 때문이었다. 추종자들이 바치는 것으로 그의 생활은 늘 풍요로웠고 때로는 그에게 칼리프라는 호화로운 호칭을 붙여 주곤 했다. 멀리 떨어진 인도에도 이스마일파가 존재했으며 그들은 갠지스와 인더스강을 거쳐 정기적으로 케크까지 와서 그를 만날 수 있었다. 순전히 이맘의 축복을 받고, 그 대가로 충성을 맹세하는 엄청난 공물을 바치기 위해서였다."[16]

1825년 영국의 여행가 프레이저J. B. Fraser는 페르시아 내 이스마일파의 잔존을 확인했다. 그들은 이젠 더 이상 부족장의 명령을 받고 암살을 저지르진 않지만, 여전히 그에게 모든 것을 바쳤다. "부족들의 태도가 과거만큼 광신적이진 않으나 오늘날까지 그 종파의 셰이크sheikh, 즉 수장은 남아 있는 부족들에게 맹목적인 숭배를 받는다." 인도에도 이스마일파의 추종자들이 있는데, 그들은 '특히 그들의 성인에게 헌신'했다. 전前 수장 샤 칼리룰라는 몇 년 전에 이미 야즈드Yazd에서 야즈드 총독에 대항하던 반란군에게 살해되었다. 정확히 1817년의 일이었다.

"그는 아들 중 하나에게 자신의 종교적 역량을 승계했다. 이후 새 수장도 그 종파로부터 비슷한 숭배를 받고 있다."[17]

이후 새로운 정보를 담은 자료는 이전과 전혀 다른 출처를 통해 나왔다. 1850년 12월 인도 봄베이Bombay의 형사 법원은 다소 이상한 살인 사건을 심리했다. 대낮에 남자 4명이 공격을 당해 살해되었는데, 사건은 희생자들이 속한 종교 공동체 내부에서 의견 차이로 발생했다. 19명이 기소되어 그중 4명이 사형선고를 받고 교수형에 처해졌다. 희생자들과 살인자들은 모두 호자Khojas라고 그 지역 이슬람 종파의 일원이었다. 이는 봄베이 관구와 기타 인도 지역에서 수만 명을 거느린 공동체였는데, 그들 대부분은 무역 상인이었다.

그 사건은 이미 20년 넘게 해묵은 논란 때문에 발생하였다. 사건의 발단은 1827년에 호자의 한 집단이 페르시아에 사는 수장에게 바치던 공물 관행을 거부한 것이었다. 당시 수장은 1817년 샤 칼리룰라가 암살된 후 그 자리를 계승한 아들이었다. 1818년 페르시아의 황제 샤Shah는 그 수장을 메헬라트Mehellat와 쿰의 총독으로 임명하면서 그에게 아가 칸Aga Khan이라는 직위를 주었다. 샤 칼리룰라의 아들과 그 후손들은 일반적으로 이 호칭으로 세상에 알려져 있다.

인도 내 추종자들 중 한 집단이 갑자기 종파의 세금 납부를 거부하는 사태에 직면하자, 아가 칸은 그 집단을 종파 본부로 데려오려고 페르시아에서 봄베이로 특사를 파견했다. 이때 아가 칸의 할머니가 특사들과 동행했다. 그녀는 호자 공동체의 충성을 되찾을 목적으로 봄베이 호자들에게 열변을 토했던 것 같다. 호자들은 대부분 수장에 대한 충성을 유지했지만 일부 집단이 저항을 굽히지 않은 채, 아가 칸에게 복종할 의무가 없다고 주장했다. 그리고 호자가 어떤 식으로든 아가 칸과 연관되었다는 사실조차 부인했다. 그로 인한 갈등이 공동체 내부에서 격한 감정을 일으켰고 1850년 그 살해 사건으로 절정에 달했다.

그러는 사이 아가 칸은 샤에 대항하는 봉기를 주도하다가 실패하고 페르시아를 떠나게 되었고 이후 아프가니스탄에 잠시 머물다 인도로 망명하기에 이른다. 그는 아프가니스탄과 신드Sind에서 영국에 기여한 바가 있었기 때문에 약간의 보답을 받을 수 있었다. 그는 처음에 신드에서, 다음엔 캘커타Calcutta를 전전하다가 마침내 봄베이에 정착하였고 거기에서 호자 공동체의 실질적인 수장으로 입지를 구축하였다. 그러나 아직도 공동체 내부에는 그를 반대하는 무리가 있었으며 그의 권리를 무효화하기 위해 법적인 제재를 강구하는 자들도 있었다. 일부 예비 조치를 취한 이후, 1866년 4월 일단의 분리파는 봄베이 고등 법원(High court of Bombay)에 여러 정보와 기소장을 제출하였다. 그들은 아가 칸이 '호자 공동체의 신탁 재산과 사무 관리에 간섭하지 않도록' 법원의 강제 명령을 요청했다.

그 사건은 고등법원장 조지프 아널드 경Sir Joseph Arnould이 맡았다. 공판은 25일간 계속되었고 봄베이 변호사단이 거의 다 참여했다. 양측은 매우 자세하게 사건을 논쟁하고 광범위하게 서류를 조사했으며 법정 심문도 역사와 계보, 종교와 법률 면에서 매우 광범위하고 심도 있게 진행되었다. 수많은 증인들 중에서 아가 칸도 직접 법정에서 증언하면서 자신의 계승권에 대한 증거를 제시하였다. 1866년 11월 12일 조지프 아널드 경은 판결을 내렸다. 그의 판단에 의하면, 봄베이의 호자는 인도 내의 더 큰 호자 공동체의 일원으로 그들의 종교는 시아파 소속 이스마일 당파의 종교이다. 즉 그들은 원래 조상이 힌두교도였으나 이후 개종하여 시아파 이맘이 이끄는 이스마일파의 신앙에 오랫동안 빠져 있었다. 말하자면 과거부터 지금까지 여전히 이스마일파의 세습 이맘과 영적인 충성 관계로 맺어져 있었던 것이다. 그들은 당시를 기준으로 400여 년 전 페르시아 출신의 이스마일파 선교사를 통해 개종했고 이후로 이스마일파 이맘 가문의 영적인 권위에 복종해 왔다. 아가 칸이 바로 당대의 이맘이었다. 이맘은 알라무트 군주(Lords of Alamut)의 후손인데, 그들을 통해 이집트의 파티마 칼리프(Fatimid Caliphs of Egypt)의 후손임을 주장하며, 궁극적으로 선지자 무함마드의 후손임을 주장한다. 중세 시대에 그들의 추종자들은 아사신파라는 이름으로 이름을 떨쳤다.

풍부한 역사적 증거와 논증을 토대로 이뤄진 아널드 경의 판결에 따라, 법적으로 호자의 지위는 이스마일파의 공동체 일원으로 정립되었다. 즉 아사신파의 후예로서 이스마일파에 속하며, 이스마일파의 영적 지도자이자 알라무트의 이맘 계승자로서 아가 칸의 집단이라는 것이다. 1899년 최초로 호자 공동체에 대한 상세한 정보가 『봄베이 관구 지명 사전*Gazetteer of the Bombay Presidency*』에 실렸다.[18]

아널드 경의 판결은 전 세계 다른 지역에 있는 이스마일파 공동체의 존재에 대한 관심을 불러일으켰다. 그중 일부는 사실상 아가 칸을 수장으로 인정하지 않는 집단으로, 대체로 이들은 멀리, 고립된 지역에 거주하는 소수 집단으로서 모든 면에서 접근이 어려웠으며 그들의 신앙과 서지 자료에 관해서는 절멸이라고 말할 수 있을 정도로 비밀에 부쳐져 있었다.

그럼에도 불구하고 이 서지 자료 중 일부 사본은 여러 학자들의 손에 들어갔다. 맨 처음에 이런 자료는 모두 시리아에서 나왔다. 중세 시대와 마찬가지로 현대에 와서도 시리아는 이스마일파에 대한 서방의 관심이 제일 먼저 꽂히는 지역이다. 이후 세계 각지에서 다양한 자료가 등장했다. 1903년 이탈리아의 상인 카프로티Caprotti는 예멘Yemen의 사나San'a에서 60편 정도의 아랍어 원고 뭉치를 입수하여 그중 처음 몇 개를 밀라노의 암브로시아나Ambrosiana 박물관에 기탁했다. 그 원고를 살펴보면 이스마일파 교리에 관한 자료가 몇 개 포함되어 있었는데 그 교리는 아직도 남부 아랍 지역에 살고 있는 이스마일파 신도들 사이에서 나온 것이었다. 그중엔 비밀 암호[19]로 된 구절도 있었다. 유럽의 동쪽 끝, 러시아의 학자들도 이미 시리아로부터 이스마일파 원고를 입수하여 러시아 제국의 국경 안에 이스마일파가 건재하다는 사실을 알아냈다. 그리하여 1902년 알렉시스 보브린스코이 백작(Count Alexis Bobrinskoy)은 러시아 내 중앙아시아 지역에 살고 있는 이스마일파의 조직과 분포에 대한 보고서를 발간했다. 거의 같은 시기에 폴로브체프A. Polovtsev라는 식민지 장교가 페르시아어로 쓰인 이스마일파 종교 서적 사본을 입수하여 그것을 제정 러시아 과학 아카데미의 아시아 박물관에 기탁했다. 그 뒤에 또 한 편의 원고가 들어왔고, 1914년과 1918년 사이에 동방 학자 자루빈I. I. zarubin과 세미요노프A. A. Semyonov가 옥수스Oxus 강 상류 슈난Shughnan에서 입수한 이스마일파 원고 뭉치를 같은 박물관에 기탁했다. 이 자료들과 이후 계속 입수된 원고를 활용하여 러시아 학자들은 파미르Pamir 고원과 이와 인접한 아프가니스탄의 바다크샨Badakhshan에 남아 있는 이스마일파 신앙과 종교 문헌을 검토할 수 있었다.[20]

그때부터 이스마일파 연구의 진행 속도가 빨라졌고 가시적인 성과도 생겼다. 이용할 수 있는 이스마일파 텍스트도 훨씬 많아졌는데 특히 인도 내의 이스마일파가 가지고 있던 풍부한 소장 자료가 큰 역할을 했다. 여러 나라의 학자들이 매우 상세한 연구를 진행했으며 그중에 이스마일파 신도들이 직접 실시한 연구도 있었다. 다만 한 가지 역사 분야에서 그 종파의 분실된 문서를 회수하는 일이 다소 지지부진했다. 세상에 드러난 것은 거의 다 전적으로 종교에 관한 자료이거나 종교 관련 책자뿐이었다. 역사적 성격의 저서는 몇 권 되지도 않았고 그 내용도 부실하기 짝이 없었다. 어찌 보면 영토도 없고 정치·사회 등 체계적 구심점도 없었으며 오로지 중세 역사가들이 나서서 역사를 인식하고 기록할 수밖에 없었던 소수 집단에겐 불가피한 상황이었을 것 같다. 다만 알라무트 공국만이 자체 연대기를 남겼던 것 같은데 그나마 이것도 이스마일파 역사가들이 아니라 순니파가 보관하고 있다. 그러나 역사적 내용이 부실하다고 이스마일파 문헌의 역사적 가치가 떨어지는 것은 결코 아니다. 다만 여러 사건의 역사적 서사 분량이 적을 뿐이다. 그중에 페르시아의 아사신파에 대한 내용은 그나마 좀 낫지만, 시리아의 아사신파에 대해선 부실한 상태다. 하지만 그 문헌 자료는 아사신파의 종교적 배경을 이해하는 데 엄청난 도움을 주었다. 그리고 그것을 통해 이슬람 내부에서 이스마일파, 이스마일파 분파로서의 아사신파의 신앙과 목적, 종교적·역사적 의미를 새롭게 평가할 수 있었다. 지금까지의 연구 결과, 아사신파의 상황은 우선 중세 여행가들이 아사신파에 관해서 동방에서 듣고 퍼뜨린, 끔찍한 소문과 판타지와 너무 달랐다. 또한 19세기 동방학자들이 보수파 이슬람 신학자들과 역사가들의 원고 자료에서 인용했던, 적대적이며 왜곡된 이미지와도 매우 달랐다. 보수파 이슬람 신학자들과 역사가들의 주요 관심은 아사신파를 반박하고 비난하는 것이었지 결코 이해하거나 설명하는 데 있지 않았다. 이제 더 이상 아사신파는 교활한 사기꾼들이 주도하던, 상습 마약꾼들이 모인 갱 집단이거나, 허무주의적 테러리스트들의 음모이거나, 전문 살인자 조직으로 보이지 않는다. 그들은 더 이상 그런 식으로 세인의 흥미를 끌지 못한다.

بسم الله الرحمن الرحيم
الحمد لله رب العلمين الرحمن
الرحيم مالك يوم الدين
اياك نعبد واياك نستعين
اهدنا الصراط المستقيم
صراط الذين انعمت عليهم غير
المغضوب عليهم ولا الضالين
وهي سبع آيات مكية

2장 이스마일파

الله

632년 선지자 무함마드가 사망한 이후, 이슬람 세계에 첫 번째 위기가 닥쳤다. 무함마드는 자신이 유한한 인간 이상의 존재라고 주장한 적이 없다. 그저 신의 메신저이자 신의 뜻을 간직한 존재로서 남들과 구별되는 존재라고 했을 뿐, 스스로 신성한 존재이거나 불멸의 존재는 아니었다. 한데 생전에 그는 이슬람 공동체의 지도자이자 이제 막 싹을 틔우기 시작한 이슬람 국가의 통치자로서 자신을 승계할 후계자에 대해서 확실한 지시를 내리지 않았다. 당시 무슬림을 인도한 것은 이슬람 시대 이전 아라비아의 빈약한 정치적 경험뿐이었다. 당시 상당한 논쟁과 일촉즉발의 순간을 넘긴 뒤, 이슬람 공동체는 아부 바크르Abu Bakr를 선지자 무함마드의 대리인, 칼리파khalifa로 임명하는 데 모두 찬성했다. 그는 이슬람 역사상 가장 초기에 개종을 하여, 가장 많은 존경을 받은 사람이었다. 이리하여 뜻하지 않게 칼리프 체제가 등장했다.

무함마드(570~632)
이슬람의 예언자로 라술 알라(Rasul Allah, 신의 사도)라고도 불린다. 이슬람교의 경전 『꾸란』에는 선지자 무함마드가 알라신에게서 받은 계시가 기록되어 있다.

칼리프 체제가 출범하자마자 공동체 내부에서 아부 바크르나 그의 후계 칼리프들보다 선지자 무함마드의 사촌이자 사위인 알리Ali가 정통 후계자 권리가 있다고 생각하는 무리가 나타났다. 사실 한편으로 알리에 대한 그들의 지지는 알리의 인간적 자질이라면 최고의 지도자 역할을 할 것이라는 확신 때문이었고, 또 한편으론 무함마드 가문의 통치권에 대한 정통주의자들의 믿음 때문이었다. 이 무리는 알리의 파벌이란 뜻으로 '시아투 알리(Shi'atu 'Ali)'라고 알려졌으며 이후 간단히 줄여 시아파(Shi'a)로 불렸다. 이 시기에 후계자를 둘러싼 파벌 대결은 이슬람 사회에서 매우 중요한 종교적 분쟁을 일으켰다.

초기에 시아파는 권력을 잡을 후보자를 지지하는 집단으로서 특유의 종교적 교리도 없고, 이슬람 정권이 본질적으로 지닌 종교적 취지도 크게 내세우지 않은, 일종의 정치 파벌에 불과했다. 그러나 머지않아 시아파 내 추종자들의 성격과 시아파 교리의 본질에 중대한 변화가 일어났다. 대다수 무슬림이 볼 때, 당시 이슬람 공동체와 국가는 방향 전환을 잘못하고 있었다. 즉 선지자 무함마드와 맨 처음 그를 따르던 독실한 무리들이 꿈꾸던 이상적인 사회와는 전혀 딴판으로, 탐욕스럽고 사악한 귀족 상류층이 지배하는 이슬람 제국이 형성되었다. 정의와 평등은 온데간데없이 불평등과 특권과 압제가 판을 치고 있었다. 이런 면에서 일련의 사건을 지켜본 많은 무슬림들은 선지자 무함마드 혈족에게 권력이 돌아간다면 이슬람이 꿈꾸던 본래의 진정한 메시지를 회복할 수 있을 것이라고 생각했던 것 같다.

아부 바크르(573?~634)
이슬람의 초대 칼리프. 무함마드의 가장 가까운 친구이자 협력자로서 그가 죽은 뒤 후계자로 선발되어 이슬람 사회의 발전을 위한 기초를 다졌다.

656년 3대 칼리프 우스만Uthman이 무슬림 폭도들에게 살해당한 후, 마침내 알리가 칼리프가 되었다. 그러나 그의 재임 기간은 매우 짧았으며 분쟁과 내전으로 얼룩진 시대였다. 661년에 알리마저 암살되자 칼리프 체제는 알리의 라이벌 무아위야Mu'awiya의 수중에 넘어갔고, 이후 무아위야 집안의 우마이야Umayya 왕조가 거의 1세기 동안 이슬람 정권을 차지하였다.

알리가 사망한 이후에도 시아파는 사라지지 않았다. 이슬람 사회의 상당히 많은 집단이 계속해서 선지자의 가문에 충성을 바쳤으며, 그 일족이 이슬람 공동체의 적통 지도자라고 생각했다. 이와 같은 시아파의 주장과 지지는 종교적일 뿐 아니라 메시아적인 인물을 구하기에 이르렀다. 본래 이슬람이 꿈꾸는 이상적인 국가는 신성한 법 아래에 수립, 유지되는 종교적 조직체이다. 이상적 국가의 주권은 신으로부터 나오며, 군주인 칼리프는 이슬람 사회를 떠받치고 무슬림들이 선한 무슬림의 삶을 살아갈 수 있도록 해 주는 의무를 맡은 사람이다. 이런 사회에서 법률, 사법권, 또는 권위의 측면에서 세속과 종교 간의 구별은 없다. 다시 말해 이슬람 교회와 국가는 칼리프를 우두머리로 하는 하나이며 한 몸인 조직체이다. 사회 내부의 정체성과 결속력의 기반, 국가 내의 충성과 의무의 유대 관계는 전부 종교적 관점에서 이해되며 표현된다. 따라서 이런 사회에서 볼 때, 종교·정치적 태도와 활동을 구분하면서 종교와 정치를 분리하는 서구의 관점은 무의미하며 비현실적인 생각일 뿐이다. 사회적으로 형성된 정치적인 불만은 종교적인 표현 방법을 찾았으며, 종교적인 이견은 정치적인 함의를 지니고 있었다. 그래서 이슬람의 어느 집단이 순전히 국지적인 혹은 개인적인 반대를 넘어 권력자들에게 주장을 펼쳤다면, 즉 기존 질서에 도전하고 그것을 바꾸기 위한 조직을 세웠다면 그 도전 행위는 하나의 신학이 되었으며 그 조직은 하나의 종파가 되었다. 신정주의에 따라 구상된 칼리프 체제의 이슬람 질서 속에서, 개인적인 행동이나 즉각적인 목표를 넘어 새로운 제도나 교의를 형성할 수 있는 다른 방법은 존재하지 않았다.

이슬람이 확장을 시작한 첫 100년간 많은 갈등은 불만으로 이어졌고, 이 불만과 열망은 종파 간의 다툼과 반란으로 이어져다. 당시 개종을 통해 기독교, 유대교, 이란의 조로아스터교 출신의 새로운 신도들이 수없이 늘어남에 따라, 초기 아랍 무슬림들이 전혀 모르던 종교적 개념과 사고방식이 이슬람 공동체에 전파되었다. 이 신규 개종자들은 무슬림이긴 했지만, 아랍인이 아니었으며 귀족 정치계급도 아니었다. 때문에 그들은 아랍 귀족층 아래에서 열등한 사회적 지위와 경제적 계급으로 살아갈 수밖에 없었다. 그러니 자연스레 불공평하다는 생각이 들기 시작했고 기존 질서의 합법성에 의문을 제기하는 여러 활동에 기꺼이 참여하였다. 아랍 정복자들도 이런 불만을 갖고 있지 않았던 것은 아니었다. 독실한 아랍인들은 칼리프들과 지배 계층이 세속에 찌들어 가는 상황을 개탄했다. 그리고 유목 아랍인들은 점차 권력의 손길이 그들의 세상을 침범하는 것에 분개했다. 게다가 이들 외에도 다수의 아랍인들이 정복과 재물로 인해 경제적·사회적 격차가 크게 벌어진 사회에서 심한 고통을 받게 되자, 신규 개종자들의 현실적 불행과 미래의 소망에 크게 공감하기 시작했다. 이들 중엔 정치적·종교적 정통성에 대한 전통을 지닌 사람들이 많았다. 그 정통성이란 신이 선택한 메시아Messiah를 통해 다윗 왕가의 존엄과 최종 승리를 믿는 유대교와 기독교의 신앙과 세상이 종말할 때 조로아스터의 신성한 후손으로부터 솟아날 구세주, 사오샨Saoshyans을 기다리고 있던 조로아스터 교도들의 믿음이었다. 일단 이슬람으로 개종하고 나자, 그들은 선지자 무함마드 가문의 권리에 쉽게 매료되었다. 그들에게는 그 가문만이 기존 질서의 불평등을 끝장내고 이슬람의 약속을 실현시킬 수 있을 것처럼 보였다.

시아파가 단순한 집단에서 하나의 종파로 변모하는 과정에서 두 가지 중요한 의미를 지닌 사건이 있었는데 둘 다 우마이야 칼리프 제국을 전복시키려는 시아파 주창자들의 시도가 실패함으로써 발생했다. 첫 사건은 680년 후세인Husayn이 주도했다. 후세인은 선지자 무함마드의 딸 파티마와 사위 알리의 아들이었다. 무하람Muharram월(이슬람력 1월로 무슬림들의 신년 —역주) 10일, 이라크의 카르발라Karbala에서 후세인과 그의 가족, 추종자들은 우마이야 군대와 대치하였으나 무자비하게 죽임을 당했다. 그 학살 현장에서 70여명이 죽었고, 당시 군막 안에 혼자 남겨져 있던 병약한 소년 알리 이븐 후세인Ali ibn Husayn(후세인의 아들)만이 살아남았다. 선지자 무함마드 일족의 이 극적인 순교와 이후 일어난 비통함과 참회의 물결은 당시 시아파에게 새로운 종교적 열정을 불어

후세인 이븐 알리(626~680)
무함마드의 딸 파티마와 사위 알리의 아들. 680년 후세인과 그의 추종자들이 남부 이라크의 카르발라Karbala 전투에서 우마이야 군대에 패하여 무참하게 학살당한 사건은 시아파 형성에 중대한 계기가 되었다.

넣었고, 현재까지 그것은 고통과 열정, 속죄라는 중요한 테마로 시아파에게 정신적인 영감을 고취시키고 있다.(매년 1월(무하람월) 10일(아슈라일)은 시아파 최대 성일로 이날 후세인의 순교를 기리며 아슈라 축제를 연다. —역주)

7세기 말, 8세기 초에 두 번째 전환점이 되는 사건이 일어났다. 685년에 쿠파Kufa의 아랍인 무크타르Mukhtar가 알리의 아들 무함마드 이븐 알 하나피야Muhammad ibn al-Hanafiya(알리가 파티마와 사별한 후, 하나피 부족의 딸과 결혼해 얻은 아들 —역주)가 무슬림들의 진짜 정당한 지도자 이맘이라고 주장하면서 그의 이름으로 반란을 일으켰다. 무크타르는 패배하고 687년에 살해되었지만 그의 주장은 살아남았다. 그래서 700년 무함마드 이븐 알 하나피야가 사망했을 때, 일부 사람들이 이맘의 직위를 그의 아들에게 물려주어야 한다고 주장했다. 심지어 그는 진짜로 죽은 게 아니라 메카Mecca 근처 라드와Radwa 산속으로 은신했다고 주장하는 사람들도 있었다. 사람들은 그가 선한 하느님의 뜻으로 거기서 돌아와 적을 물리치고 승리할 것이라고 생각했다. 그런 메시아적 이맘을 가리켜 마흐디Mahdī 라고 하는데 올바른 길로 인도된 사람이라는 뜻이다.

이런 사건들은 이후 오랫동안 연속적으로 발생한 종교 혁명 운동에서 하나의 패턴으로 굳어졌다. 그와 같은 운동에 중추적인 인물 두 명이 존재한다. 첫째, 압제자를 물리치고 정의를 수립하는 올바른 지도자, 마흐디라고도 불리는 이맘이며, 둘째, 이맘의 메시지를 설교하고 신도들을 뽑으며 결국 그들을 승리나 순교로 이끄는 설교자 다이dā'ī가 있다. 8세기 중반에 이런 운동 중의 하나가 잠정적인 승리를 거두어 우마이야 왕조를 전복시키고 선지자 무함마드와 알리 두 사람이 속한 가문의 또 다른 지파인 압바스가를 복원하려 했다. 그러나 승리한 지 한 시간 만에 압바스 칼리프는 자신들에게 권력을 안겨 준 그 종파와 다이를 포기하고 종교와 정치의 안정성과 지속성을 보장하는 길을 택한다. 혁명으로 부푼 희망이 끝내 좌절로 바뀌자 더 폭력적인 새로운 불만이 터져 나오고 과격파와 메시아 운동이라는 새로운 물결이 밀려왔다.

아슈라 축제
아슈라ashura는 680년 순니파에 항거하다 전사한 시아파 종교지도자 이맘 후세인과 72명의 전사를 기리는 종교행사다. 시아파 무슬림들은 아슈라 때 칼이나 채찍, 손으로 이마와 등을 때리거나 상처를 내면서 이맘 후세인의 죽음을 애도한다.

초기에 시아파의 교리와 조직은 양 측면에서 빈번한 변화를 겪었다. 왕위를 노리는 자들이 수없이 등장하여 매우 그럴듯한 이유를 내세우며 선지자 가문의 일원이나 대리자인 척 행동했다. 그러나 그들은 사람들이 기다리는 구세주의 신화적 이미지에 몇 가지 새로운 내용을 부풀려 놓고는 그만 사람들의 눈 밖으로 사라졌다. 그들의 주장은 온건파와 소극적인 왕조 반대파부터 일반적으로 수용되는 이슬람의 가르침과 전혀 딴판인 극단적인 이단까지 유형도 다양했다. 반복되는 특성이라면 신성한 인간, 즉 기적의 힘을 지녔다고 믿는 이맘과 다이를 숭배하는 점을 꼽을 수 있다. 그들의 교리는 영지주의(Gnosticism), 마니교(Manichaeism) 그리고 다양한 조로아스터교와 유대-기독교 이단에서 파생된 신비주의직 일루미네이셔니스트Illuminationist(신플라톤주의의 영향을 받아 12세기 신비주의 철학자 수라와르디가 수립한 이슬람 철학의 한 분파 – 역주)의 관념을 반영한다. 소위 이슬람 신비주의에서 비롯된 신앙 중에 환생 신앙과 자유방종 신앙이 있다. 환생 신앙은 이맘과 심지어 때때로 다이까지도 신이 된다는 믿음이며, 자유사상은 모든 법과 제약을 포기한다는 것이다. 페르시아와 시리아 지역 내 소작농과 유목민 등 일부 지역에서는 뚜렷한 지역색을 띤 종교가 등장하였는데, 이는 시아파의 가르침과 고대 그 지방 특유의 종교 의식, 교리가 상호 영향을 주고받은 결과였다.

그 종파들의 정치적 계획은 분명했다. 기존 질서를 무너뜨리고 그들이 선택한 이맘을 앉히는 것이었다. 그들의 활동이 명백히 사회적·경제적 불만, 목표와 관련되었음에도 실상 어떤 사회적 혹은 경제적 계획인지 확인하기는 어려웠다. 그 목표 중 몇 가지는 당시 유행했던 메시아 전통에서 추측이 가능할 것 같다. 즉 마흐디가 어떤 요소를 충족시켜줄 것인지 잘 보여 주고 있기 때문이다. 마흐디의 임무의 일부는 넓은 의미에서의 이슬람화였다. 즉 진정한 이슬람을 복원하고 세상 끝까지 이슬람 신앙을 확대시키는 것이다. 좀 더 구체적으로 말하면, 마흐디는 '지금 압제자와 억압으로 물든 이슬람 세상을 정의로 가득 채우고', 약자와 강자 간의 평등을 수립하고, 평화와 풍요를 가져올 정의를 회복해야 했다.

맨 먼저 시아파가 충성을 바친 지도자들은 선지자 무함마드의 딸 파티마를 통한 직계 자손이 아니라, 선지자 무함마드와의 친족관계에 근거하여 그들의 권리를 주장했다. 그들 중 가장 적극적인 활동을 펼친 이들을 포함해 몇몇 지도자들은 파티마의 후손이 아니었으며, 심지어 알리의 후손도 아니었고, 선지자 무함마드 일족에서 갈라진 후손들이었기 때문이다. 그러나 압바스조의 승리와 배반을 겪은 후, 시아파는 알리의 후손들, 특히 파티마와 결혼해서 낳은 후손들에게 희망을 집중시켰다. 선지자 무함마드의 직계 후손이라는 중요성이 점차 강조되자, 선지자 사후 사실상 합법적 이맘의 혈통은 하나뿐이며 그 후손만이 이슬람 공동체의 정당한 지도자라는 근거가 마련되었다. 이 직계 후손이 바로 알리에서 시작하여 알리와 파티마 사이에서 태어난 하산과 후세인, 그리고 카르발라의 비극에서 외롭게 살아남은 후세인의 아들 알리 자인 알 아비딘Ali Zayn al-Abidin의 후손들이었다. 이 이맘들 중에 후세인을 제외하곤 대체로 정치 활동을 멀리 했었다. 이들 외에 다른 주창자들이 무력으로 칼리프 제국을 전복시키려는 헛된 시도를 하는 동안, 정통파 이맘들은 권력자 칼리프들에게 합법적인 반대파 세력으로 기능하는 쪽을 선택했다. 그들은 정치의 주 무대에서 멀리 떨어져 메카나 메디나Medina에 거주했다. 그리고 이맘이라는 권리와 주장을 유지하면서도, 결코 출세하기 위해 노력하진 않았다. 한편 그들은 이슬람 제국의 우마이야 왕조와 이후 압바스조 통치자를 공식적으로 인정하고 도움과 조언을 주기도 했다. 독실한 시아파 전통에서 이러한 이맘들의 태도는 종교적인 의미를 띠었다. 즉 이맘들의 정치적 수동성은 그들의 독실한 신앙심, 세속을 벗어난 태도, 타키야Taqiyya 원칙을 적용하는 것에 대한 암묵적 동의를 표현한 것이었다.

타키야라는 용어는 조심하고, 경계하고, 사전에 예방한다는 뜻으로 이슬람 교리에서 하나의 관면 조치이다. 이슬람 신도가 강압이나 협박 상황에 처했을 때 일정한 종교적 의무 수행을 관면해 준다는 뜻이다. 이 원칙은 다양하게 정의되고 해석되며, 결코 시아파에만 해당하는 특징이 아니다. 그러나 시아파가 다른 종파보다 더욱 빈번하게 압제와 억압의 위험에 노출되었기 때문에 자주 이 원칙에 의존하였다. 그들은 권력자나 대중의 적대감을 일으킬 수 있는 신앙을 숨겨야 했는데, 그것을 정당화하기 위해 타키야 원칙을 활용했다. 즉 완전히 무기력한 반란과 폭동 상황에서 참으로 많은 시아파를 죽음으로 내몰았던, 자기 파괴적 투쟁정신을 숨길 수 있는 하나의 해답으로 타키야를 생각했던 것이다.

8세기 전반부는 극렬 시아파들 사이에서 격렬한 활동이 벌어지던 시기였다. 수많은 종파와 하위 종파들이 등장했는데, 특히 이라크 남부와 페르시아만 연안의 다종족 지역에서 빈번했다. 그들의 교리는 변동이 심했고 절충적인 성격이었으며, 종파 간의 이동이나 지도자의 교체도 쉽게 자주 이루어졌다. 무슬림 문헌들은 여러 설교자들의 이름을 거론하는데, 이들 중 일부는 미천한 출신으로 반란을 주도하다 죽임을 당했다. 한편 이 문헌들은 후에 이스마일파의 성격으로 규정되는 교리들이 이들 선교자들로부터 유래한 것이라고 말하고 있다. 예컨대 어떤 집단은 종교적인 의무로서 밧줄로 목을 조르는 연습을 했다. 이는 누가 봐도 인도의 서기Thuggee(17세기부터 19세기까지 존재했던 인도의 비밀 조직으로 약탈과 교살을 저질렀다고 한다. —역주)와 비슷하며 몇 백 년 후에 나타날 '암살행위'의 전조이다. 교리상으로 온건한 종파들 중에서도 무력으로 권력을 잡으려는 무장 단체들이 있어 우마이야와 이후 압바스조 군대의 손에 패배하여 파멸했다.

8세기 후반 무렵이 되자, 초기 극렬 무장 운동은 대부분 실패하여 사실상 모두 사라지거나 점차 감소했다. 이때 합법적인 이맘들은 시아파의 신앙을 보존하고 가치를 높이고, 이슬람 세계를 통치하기 위해 새롭고 더 많은 노력을 기울이기 위한 방법을 모색했다.

이와 같은 초기의 실패와 이맘들의 만류에도 불구하고 극렬주의자들과 무장 종파들은 계속 등장했고, 심지어 이맘의 최측근들 중에도 그런 부류가 있었다. 극렬파와 온건파 간의 결정적인 분리는 765년 알리 이후 6대 이맘 자파르 알 사디크Ja'far al-Sadiq가 사망한 뒤에 이루어졌다. 자파르의 장남이 이스마일Isma'il이었다. 그는 여러 가지 석연치 않은 이유로, 추측건대 극렬주의 집단과 연관이 있다는 이유로 이맘 자리를 상속받지 못했다. 그래서 시아파의 대다수가 이스마일의 동생 무사 알 카짐Musa al-Kazim을 7대 이맘으로 인정했다. 무사 가문은 12대 이맘까지 배출하고 873년에 사라졌지만, 아직까지 시아파의 절대 다수가 인정하는 '준비된 이맘' 즉 마흐디이다. 12명의 이맘을 추종하는 사람들은 이스나 아샤리Ithna'ashari 즉 12이맘파(Twelvers)로 알려져 있으며, 시아파 중에서도 보다 온건한 분파에 속한다. 순니 이슬람 본체와 시아파의 차이는 교리 면에서 몇 가지 정도뿐이며 최근 몇 년 사이 이것마저 무의미해졌다. 16세기 이후 12이맘파 교리는 이란의 국교가 되었다.

이스마일과 그의 후손을 따르는 또 하나의 집단은 이스마일파(Ismā'īlīs)

로 알려져 있다. 그들은 오랫동안 비밀리에 활동을 하던 중, 응집력과 조직 면에서 그리고 지적·감정적 친화력 면에서 모든 경쟁 집단을 훨씬 능가하는 하나의 종파를 형성했다. 초기 종파들의 혼란스러운 사변과 원시적인 미신을 대신하여, 일련의 저명한 신학자들이 높은 철학적 수준에 기초한 종교적 교리 체계를 정교하게 수립했으며 문학을 창조했다. 이 문학은 수세기 동안 세간에서 사라졌다가 오늘날에 와서야 그 진정한 가치를 다시 인정받고 있다. 이스마일파는 독실한 무슬림들에게 꾸란Qur'an과 전통, 순니파의 법에 뒤지지 않는 그들의 법에 경배하라고 권했다. 그리고 지식인들에게 고대의 자료, 특히 신플라톤주의(neo-platinic)를 원용하여 철학적인 우주론을 제시했다. 또한 영적 지도자들에게는 이맘들의 고통과 그 추종자들의 자기희생이라는 본보기로 계속 유지해 왔던 온화하고, 인간적이며 감성적인 신앙을 안겨 주었다. 수난을 겪은 후 진리를 얻는 영적 과정을 강조했던 것이다. 끝으로 불만을 품은 자들에겐 제대로 조직화되고 널리 퍼진, 강력한 반대파 운동의 견인력을 알려 주었다. 이는 기존 질서를 전복하고, 그 자리에 선지자의 후계자이자 신이 선택한 자 그리고 전 인류의 올바른 지도자 이맘이 영도하는, 새롭고 정의로운 사회를 건설할 수 있는 진정한 가능성을 주는 듯했다.

이맘은 이스마일파 체제에서 중심이다. 교리, 조직, 충성, 행동의 중심이다. 우주의 모든 생명에게 우주의 원리가 작용하여 세상을 창조한 후에, 인간의 역사는 일련의 주기를 반복한다. 그 순환주기는 먼저 '말하는' 이맘, 즉 선지자가 먼저 나오고 그 다음에 '침묵하는' 이맘이 계승하는 형식이다. 숨겨진 이맘과 세상에 드러난 이맘의 순환주기도 있었는데, 이는 각각 비밀리에 신앙을 지켜온 시기와 세상에 나아가 성공한 시기와 일치한다. 이스마일을 통해 알리와 파티마 후손들의 최근 순환주기에서 이맘들은 신성한 영감을 받아 결코 타락하지 않았다. 어떤 면에서 이맘은 소우주, 즉 대우주의 형이상학적 영혼을 인격화한 소우주이기 때문에 분명 성스러운 존재들이다. 그런 자격으로서 이맘은 지식과 권위의 근원이었다. 즉 무지한 백성들에게는 숨겨진, 은밀한 진리의 근원이자 완전하고도 절대적인 복종을 요구하는 명령의 근원이었다.

초심자들에게 이런 은밀한 지식과 행동은 일종의 극적인 효과와 열광적 흥분의 요소가 있었다. 은밀한 지식은 타이윌 알 바틴Taīwīl al-Bātin, 은밀한 해석을 통해 알게 된다. 이는 이스마일파 교리의 특성이며 여기에서 바티니Batini라는 용어가 생겼는데, 때론 이 바티니를 통해서도 은밀한 지식을 알 수 있다. 꾸란의 규칙과 전통은 문자 그대로의 자명한 의미 외에 두 번째 의미가 있는데, 이것이 바로 이맘이 밝혀서 초심자들에게 가르쳐 주는 상징적이고 은밀한 해석이다. 이스마일파의 일부 분파는 지나치게 해석을 하면서 율법 폐지론자 같은 교리를 채택하는데, 이런 특성은 극단주의 이슬람 이단과 신비주의에서 다시 나타난다. 궁극적인 종교적 의무는 진정한 이맘에 대한 지식이다. 율법의 문자적 의미는 독실한 무슬림들에게는 폐기되었으며 혹시 있다면 불경한 자들에 대한 처벌로서 아직 남아 있다. 이스마일파의 종교적 문헌의 일반적 주제는 진리 탐구이다. 처음엔 공허하고 헛되지만 그 다음엔 눈을 멀게 할 정도의 광명을 통해 절정을 이룬다. 이스마일파의 조직과 활동, 그 교리의 관리와 선전은 설교자 다이 계층의 손에 달려 있었다. 다이들은 다이 수장 아래로 계층이 나뉘어 있으며 다이 수장은 이맘의 직속 조력자였다.

이스마일 사후 150년 동안 이스마일파 이맘은 숨어 있었으며 다이의 활동이나 가르침조차 거의 알려지지 않았다. 그러다가 9세기 후반에 새로운 국면이 벌어진다. 당시 바그다드의 압바스조 칼리프가 점점 눈에 띄게 약해졌는데 이는 이슬람 제국의 멸망과 이슬람 사회의 붕괴를 예고하는 듯했다. 여러 지역에서 그 지방의 왕조가 등장했는데, 이들은 대개 그 뿌리는 무장 집단이었지만 간혹 지방 부족 출신도 있었다. 대부분 그런 집단들은 금방 사라졌으며 일부 지역에서는 백성을 강탈하고 억압했다. 심지어 수도 바그다드에서 칼리프들이 그 권력을 상실하고 점점 관할 군인들의 손에 놀아나는 무기력한 꼭두각시가 되고 있었다. 이슬람 전체의 국가 체제에 대한 신뢰와 복종의 기반이 산산이 무너지고 있어, 사람들은 안정과 확신을 구할 수 있는 다른 곳을 찾기 시작했다. 이런 불확실한 시대에 시아파의 메시지는 새롭게 주목을 받았다. 시아파는 이슬람 공동체가 잘못된 길을 밟았기 때문에 반드시 올바른 길로 되돌아가야 한다고 했다. 그래서 시아파의 양대 분파, 12이맘파와 이스마일파는 이 기회를 통해 이익을 얻었고, 처음에는 12이맘파가 곧 승리할 것처럼 보였다. 12이맘파 시아 왕조는 여러 곳에서 등장했는데, 946년에 페르시아의 시아파 왕조 부이드Buyids는 바그다드를 점령하고 칼리프를 시아파 통제 하에 둠으로써 순니 이슬람에 결정적인 모욕을 안겨 주었다. 그러나 이때 12이맘파에 이맘이 없었다. 이미 70여 년 전, 마지막 12번째 이맘이 사라졌기 때문이다. 부이드 왕조는 결정적인 선택의 기로에 직면하였는데 결국 알리드Alid(알리드 왕조는 선지자 무함마드의 사위 알리로부터 승계되는 이맘 왕조를 말한다. —역주)라고 주장하는 다른 어떤 인물도 인정하지 않기로 결정하고, 대신 압바스조를 자신들의 통제와 보호 아래 두는 명목상의 칼리프로 유지하기로 했다. 그렇게 함으로써 부이드조는 이미 악화된 순니파 칼리프 제국의 평판을 더욱더 떨어뜨렸다. 동시에 그들은 결국 순니파 칼리프 제국을 대체할 온건파 시아주의를 제거하고 말았다.

사람들이 대안을 찾게 된 원인은 많았다. 8세기부터 9세기 동안 사회·경제적 변화는 일부 사람들에겐 부와 권력을, 다른 사람들에겐 고통과 좌절을 안겨 주었다. 시골 지역에서는 국가 소유의 부동산이 크게 늘어남으로써 소작농들과 소지주들이 피폐해지고 예속되는 결과를 낳았다. 한편 도시에서는 상업과 산업의 발달로 뜨내기 노동자 계층을 양산하여 뿌리도 없이 궁핍한 이주자들, 즉 불안정하고 유동적인 인구가 계속 유입되었다. 어마어마한 풍요 속에 엄청난 고통이 혼재했던 것이다. 정통파 신앙의 건조한 율법주의와 현실과 동떨어진 초월주의, 국가 공인 설교자의 신중한 순응주의는 빼앗긴 백성들에게 위안이 되지 못했고, 오랜 터전에서 쫓겨난 불행한 백성들의 영적 열망에 대해 전망도 제시하지 못했다. 지식층의 불안도 드러났다. 본래 여러 가지 자료를 통해 풍부해진 이슬람의 사상과 학문은 점점 더 미묘해지고, 정교해지고, 다양해지고 있었다. 고찰해야 할 문제들이 너무 벅차고 괴로운 것들로 변해 버렸다. 이는 이슬람식 계시, 그리스 학문과 철학, 페르시아의 지혜, 역사라는 확고한 사실과의 대면을 통해 비롯된 것이었다. 많은 사람들 사이에서 이미 전통적인 이슬람식 해답에 대한 자신감이 상실되었다. 그래서 점점 절박한 심정으로 새로운 해답에 대한 열망이 생겼다. 종교, 철학, 정치, 사회 모든 면에서 위대한 이슬람의 합의는 점차 붕괴되는 것 같았다. 따라서 이슬람을 멸망에서 구하기 위해선 통합과 권위라는 새로운 원칙, 정당하고 효율적인 새 원칙이 반드시 필요했다.

그러한 원칙을 제공할 수 있다는 것, 그것이 이스마일파의 최대 강점이었다. 그들의 원칙은 이맘의 통치 아래 새로운 세상의 질서를 설계하는 것이다. 독실한 무슬림과 불만에 가득 찬 무슬림 모두에게 다이가 전하는 메시지와 설교는 평안과 희망을 불어넣어 주었다. 철학자, 신학자, 시인, 학자들에게 이스마일파의 통합 체계는 유혹적인 호소력을 발휘했다. 그러나 후세에 이스마일파에 대한 강력한 대응 때문에 대부분의 문헌이 이슬람 본토에서 사라져 버렸고, 이스마일파 신도들 사이에서만 보존되었다. 하지만 이스마일파의 영감이 서린 몇 개 작품은 오랫동안 널리 이름을 떨쳤고 아랍어와 페르시아어로 글을 쓴 위대한 고전 작가들의 많은 작품들에서 최소한 이스마일파의 영향을 받은 흔적을 찾아볼 수 있다. 10세기에 집대성된 『신실한 형제들의 편지*Epistles of the Sincere Brethren*』는 종교와 세상만사 지식에 관한 유명한 백과사전으로 이스마일파의 생각이 가득 담겨 있다. 이 책은 페르시아부터 스페인에 이르기까지 무슬림의 지적 생활에 심오한 영향력을 발휘했다.

설교자 다이들이 남부 이라크, 페르시아만 연안, 페르시아 여러 지역에서 특별한 성공을 거둔 것도 그리 놀라운 일이 아니었다. 그 지역에 이미 초기 형태의 극렬 무장 시아주의가 득세하여 추종자들이 있었거나 지방 특유의 분위기가 호의적인 배경을 제공했기 때문이다. 9세기 말, 주류파와 정확히 어떤 관계였는지는 불분명하지만 카르마티Carmathian로 알려진 이스마일파의 분파가 동부 아라비아에서 통제권을 얻어 일종의 공국을 건설했다. 그리하여 동부 아라비아는 100년 이상

이스탄불 슐레이마니예 모스크 도서관에서 소장하고 있는 『신실한 형제들의 편지』 아랍어 원고. 이 책은 종교와 세상만사에 관한 유명한 백과사전으로, 무슬림의 지적 생활에 심오한 영향력을 발휘했다.

칼리프 제국에 항거하는 무장 선전 활동의 근거지로 기능했다. 10세기 초반에 카르마티는 시리아에서 권력을 잡으려고 시도했지만 실패했다. 그러나 그 사건은 중요한 의미를 지니고 있다. 초기에 여러 지역에서 이스마일파에 보내준 지지를 다시 드러냈기 때문이다.

다시 25년이 흐른 후 드디어 이스마일파의 명분이 가장 큰 승리를 거두는 날이 왔다. 9세기 말엽 예멘에 보낸 포교 사절단이 많은 개종자들을 배출하고 정치권력의 토대를 쌓았다. 그리고 다시 그곳에서 인도와 북부 아프리카를 포함해 다른 국가들로 더 많은 사절단을 파견하여 눈부신 성공을 거두었다. 909년쯤 되자 이스마일파는 숨어 있던 이맘이 은둔을 풀고 스스로 북부 아프리카의 칼리프라고 주장하고, 알 마흐디 칭호와 더불어 새로운 국가와 왕조를 건설할 정도로 강력해졌다. 그들은 선지자의 딸 파티마의 후손이라는 표시로 파티마 왕조(Fatimids)라고 알려졌다.

초반 50년간 파티마 칼리프는 북부 아프리카와 시칠리아Sicily 등 서쪽 지역만 지배했다. 그러나 그들의 시선은 동방, 즉 이슬람 본토에 있었다. 모든 이슬람의 유일한 지도자로서 순니파 압바스조 칼리프를 축출하고 그들 스스로 칼리프 제국을 수립할 목표, 그 목표를 달성하기 위한 꿈을 꾸는 곳은 이슬람 본토뿐이었다. 이스마일파 대리인들과 포교 사절단은 순니파 본토 전 지역에서 활발하게 활동했다. 한편 파티마 왕조의 군대는 튀니지에서 이집트를 정복할 태세를 갖추었다. 동방의 이슬람 제국으로 가는 첫 단계였다.

969년에 이 첫 단계는 적절히 마무리되었다. 파티마 군대는 이집트 나일Nile 골짜기를 정복하였고, 곧장 팔레스타인의 시나이Sinai를 거쳐 남부 시리아를 향해 진격했다. 파티마 지도자들은 이집트 정부의 옛 수도 푸스타트Fustat 근처에 새 도시 카이로Cairo를 건설하여 제국의 수도로 삼았고, 이스마일파 신앙의 거점으로 알 아즈하르al-Azhar라는 모스크 겸 이슬람 대학교를 새로 세웠다. 칼리프 알 무이즈al-Mu'izz가 튀니지에서 새로운 수도 카이로로 옮겨 와 그의 후손들이 이후 200년간 이곳에서 통치했다.

구체제에 대한 이스마일파의 도전은 이제 더욱 가시화되었고 더욱 강해졌으며 한동안 이슬람 역사상 가장 강력한 권력이 되었다. 파티마 왕조의 초절정기에는 이집트, 시리아, 북부 아프리카, 시칠리아, 아프리카의 홍해 연안, 예멘과 아라비아 내 히자즈 Hijaz, 성스러운 도시 메카와 메디나까지 모두 그들의 통치 하에 있었다. 게다가 설교자 다이로 구성된 방대한 네트워크를 통제하여 여전히 동방의 순니파 통치자에게 예속된 본토의 수많은 추종자들에게 충성을 명했다. 카이로의 거대한 대학 내에서 학자들과 교사들은 이스마일파 신앙의 교리를 정교하게 만들고, 본토와 해외에 개종하지 않는 이들에게 설교할 수 있는 포교 사절단을 양성했다. 그들의 주 활동 무대는 페르시아와 중앙아시아였다. 그 지역의 많은 사람들은 진리를 찾아 카이로로 향하는 열망을 품었으며 정해진 과정을 수료하면 이스마일파 메시지의 능숙한 전도사가 되어 돌아갔다. 그들 중 가장 탁월한 사람이 있었으니 바로 철학자이자 시인인 나시르 이 쿠스라우 Nasir-i Khusraw였다. 그는 1046년 이집트를 찾아가 개종했고, 이후 동부 지역으로 와서 이스마일파 신앙을 설교하면서 강력한 영향력을 발휘했다.

알 아즈하르 대학
이집트 카이로에 위치. 파티마 왕조가 이집트의 지배자가 된 시기에 건설되었다. 세계에서 가장 오래된 대학 중 하나로 현재도 세계 이슬람의 본산 역할을 하고 있다.

맨 처음 순니파의 반응은 제한적이며 효과도 없었다. 물론 다이들에 대한 안전 대책, 파티마 왕조에 대항한 정치 투쟁 등이 있었다. 1011년 바그다드에서 발간된 어느 선언서는 다소 설득력은 없지만 파티마 왕조는 전혀 파티마조답지 못하며 수치스런 사기꾼의 후손에 불과하다고 비난하고 있다.

그러나 압바스조 칼리프 제국에 대항하는, 이렇게 눈부신 힘과 정치적, 종교적, 경제적 투쟁이라는 엄청난 노력에도 불구하고 파티마의 도전은 실패했다. 압바스조 왕조가 살아남아 순니파 이슬람이 다시 힘을 얻어 승리했던 것이다. 이후 파티마조 칼리프는 계속해서 제국과 권위, 추종자를 상실하고 말았다.

이 실패의 원인 가운데 일부는 동방에서 일어난 여러 사건들에서 찾아야 한다. 당시 동방에서는 커다란 변화가 일어나고 있었다. 신흥 투르크족이 서남부 아시아의 정치 분열에 개입하였다. 그러는 사이 순니파 칼리프 제국이 본토에서 상실한 통합과 안정성을 회복했던 것이다. 투르크 정복자들은 새로운 개종자로 매우 신실하고 충성스러운 정통파에 속했다. 그래서 그들은 이슬람에 대한 강한 의무감, 책임감으로 무장하고 이슬람 세계의 칼리프와 지배자들의 새로운 보호자로 자처하면서 내외부의 위험에 대항하여 칼리프 제국을 지탱하고 방어하는 데 앞장섰다. 그들은 이 의무에 전적으로 힘을 쏟았다. 그래서 투르크 통치자와 군대는 순니파 이슬람을 위협하는 두 가지 위험을 견뎌내고 제압하고 물리칠 수 있도록 군사력과 기술을 제공했다. 두 가지 위험이란 바로 이스마일파 칼리프의 도전과 이후 유럽의 십자군 침략을 말한다.

종교 분열과 외래 침략이라는 똑같은 위험에 처하자 순니파 자체도 자극을 받아 부활하면서 힘을 모으기 시작했다. 순니파 세계에서도 여전히 종교적 권력을 지닌 위대한 상속인들이 존재했다. 가령 지식층의 신학체계, 신비주의자들의 영성, 그 추종자들의 경건한 신앙 등이 아직 남아 있었다. 이와 같은 위기와 부활의 시대에 들어와 새로운 통합이 이루어졌다. 이 통합 속에는 이스마일파 사상의 지적 도전과 신앙의 감성적 친화력에 대응하는 순니파의 해답이 들어 있었다.

순니파의 적들이 점차 정치적, 군사적, 종교적 힘을 얻게 되자 종교적 불화와 정치적 쇠퇴로 인해 이스마일파 파티마 왕조의 명분은 약화되었다. 이스마일파 내부의 가장 심각한 갈등은 파티마 왕조의 눈부신 성공 때문에 발생했다. 어느 왕조나 제국이 난국에 처하고 책임을 떠맡으면 과거 교리에 얼마간의 수정이 필요했다. 즉 현대 이스마일파 학자의 말을 빌리자면 그들은 '기존 이슬람 체제에 대해서 좀 더 엄격하고 보수적인 태도'를 채택한 것이었다.[1] 처음부터 이스마일 과격파와 보수파 간에, 은밀한 지식의 보존파와 계시파 사이에 논쟁이 있었다. 때때로 파티마 칼리프 제국은 그 추종자 집단이 복종과 지지를 철회하면서 벌이는 종파 분열과 무장 봉기에 직면해야 했다. 북부 아프리카의 초대 파티마 칼리프 시절에 이미 서로 다른 견해를 가진 다이들 사이의 논쟁과 파티마 진영으로부터의 이탈이 있었다. 4대 칼리프 알무이즈도 비슷한 어려움에 처했었다. 이집트 정복 기간 동안 승리를 눈앞에 둔 순간에도 동부 아라비아 출신의 카르마티와 대적해야만 했다. 그들은 처음에는 파티마를 지원했지만 후에 태도를 바꿔 시리아와 이집트 내 파티마 군대를 공격했다. 나중에 카르마티는 다시 파티마에 복귀하여 충성을 바친 것 같지만, 파티마와 완전히 별개로 소멸했다. 1021년 석연치 않은 상황에서 6대 칼리프 알 하킴al-Hakim이 사망한 후 또 한 차례 종파 분열이 일어났다. 독실한 집단은 알 하킴이 신성한 존재라서 절대로 죽지 않았으며 단지 은둔했을 뿐이라고 믿었다. 그리하여 왕조의 후계자들을 인정하지 않고 이스마일 본파에서 탈퇴했다. 그들은 시리아의 이스마일파 사이에서 지지를 받는 데 어느 정도 성공했다. 그 집단이 오늘날 시리아, 레바논, 이스라엘 등지에 아직 남아 있다. 이 종파의 창설자 가운데 한 사람은 중앙아시아 출신의 다이, 무함마드 이븐 이스마일 알 다라지Muhammad ibn Isma'il al-Darazi였다. 그의 이름을 따서 그 집단은 드루즈파(Druzes)라고 알려져 있다.

8대 칼리프 알 무스탄시르al-Mustansir(1036~1094)의 오랜 통치 기간 동안 파티마 제국은 절정을 맞이했지만 곧바로 급속한 내리막길을 걸었다. 그가 사망하자 이스마일파 포교 사절단은 극심한 내부 분열 때문에 낱낱이 갈라졌다.

파티마조의 최전성기에 칼리프는 모든 국정에 완벽한 통제권을 유지했으며 정부 내 행정부, 종교 계층, 군사 세 부분에 똑같은 권위를 행사했다. 칼리프 치하 민간 관료의 수장이자 정부 내 실질적인 수장은 민간인 와지르였고 종교 성직자 계층의 수장은 설교자 다이나 선교사절단 다이 알 두아트dā'ī al-du'āt의 수장이었다. 그는 제국 내의 이스마일파 정권을 관리하고 이스마일파 대리자로 구성된 거대한 군대와 해외 선교 사절단을 지휘했다. 본질적으로 민간인 정권이었던 왕조에서 군대 사령관은 세 번째 주요 부서를 맡았다. 그러나 알 하킴 사망 이후 군대는 민간인들과 심지어 칼리프를 희생시키며 꾸준히 권력을 늘려갔

파티마 왕조 제 8대 칼리프였던 알 무스탄시르 시대에 만들어진 건축물. 아래는 알 아크마르 모스크로 이집트 카이로에 위치. 위는 무스탄시리아 대학으로 이라크 바그다드 동부, 시아파가 다수 거주하는 지역에 위치하고 있다.

다. 8세기 중반 여러 번의 패배, 불운, 동서양의 격변으로 인해 이런 과정이 가속화되었다. 그러던 차에 1074년 아크레의 군사 총독 바드르 알 자말리Badr al-Jamali가 칼리프의 요청으로 국사를 해결하기 위해 그의 군사를 이끌고 이집트로 들어오면서 이 과정이 완성되었다. 얼마 지나지 않아 그는 칼리프로부터 군 총사령관, 포교 사절단장, 와지르 등 주요 삼권의 직함을 받아 국가의 주인이 되었다. 즉 군대, 종교, 관료 조직을 전적으로 관할한다는 의미였다. 그의 이름이 세상에 알려지게 된 것도 삼권의 수장을 동시에 맡은 최초의 인물이었기 때문이다.

따라서 이집트의 실질적인 주인은 자기 군대를 이용해 통치하는 군인 정치 관료인 총사령관이 되었다. 알 자말리의 직위는 영구적인 것으로 아들과 손자에게 세습되었고, 이후 다른 군인 정치 관료가 계승하였다. 바그다드에서 압바스조 칼리프가 그들 군대의 무기력한 꼭두각시가 되었던 것처럼, 이제 파티마 왕조가 군사 독재자들의 계승으로 인해 허울뿐인 정권으로 전락했다. 전체 이슬람의 영적·정치적 지도자를 자처했던 한 왕조가 서글프게 멸망하는 순간이었다. 이는 이스마일파의 신앙과 꿈 사이의 현저한 모순을 드러내는 멸망이기도 했다.

그와 같은 변화는 여러 종파의 무장 군인들 사이에서 불만과 반대를 일깨웠으며 그 현상은 때마침 페르시아 내 이스마일파 사이에서 일어난 쇄신 활동과 일치하였기 때문에 더욱 가속화되었다. 1094년 알 자미르의 아들 알 아프달al-Afdal이 총사령관 직을 계승했으나 국정에는 거의 변화가 없었다. 그런데 몇 달 후 알 무스탄시르가 사망하자 알 아프달은 새 칼리프를 선택해야 하는 입장에 처했고 그 선택은 그리 어렵지 않았다. 첫째, 장성한 장남 니자르Nizar는 이미 알 무스탄시르에게 상속자로 임명받았다. 그는 이스마일파 지도자로 알려져 큰 지지를 받았다. 둘째, 동생 알 무스탈리al-Musta'lī가 있었으나 동맹군이나 지지층이 없어 결론적으로 권력자 형의 후견에 전적으로 의존했다. 한편 알 무스탄시르가 죽자 알 아프달은 추호의 의심도 없이 딸과 알 무스탈리의 결혼을 성사시켜 사위를 칼리프로 선언했다. 이에 장남 니자르는 알렉산드리아Alexandria로 피신했고 그곳 지방의 지지를 업고 반란을 일으켰다. 처음에 그는 약간의 성공을 거두었으나 결국 패배하고 생포된 후 살해되었다.

알 무스탈리를 선택할 때, 알 아프달은 이스마일파를 낱낱이 분리하여, 아마 의도적이었겠지만, 거의 모든 추종자들을 동부 이슬람 영토로 멀리 보내 버렸다. 파티마 영토 내부에서도 반대파의 저항이 있었다. 동방의 이스마일파는 니자르와 그 계보에 충성을 맹세하면서 새 칼리프를 인정하지 않았으며, 이미 약화된 카이로 내 파티마 조직과의 모든 관계를 단절했다. 이렇게 하여 파티마 왕조가 처음 수립될 때부터 시작되었던 국가와 혁명파 간의 분열은 마무리되었다.

머지않아 알 무스탈리를 인정했던 이스마일파조차도 카이로 정권과의 관계를 끊었다. 1130년 니자리파(Nizaris) 추종자들이 알 무스탈리의 후계자인 아들 알 아미르al-Amir를 살해하고 나자, 남아 있던 이스마일파도 카이로의 새 칼리프를 인정하지 않았다. 그리고 대신 실종된 알 아미르의 젖먹이 아들 타이브Tayyib가 그들이 기다리던 숨겨진 이맘이라는 신앙을 채택했다. 타이브 이후로 더 이상 이맘은 존재하지 않았다.

이후 카이로에서 파티마의 칼리프가 네 번 바뀌었지만 그들은 아무 권력도, 영향력도, 꿈도 없는 이집트 지방 왕조에 불과했다. 1171년 마지막 칼리프가 궁궐 내에서 사망하자, 당시 이집트의 실질적인 지배자였던 쿠르드족 군인 살라딘Saladin은 설교자에게 바그다드 압바스조 칼리프의 이름으로 공식 기도를 낭송하도록 허락했다.✤ 이미 종교적, 정치적인 힘을 상실해 버린 파티마 칼리프 제국이 모든 국민의 절대적인 무관심 속에 공식적으로 폐지되는 순간이었다. 그들은 이스마일파 이단의 책을 모두 모아 불태워 없애 버렸다. 그로부터 200년 후 이집트는 순니파 신앙으로 되돌아갔다.

이 무렵 이집트 내에 이스마일파가 남아 있다고 확신하는 사람은 없었다. 그러나 다른 영토에서 알 무스탄시르 사망 시에 갈라졌던 두 분파가 그대로 살아남았다. 알 무스탈리의 추종자들은 그때나 지금이나 주로 예멘과 인도에 살고 있으며, 보흐라Bohra파로 알려져 있다. 이 이스마일파 교단은 파티마 시대의 주요 교리 전통을 따르기 때문에 때론 '구종파(old preaching)'라고도 불린다.

알 무스탈리파가 이슬람 내 외딴 지역 근거지에서 정체되었던 반면, 니자르를 지지하던 경쟁자 니자리파는 교리와 정치 활동 면에서 강력한 발전 시대에 접어들었다. 그래서 한동안 이슬람 문제에서 중요하고 강력한 역할을 했다.

11세기에 외부 침략이 연속적으로 일어나자 이슬람 세계는 점점 내부적으로 약화되었다. 그중 당시 중앙아시아부터 지중해까지 새로운 군사 대제국을 건설했던 셀주크 투르크Seljuq Turk의 침략은 가장 치명적이었다. 이러한 일련의 외부 침략과 관련하여 중대한 경제·사회·문화적 변화가 일어났고, 이는 이슬람 역사상 엄청난 중요성을 지녔다. 정

✤ 이슬람 사회에서는 공식 기도에서 누구의 이름으로 기도를 드리는가에 따라 그곳의 통치권자가 누구인지 결정된다.

복당한 국가의 관례상 이슬람의 광대한 영토와 수입은 모두 승리한 투르크 관료들에게 할당되었다. 이것을 이용하여 투르크 장교들과 관리들은 새로운 지배층을 형성하여 초기 아랍인과 페르시아인 정치 관료와 상류층을 대신하거나 붕괴시켰다. 이리하여 정치적 권력, 경제적 부, 사회적 지위가 모두 중동 이슬람의 도시 문화에 완벽하게 동화되지 못한 낯선 외래 사람들의 것이 되었다. 그 외에 유목민의 변란, 무역 경로의 이동, 유럽의 상승과 상대적으로 이슬람의 쇠락으로 이어졌던 거대한 변화의 시작 등 여러 가지 요인으로 인해 구지배층의 입지는 더욱 약화되었다. 불안하고 위험한 시대가 되자 새로운 투르크 지배층은 강력한 조치와 질서를 취했다. 군사비 지출은 더 많아지고, 국민들의 생활 통제는 더욱 강경해졌으며, 사고의 획일성은 더욱 엄격해졌다.

투르크의 군사력은 결코 흔들리지 않았다. 그래서 이슬람 본토의 정통 신학은 더 이상 그것에 대한 해답이 되지 못했다. 한편 다른 공격 방식이 나타났다. 이스마일파는 새로운 형태로서 셀주크 제국의 많은 불평분자들에게 또다시 매력적인 신학 비평을 안겨 주었는데, 그 새로운 형태란 바로 반란에 필요한 새롭고도 효과적인 전략과 연관된 것이었다. 이스마일파의 '구종파'는 완전히 실패했다. 파티마 왕조는 멸망의 길에 접어들었다. 그리하여 이제 이스마일파 '신종파(new preaching)'와 새로운 방식이 절실해졌다. 하산 이 사바Hassan-i Sabbah라는 천재 혁명가가 바로 그 '신종파'와 새 방식을 설계하였다.

3장 신종파

الله

하산 이 사바는 쿰에서 태어났다. 쿰은 페르시아 내 아랍 정착민의 최초 중심지 가운데 하나이자 시아 12이맘파의 본거지였다.[1] 12이맘파 신도였던 그의 부친은 이라크 쿠파 출신이었는데, 소문에 의하면 예멘 태생이라고도 한다. 더 상상을 가미하여 남부 아라비아의 고대 힘야르Himyarit 왕조의 후손이라는 설도 있다. 하산의 탄생 날짜는 알려지지 않았지만 아마 11세기 중반쯤일 것이다. 하산이 어렸을 때 부친은 아들의 종교 교육을 위해서 오늘날 테헤란이 된 라이Rayy로 이주하였다. 라이는 9세기부터 다이들의 중심지였고, 얼마 안 되어 하산도 그들의 영향을 받기 시작했다. 후세 역사가들이 보존한 자전적인 단편에 따르면 그는 스스로에 대해 이렇게 말했다.

"소년이었던 7살 때부터 나는 다양한 학파의 학문에 대해 애정을 느껴 장차 종교 학자가 되고 싶었다. 나는 17살까지 지식을 탐구하고 찾는 사람이었지만 아버지를 따라 12이맘파 신앙에 한정되었다.

라이에서 나는 한 남자를 만났다. 그는 우리 라피그Rafig(이스마일파가 자기 신도들을 가리킬 때 쓰던 용어)로서 이름은 아미라 자르랍Amira Zarrab이었다. 가끔 그는 이집트 칼리프의 교리를 상세히 설명해 주었다 …… 그 전에 나시르 이 쿠스라우가 그랬던 것처럼 ……

하산 이 사바(?~1124)
11세기 이슬람 시아파의 한 분파인 이스마일파 '신종파'의 수장. 산중 요새에 거점을 두고 추종자들을 훈련시켜 자신들을 탄압하는 셀주크 제국 권력자들과 순니파 신학자 등 수십명을 암살하여 공포의 대상이 되었다.

이슬람에 대한 나의 신앙에는 추호의 의심이나 불확실성이 없었다. 나는 살아 있는, 영원하며 전능하고, 모든 것을 보고 듣는 신이 존재하며, 예언자와 이맘, 허용된 것과 금지된 것, 천국과 지옥, 명령과 금지가 존재한다는 것을 믿는다. 나는 종교와 교의는 일반적인 사람들, 특히 시아파가 신봉하는 것으로 이루어진다고 생각한다. 그래서 내 마음속에서 이슬람이 아닌 외부에서 진리를 탐색한다는 생각은 결단코 한 적이 없다. 나는 이스마일파의 교리가 하나의 철학(독실한 신도들이 독설 어투로 쓰던 용어)이고 이집트의 통치자는 철학자라고 생각했다.

아미라 자르랍은 훌륭한 인격을 갖춘 사람이었다. 맨 처음 나와 대화할 때 그는 이렇게 말했다. "이스마일파는 이렇고, 이렇단다." 내가 대답했다. "오, 형제여, 그들의 말로 얘기하지 마세요. 그들은 추방된 자들이고 그들이 말하는 것은 종교에 위배됩니다." 우리 사이에 논쟁과 토론이 벌어졌고, 그는 내 신앙의 그릇됨을 증명하고 파괴시키고 말았다. 나는 이 사실을 그에게 시인하지 않았지만 내 마음속에서 이 말은 엄청난 영향을 끼쳤다. 아미라는 이렇게 말했다. "밤에 잠자리에서 생각해 보면, 내가 했던 말이 너를 설득시켰다는 사실을 넌 이미 알고 있다고 느끼게 될 거야.""

나중에 하산과 그의 스승은 헤어졌지만 하산은 탐구를 계속하면서 이스마일파 서적을 탐독했다. 그 책 중에 그를 설득시키는 것도 있었고 여전히 충분치 못한 것도 있었다. 어느 날 그에게 극심하게 고통스런 끔찍한 질병이 닥쳐왔고 그는 이를 계기로 개종하였다.

"나는 생각했다. 이것이야말로 진정한 신앙이구나. 엄청난 두려움 때문에 내가 그것을 인정하지 않았던 거야. 이제 신께서 정하신 나의 운명이 다 했으니, 진리를 성취하지 못한 채 죽어야겠구나."

하산은 죽지 않았고 병에서 회복하자마자 또 다른 이스마일파 교사를 찾았고, 그 교사가 가르침을 마무리했다. 다음 단계는 파티마조 이맘에게 충성을 맹세하는 것이었다. 서부 페르시아와 이라크에서 이스마일파 다와da'wa, 즉 포교단 수장 압드 알 말리크 이븐 아타시Abd al-Malik Ibn Attash의 허가를 받은 어느 선교사에게 하산은 공식 맹세를 했다. 그 직후 1072년 5~6월에 아타시는 직접 라이에 와서 하산을 만났다. 그리고 하산을 인정하고 다이로 임명하면서 카이로로 가서 카이로 궁정에 자신을 소개하도록 명했다. 다시 말해 이스마일파 본부에 보고하라는 것이었다.[2]

그러나 실제로 몇 년이 지나서야 비로소 하산은 이집트로 갔다. 몇몇 페르시아 작가들이 전하고 에드워드 피츠제럴드Edward Fitzgerald가 『루바이야트*Rubaiyat*』 역서 서문을 통해 유럽 독자들에게 소개한 이야기는 하산의 출가와 관련된 사건들을 설명하기 위한 것이다. 이 설화에 의하

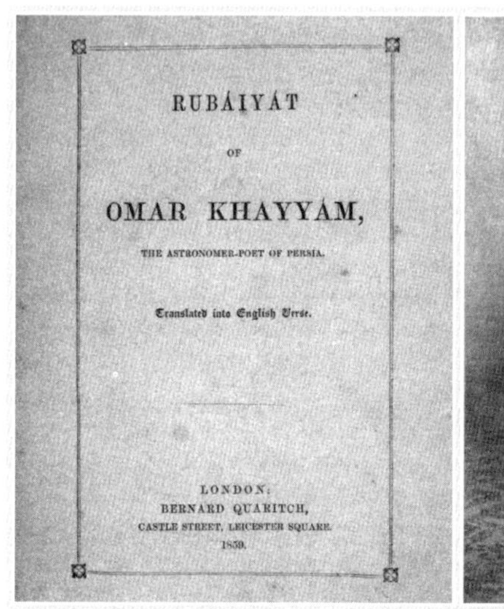
RUBÁIYÁT

OF

OMAR KHAYYÁM,

THE ASTRONOMER-POET OF PERSIA.

Translated into English Verse.

LONDON:
BERNARD QUARITCH,
CASTLE STREET, LEICESTER SQUARE.
1859.

「루바이야트」
오마르 카이얌은 1,000편에 달하는 4행시를 쓴 것으로 알려져 있는데 과거와 미래에 집착하지 않는 현세주의적 경향이 두드러진다. 1859년, 영국의 시인이자 번역가인 E. 피츠제럴드에 의해 「오마르 카이얌의 루바이야트」라는 제목의 영역본으로 출간되면서 세계적으로 유명해졌다.

면 하산 이 사바, 시인 오마르 카이얌Omar Khayyam, 와지르 니잠 알 물크Nizam al-Mulk는 모두 같은 스승 밑에서 공부한 동문이었다. 세 사람은 누구든 세상에 나가 먼저 성공하고 돈을 번 사람이 나머지 두 사람을 도와 주기로 맹세하는 협정을 맺었다. 그 도중에 니잠 알 물크가 술탄의 와지르가 되었고 이에 두 동문은 그 협정을 내밀었다. 두 사람은 총독 지위를 받았으나 각기 다른 이유를 들어 둘 다 거절했다. 오마르 카이얌은 정부 관리가 되기를 거부하는 대신 연금을 받고 여가활동 하기를 원했다. 반면 하산은 지방 관리직을 교묘하게 거절하고 궁정의 고위 관리직을 원했다. 얼마 안 있어 그는 자신의 소망대로 와지르 후보가 되어 니잠 알 물크의 강력한 라이벌로 급부상했다. 그러자 니잠 알 물크는 하산을 대적할 음모를 꾸며 술탄 앞에서 하산에게 굴욕을 주었다. 이에 수치와 격분을 참지 못한 하산 이 사바는 이집트로 피신하여 복수를 준비했다.

이 이야기는 몇 가지 모순이 있다. 우선 니잠 알 물크는 1020년 말엽에 태어나서 1092년에 죽었다. 하산 이 사바와 오마르 카이얌의 출생 날짜가 알려지지 않았지만 둘은 각각 1124년, 1123년 초반에 사망했다. 이 연대기 증거에 의해서 세 사람이 동시대에 수학한 동문이 될 가능성은 거의 없기 때문에 최근 학자들은 우화 같은 이 기괴한 이야기를 사실로 인정하지 않았다.[3] 하산의 출가에 대해 다른 역사가들이 좀 더 믿을 만한 설명을 해 주었다. 이 설명에 의하면 하산이 라이의 권력자들과 충돌하여 소송이 붙었다. 그들은 하산이 이집트 첩자를 숨겨 주고 위험한 정치 선전원이 되었다고 고소했던 것이다. 이에 하산은 체포당하지 않기 위해 그 도시를 떠나 이집트로 가는 긴 여정에 올랐다.[4]

자전적 단편에 따르면, 하산은 1076년에 라이를 떠나 이스파한으로 갔다. 거기서 북쪽 아제르바이잔Azerbayjan으로 이동한 뒤 다시 마이야파리킨Mayyafariqin으로 갔다. 그런데 그곳에서 하산은 종교를 해석하는 데 이맘의 배타적 권리를 주장하고 순니파 율법학자 울레마Ulema의 권위를 부정하는 바람에 법학자 카디Qadi에 의해 추방당했다. 그는 메소포타미아와 시리아를 거쳐 계속 이동하여 다마스쿠스에 도착했으나 그곳에서 이집트까지 가는 육로가 군사상 문제로 막혀 있다는 걸 알았다. 그래서 서부 해안 쪽으로 가서 베이루트 남부 쪽으로 이동하여 팔레스타인에서 배를 타고 이집트로 갔다. 1078년 8월 30일에 카이로에 도착한 그는 파티마 궁정의 고관대작들로부터 환영을 받았다.

하산 이 사바는 약 3년간 이집트에 머물렀는데 처음엔 카이로에서 지내다가 나중에 알렉산드리아로 옮겨갔다. 몇 가지 설에 의하면 그가 니자르를 지지한다는 이유로 군대 총사령관 바드르 알 자말리와 충돌하는 바람에 수감되었다가 이집트에서 추방되었다고 한다. 그러나 그 충돌이 빚어진 원인은 후세 사람들이 윤색한 것임에 틀림없다. 당시만 해도 아직 계승을 둘러싼 논쟁이 일어나지 않았기 때문이다. 하지만 열렬한 혁명파와 군사 독재자 사이의 갈등이라면 가능성이 없는 것도 아니다.[5]

그는 이집트에서 북부 아프리카로 추방되었다. 그러나 그가 나오는 길에 프랑크족 배가 난파되었고 겨우 구조되어 시리아로 후송되었다. 알레포와 바그다드를 거쳐 이동하던 중, 1081년 6월에 이스파한에 도착했다. 이후 9년간 그는 포교를 위해 페르시아 전역을 다녔다. 그는 몇 년간의 그 포교 여행에 대해 이렇게 전한다. "거기서[이스파한에서] 나는 케르만Kerman과 야즈드로 가서 얼마간 포교를 했다."[6] 그는 이란 중심부에서 다시 이스파한으로 돌아왔고 그후 남쪽으로 가서 3개월간 쿠지스탄Khuzistan에서 지냈는데, 거기는 예전에 이집트에서 돌아오는 길에 얼마간 지낸 곳이기도 했다.

그는 계속해서 길란Gilan과 마잔다란Mazandaran의 카스피해 연안, 특히 다일람Daylam으로 알려진 고원 지대 등 페르시아 극북(far north) 지역에 관심을 집중하기 시작했다. 이란의 거대 고원에 접한 산맥의 북부에 위치한 이 지역은 지리적 형상 면에서 이란의 나머지 지역과 확연히 달랐다. 그래서인지 강건하고 호전적이며 독립적인 사람들이 거주했으며 오랫동안 고원 지대 이란인들은 고립되고 위험한 부족으로 취급당했다. 고대 이란의 통치자들도 그들을 효과적으로 정복한 적이 없었고 심지어 사산 왕조(Sasanids)는 그들의 습격에 대비하기 위해 방어 성채로 반드시 국경의 요새를 정비해야 한다고 생각할 정도였다. 이란을 정복한 아랍인들은 좀 더 나은 편이었다. 아랍 지도자 알 하자즈al-Hajjaj가 다일람을 공격할 당시 산맥과 골짜기, 고개를 묘사한 지도를 준비했다는 설이 있었다. 그래서 그는 다일람을 침략하여 황폐화시키기 전에 먼저 다일람 사절단에게 그 지도를 보이며 항복을 권했다. 그들은 지도를 보더니 이렇게 말했다. "우리나라에 관해 정확한 정보를 얻으셨군요. 그러나 이것은 우리나라의 그림일 뿐입니다. 그 안에서 고개와 산맥을 방어할 무사들의 모습은 전혀 보이지 않네요. 만약 침략하신다면, 그들의 진면목을 알게 될 겁니다."[7] 이후 다일람은 정복이 아니라 평화로운 포교에 의해 이슬람화 되었다.

이슬람에 항복한 최후의 부족 중에서 다일람족(Daylamis)은 자신들의 개별성을 주장한 최초의 부족이었다. 그것은 정치적으로는 독립적인 왕조의 출현을 통해서, 종교적으로는 비정통의 믿음을 받아들임으로써 이루어졌다. 8세기 말 알리 당파가 압바스조의 박해 때문에 피신하여 그곳에서 은신하고 지지를 받았을 때부터 다일람은 시아파 활동의 중심지가 되어 바그다드와 기타 순니파 통치자들에 대항하여 독립성을 지키는 기염을 토했다. 10세기에 부이드 왕조 치하에서도 다일람족은 페르시아와 이라크 대부분의 지역에서 성공적으로 패권을 차지하고 한동안 칼리프들의 후견인 노릇을 했을 정도였다. 이후 셀주크가 들어오면서 이슬람 제국 내에서 다일람족과 시아파의 통치가 끝이 났고 이후 다일람에 대한 압박이 거세졌다.

바로 이 북부 부족들, 즉 이미 시아파가 지배했었고 이스마일파 선전 운동이 강하게 스며 있는 사람들을 상대로 하산 이 사바가 중추적인 노력을 기울였던 것이다. 기존 정부에 불만을 품은 호전적인 이곳 다일람과 마잔다란 산악지대 부족들에게 하산의 투쟁적인 교리는 강력한 호소력을 지녔다. 하산은 도시를 피해 쿠지스탄부터 동부 마잔다란까지 사막을 거쳐 발전했으며 마침내 담간Damghan에서 자리를 잡고 난 후 3년을 머물렀다. 이 본거지에서 그는 산악지대 부족을 담당할 다이들을 파견했고 그 자신도 쉬지 않고 이동하면서 그들을 지휘하고 지원을 아끼지 않았다. 하산의 활동은 얼마 안 가 와지르의 주목을 끌었고, 와지르는 라이 당국에 그를 생포하라는 명령을 내렸다. 그러나 그는 체포당하지 않았다. 하산은 라이를 피해서 다일람 포교에 가장 편리한 근거지 카즈빈Qazvin 쪽으로 산악 루트를 따라 이동했다.

하산은 끊임없이 여기저기로 이동하면서 개종자를 늘리는 데에만 신경 쓰지 않고 동시에 새로운 형태의 근거지를 찾기 위해 노력했다. 도시의 비밀 회합 장소는 발각되어 중단될 위험이 항상 있었기에 외딴 곳에 사람이 접근할 수 없는 본부가 필요했다. 만약 그런 곳이 생긴다면 셀주크 제국에 대항하여 무사히 전쟁을 지휘할 수도 있을 것이다. 마침내 그는 알라무트 성을 선택했다. 알라무트 성은 엘부르즈Elburz 산맥 한가운데 높은 바위 꼭대기 위, 좁은 산마루에 건설되었다. 주변에 험준한 자연 계곡과 골짜기로 둘러싸여 있으며 가장 넓은 지점에서 보면 길이 48킬로미터, 폭 4.8킬로미터가 된다. 해수면에서 1828미터 이상 높이 솟은 알라무트 성은 바위 기단에서도 수백 미터나 떨어져 있다. 그 바위에 접근하는 방법은 알라무트 강의 좁은 협곡을 통과하는

알라무트 성
하산 이 사바는 엘부르즈 산맥 한 가운데, 험준한 계곡과 골짜기로 둘러싸인 알라무트 성을 점령하고, 평생을 그곳에 머물며 아사신파 포교 및 세력 강화에 힘썼다.

것뿐이었다. 그 협곡은 깎아지른 수직 절벽, 때로 돌출된 절벽 사이에 있었다.

일설에 의하면 그 성은 다일람의 어느 왕이 건설했다고 한다. 어느 날 왕이 사냥을 하러 나가 사람을 실은 독수리 하나를 풀어 주었는데 그 독수리가 바위에 앉았다. 왕은 그 장소의 전략적 가치를 알아보고 곧바로 그 위에 성을 지었다. "그리고 그 성을 알루아무트Aluh Amut라고 불렀으니, 그 이름은 다일람 말로 독수리의 가르침이란 뜻이다."[8] 다른 이야기들은 별로 신빙성은 없지만 그 이름을 독수리의 둥지라고 해석한다. 그 성은 860년에 알리드파의 어느 통치자가 재건했는데, 하산이 거기에 도착했을 당시 성은 미흐디Mihdi라는 알리드파의 수중에 있었다. 그는 그 성을 셀주크 술탄 치하에서 굳건히 지키고 있었다.

알라무트 점령은 신중하게 준비되었다. 하산은 담간에서 다이들을 알라무트 주변 마을로 파견했다. "카즈빈에서 나는 또다시 알라무트 성으로 다이 한 사람을 보냈다. 그 다이의 활약으로 알라무트 안의 몇 사람이 개종했고 그들은 알리드마저 개종시키려고 노력했다. 알리드는 넘어가는 척했지만 나중에 모든 개종자들을 투옥시키는 음모를 획책했다. 그런 후에 그 성은 술탄의 재산이라며 성문을 굳게 닫아 버렸다. 숱한 논의를 거친 후, 알리드는 개종자들을 다시 인정해 주었다. 그 후에 그들은 알리드의 명령을 거부했다."[9]

이제 성 안에 추종자들을 심어 놓았기 때문에 하산은 카즈빈을 떠나 알라무트 근방으로 이주했다. 그는 거기서 얼마 동안 숨어 지냈다. 그러다가 1090년 9월 4일 수요일 비밀리에 성 안으로 들어갔다. 한동안 성 안에서 변장을 하고 지냈지만 곧 그의 정체가 밝혀졌다. 그때서야 미흐디는 사태를 파악했지만 그 상황을 중단시키거나 바꾸기 위해 아무것도 할 수 없었다. 하산은 그에게 떠나도록 했다. 페르시아 연대기 작가들의 이야기에 따르면 성을 넘긴 대가로 미흐디에게 3000골드디나르gold dinar의 수표를 건넸다고 한다.[10] 하산 이 사바는 이제 알라무트 성의 명실상부한 지배자로 우뚝 설 수 있었다. 입성했을 때부터 35년 후 사망할 때까지 그는 한번도 그 바위를 내려간 적이 없었으며 생전에 딱 두 번 집을 비웠을 뿐이었다. 그 두 번도 지붕 위로 올라 간 것뿐이었다. 라시드 알 딘이 전한다.

"그는 죽을 때까지 평생 살고 있던 집 안에서 이리저리 움직였다. 온종일 책을 읽었으며 다와의 말을 글로 옮기고 국사를 경영하는 데 힘을 쏟았다. 금욕적이고 검소하며 경건한 삶을 살았다."[11]

맨 처음에 그의 과제는 사람들을 개종시키는 것과 더 많은 성을 점령하는 것 두 가지였다. 그는 두 가지 목표를 달성하기 위해 알라무트에서 여러 지역으로 포교사절과 대리인을 파견했다. 당면한 목표는 알라무트 본거지에 접한 주변지역, 루드바르Rudbar를 지배하는 것이었다. 그 지역은 샤 루드Shah Rud 강이 통과하여 흐르는 배후의 강바닥에 해당했다. 외딴 곳이었지만 비옥한 산골짜기 루드바르에서는 여전히 옛날 생활방식을 그대로 유지하였고, 남쪽으로 진행되고 있던 여러 가지 변화에도 끄떡하지 않았다. 루드바르에는 진짜 도시가 없었고 도시에 기반을 둔 무장 권력이나 정치 세력도 없었다. 부족들은 마을에 흩어져 살았으며 성 안에 살던 지방 귀족에게 충성을 다했다. 이스마일파는 마을 사람들뿐만 아니라 지방 귀족들 사이에서도 지지를 구했다. 주바이니는 이렇게 전해 준다.

"하산은 알라무트 주변 지역, 그러니까 인접 지역을 차지하기 위해 온갖 노력을 다했다. 가능성이 있는 지역에서는 그의 포교 선전 기술로 그곳을 차지했고, 그의 감언이설에도 넘어오지 않는 지역은 살육, 마취, 약탈, 전쟁으로 점령했다. 그는 최대한 할 수 있는 만큼 성을 점령했고 적당한 바위를 발견하는 곳이면 어김없이 그 위에 성을 지었다."[12]

중대한 정복은 1096년 혹은 1102년에 라마사르Lamasar 성을 공격하여 점령한 사건이었다.[13] 하산의 군대를 이끈 사람은 그 성에서 20년간 지휘관을 지낸 키야 부르주르구미드Kiya Burzurgumid였다. 이 성은 전략적으로 샤 루드 강을 굽어보는 둥근 바위 위에 있었기 때문에 루드바르 전 지역에 이스마일파의 힘을 확인시켜 주었다.

멀리 남동부에 황폐한 산악 국가 쿠히스탄Kuhistan이 있었는데, 현재 이란과 아프가니스탄의 국경 근처이다. 그 부족들은 사방이 중앙 고원의 거대한 소금 사막으로 둘러싸인 오아시스에서 여기저기 흩어져 고립된 집단으로 살아갔다. 고대 이슬람 시대에 이 지역은 조로아스터 교도들의 마지막 피난처 가운데 하나였다. 그러나 이후 이슬람으로 개종하여 그곳은 시아파와 여타 종교적 반체제 인사들의 은신처가 되었으며 나중엔 이스마일파의 중심지가 되었다. 1091년과 1092년 사이에 하산 이 사바는 이스마일파 지지를 결집, 확대하기 위해 쿠히스탄에 포교사절단을 파견했다. 하산이 선택한 주인공은 능력 있는 다이, 후세인 카이니Husayn Qa'ini였다. 이미 그는 알라무트의 개종에 모종의 역할을 한 인물로서 쿠히스탄 태생이었다. 그의 포교는 바로 성공을 거두었다. 쿠히스탄 백성들은 셀주크 치하에서 몹시 고통 받고 있었다. 일설에 의하면 셀주크 관리가 그 지역에서 존경받는 지역 군주의 여동생을 요구함으로써 사태를 어렵게 몰고 갔는데, 그때 마침 그 군주가 이스마일파로 피신을 했다. 쿠히스탄의 성과는 은밀한 전복이나 단순히 성 하나를 점령한 그 이상의 일이었다. 그 사태는 대중 봉기, 즉 외래 군사 지배에서 독립하기 위한 운동의 특성을 함축하고 있었다. 여러 곳에서 이스마일파는 공개적인 반란을 일으켜 주잔Zuzan, 카인, 타바스Tabas, 툰Tun, 그 외에 주요 도시의 통제권을 거머쥐었다. 그들은 루드바르와 같은 형태로 동부 쿠히스탄에서 사실상 지역 국가를 건설하는 데 성공했다.[14] 이스마일파의 확대 전략으로 보자면 산악 지역이 확실히 유리했다. 또 남서부 페르시아나 쿠지스탄과 파르스Fars 사이의 지역에도 그들의 전략이 제대로 맞아들었다. 물론 성공하기 위한 필수 조건은 있었다. 첫째, 곤경에 처한 나라여야 하며 둘째, 백성은 고통 받고 불만에 가득 찬 상태여야 하며 셋째, 시아파와 이스마일파에 충성했던 강한 지역적 전통이

카인 성
아사신파의 산악 근거지 중 하나. 왼쪽은 공중에서 내려다본 모습, 오른쪽은 가까이에서 본 카인 성벽의 모습이다.

있어야 했다. 이 지역에 이스마일파 지도자는 아라잔Arrajan 출신의 구두장인 아부 함자Abu Hamza였다. 그는 이집트에 가서 교육받은 후 파티마조 다이로 귀국한 인물이었다. 그는 아라잔에서 몇 마일 떨어지지 않은 두 개의 성을 점령하여 활동 강화의 본부로 활용했다.[15]

일부 이스마일파 포교사절단이 외딴 지역에서 권력을 얻고 그 입지를 공고히 하는 동안, 다른 사절단은 순니 정통파와 셀주크 지배의 중심지 한복판에서 포교활동을 수행하고 있었다. 이스마일파 대리인들과 셀주크 당국이 연루된 최초의 유혈사태가 빚어졌는데, 그 주인공이 바로 그 포교사절단이었다. 그 사건은 라이와 쿰에서 그리 멀지 않은 북부 고원 지대 사바Sava에서 벌어졌다. 아마 알라무트 점령 이전에 일어난 것 같다. 셀주크 경찰청장이 개별 기도회에 참여하고 있던 18명의 이스마일파 신도를 체포했다. 이런 식의 대면은 처음 있는 일이라 잠시 심문을 받은 후에 그들은 모두 훈방조치되었다. 그 다음에 그들은 이스파한에 살고 있던 무에진Muezzin(이슬람 사원에서 예배 시각을 알려주는 사람 —역주)을 개종시키려고 애썼지만, 그는 이스마일파의 설득에 넘어

가지 않았다. 이에 이스마일파는 당국에 자신들을 고발할까 두려워 그를 살해했다. 아랍 역사가 이븐 알 아시르Ibn al-Athir에 의하면 무에진이 이스마일파의 첫 희생자이며 그의 죽음이 최초의 유혈 사건이었다. 이 소식은 와지르 니잠 알 물크에게 전해졌고 그는 개인적으로 주모자를 처형하라는 명령을 내렸다. 처형된 남자의 이름은 타히르Tahir, 직업은 목수, 부친은 다양한 종교 업무를 수행하던 설교자였다. 부친은 한때 이스마일파로 의심을 받아 케르만의 어느 폭도에게 린치를 당한 적도 있었다. 타히르는 처형되어 본보기로 삼고자 장터에 시체가 걸렸다. 이븐 알 아시르에 의하면 그가 처형당한 최초의 이스마일파였다.[16]

1092년 셀주크 당국은 최초로 군사력을 동원하여 이스마일파의 위협을 해결하고자 나섰다. 당시 3대 술탄 말리크샤Malikshah는 대 술탄(Great Sultan), 즉 셀주크 통치자와 군주들 가운데 최고 수장이었다. 그는 알라무트와 쿠히스탄에 각각 대항할 수 있도록 원정대를 따로 보냈다. 그런데 양쪽 다 패하고 말았다. 알라무트에 온 원정대는 루드바르의 지지자들과 동조자들이 나서서 몰아냈고 쿠히스탄 원정대는 카즈빈 자체 방어력으로 쫓겨났다. 주바이니는 이때의 승리를 이스마일파 문헌에서 다음과 같이 인용하였다.

"485년/1092년 초반에 술탄 말리크샤가 하산 이 사바와 전체 추종자를 추방하고 뿌리 뽑기 위해 수장 아르슬란타시Arslantash를 파견했다. 그 해 주마다 I 월(Jumada I , 1092년 6월~7월)에 그 수장이 알라무트 성 앞에 진을 쳤다. 당시 하산 이 사바는 겨우 60~70명의 신도들과 알라무트 안에 있었는데 비축 식량이 거의 없었다. 그들은 갖고 있는 약간의 식량으로 겨우 연명하면서 포위군과 전투를 계속했다. 그때 하산의 다이들 중에 주바라Zubara와 아르디스탄Ardistan 출신의 디흐다르 부 알리Dihdar Bu-Ali가 카즈빈에 살고 있었는데 그 주민들 중 일부는 부 알리를 통해 개종한 사람들이었다. 또 탈라칸Talaqan과 쿠이 바라Kuh-i Bara 지역, 라이 지역에서도 많은 사람들이 하산 사바의 포교로 신앙을 얻은 사람들이었다. 그러니까 그들 모두는 당시 카즈빈에 살던 부 알리에게 의존하며 살았던 것이다. 하산 이 사바는 부 알리에게 도움을 청했고, 부 알리는 쿠이 바라와 탈라칸의 백성을 선동하여, 카즈빈에서 전쟁에 필요한 무기와 사람을 보냈다. 이들 중 300명 정도가 하산 이 사바를 도우러 왔다. 그들은 목숨을 내놓고 알라무트에 들어왔다. 그 다음에 요새 수비군과 성 밖에서 동조하던 루드바르 일부 주민들의 지원을 받아 그해 샤반 월(1092년 9~10월) 말에 아르슬란타시 군에 기습공격을 감행했다. 신께서 미리 정하신 명령에 의해 그 군대는 도망쳐 알라무트를 떠나서 말리크샤에게 돌아갔다."[17]

쿠히스탄 내 이스마일 본부의 포위는 1092년 11월에 술탄이 사망했다는 소식을 받았을 때 풀렸다.

한편 이스마일파는 그들만의 독특한 기술로 최초로 큰 성공을 거두었다. 그것은 후세에 종파의 별명으로 쓰일 암살 기술이었다. 그들이 선택한 희생자는 전제 권력자 와지르였다. 와지르는 '반정부 난동의 농양을 근절하고 정부 내 복지부동의 악성 기생균을 삭제'하기 위해 노력했는데, 이것이 이스마일파의 신경을 건드려 가장 위험한 적으로 낙인찍혔다. 하산 이 사바는 그의 계획을 신중하게 밝혔다. 라시드 알 딘은 이스마일 자료를 따라 — 필시 수정을 했겠지만 — 이렇게 전한다.

"우리의 주인께서 죽음과 지옥의 그물 속에 든 니잠 알 물크라는 좋은 사냥감을 먼저 잡기 위해서 올가미와 덫을 놓아 주셨다. 이 작전을 통해 그의 명성과 평판은 높아졌다. 사기 수법과 거짓 농간으로, 교활한 태도와 그럴듯한 혼란을 이용해 그는 피다이fidai(이스마일파 열성 신도, 암살 요원을 가리킨다. —역주)들의 조직을 만들어 이렇게 물었다. '너희들 중에 누가 니잠 알 물크라는 악의 화신을 제거하겠느냐?' 부 타히르 아라니Bu Tahir Arrani라는 자가 가슴에 손을 얹고 자발적 의사를 표시했다. 그는 잘못된 길을 걸어 왔으나, 이번 작전을 통해 내세의 축복을 받길 소원했다. 그는 485년 라마단Ramadan 12일(1092년 10월 16일) 금요일 밤에 샤나Shana구 니하반드Nihaband 지역으로 수피Sufi로 변장해 니잠 알 물크의 가마에 접근했다. 그때 알 물크는 군중들로부터 나와 그의 여자들이 있는 천막으로 가는 중이었다. 부 타히르는 칼로 그를 찔렀고 그 일격에 알 물크는 죽었다. 알 물크는 피다이들이 살해한 최초의 인물이었다. 우리 주인께서는 부 타히르가 마땅히 받아야 할 축복을 주며 이렇게 말했다. '이 악마를 살해한 것은 축복의 시초로다.'"[18]

그 사건은 미리 계산된 테러 전쟁에서 발생한 공격으로 이스마일파 교리를 비난하고 이스마일파 신앙을 고백하는 사람들에 대한 억압을 공식적으로 허용했던 국왕, 군주, 장군, 총독과 심지어 성직자들을 비명횡사시킨, 기습 공격의 시초였다. 이스마일파에 반대하는 독실한 교도는 이렇게 말했다. "그들을 죽이는 것은 빗물보다 더 정당하다. 그들을 정복하고 죽이는 것은 술탄과 군주의 의무이다. 그것은 빗물이 세상 표면의 오염을 깨끗하게 씻어내는 것과 똑같다. 그들과 동맹을 맺거나 친선 관계를 형성하는 것은 옳지 않으며, 그들이 도살한 고기를 먹거나 그들과 결혼을 해서도 안 된다. 그 이단자의 피를 보는 일은 그리스 이

니잠 알 물크(1018~1092)
셀주크 왕조의 재상. 주요 도시에 니자미야 학원을 설립하여 순니파 신앙을 옹호하고 인재 양성에 힘썼다. 1092년 바그다드로 여행하는 도중 이스마일파 피다이에게 암살되었다.

단자 70명을 죽인 것보다 더 큰 업적이다."[19]

희생자들 측에서 보자면, 이스마일파의 암살단은 범죄자 광신도들이며 종교와 사회에 대항하는 살인적 음모에 가담한 자들이었다. 한편 이스마일파 측에서 보면, 그들은 이맘의 적에 대항하여 전쟁에 나간 정예 엘리트 부대였다. 그들은 압제자와 찬탈자를 무너뜨림으로써 그들의 신앙과 충성에 대한 결정적인 증거를 제시하고 직접적인 축복과 영원한 축복을 동시에 얻을 수 있었다. 이스마일파 측은 실제 암살 담당 교도를 가리켜 열성 신도라는 뜻을 지닌 피다이라고 불렀다. 그리고 흥미롭게도 그들의 용기와 충성, 자신을 희생하는 헌신적 신앙심을 찬양하는 시가 남아 있다.[20] 알라무트 지역의 이스마일파 연대기를 보면 희생자의 이름과 그들을 죽인 독실한 교도들의 이름이 적힌 암살 명예 명부가 있다. 나중에 라시드 알 딘과 카샤니Kashani도 그것을 인용했다.

이스마일파는 형식상 서약과 입문식, 엄격한 계급 구조와 정보 체계로 이루어진 비밀 조직이었다. 비밀 유지가 잘되었기 때문에 그들에 관한 정보는 파편적이며 마구 뒤섞여 있다. 정통파 논쟁자들은 이스마일파를 점진적인 타락의 단계를 거쳐 그들의 앞잡이를 나쁜 길로 꾀는 집단이며 마지막 타락 단계에 접어들면 불신앙이라는 총체적 공포를 노출하는 기만적인 허무주의자 집단이라고 설명한다. 한편 이스마일파 저자들은 그 종파를 신성한 신비의 수호자라고 생각하는데 이스마일파 교도는 그들만의 점진적인 입문식을 바탕으로 오랜 준비와 교육 과정을 거친 후에야 그 신비를 얻을 수 있다. 이스마일파 조직 구성에 가장 흔히 사용되는 용어는 '다와'이다. 페르시아어로 다바트da'bat라고 하며 포교나 설교라는 뜻이다. 다와의 대리인이 선교사 다이들이다. 다이는 문자 그대로 설교자를 의미하며 그들은 서품 받은 성직자와 같은 조직으로 구성된다. 후세 이스마일파 문헌에 따르면 그들은 설교자, 교사, 설교 유자격자(licentiate) 등 상하 계층으로 다양하게 나뉘어 있다. 다이 밑으로 무스타지브Mustajībs, 말 그대로 응답자라는 뜻으로 전수자들 중에 가장 낮은 계층이었다. 다이들 위로는 다이의 수장 후자hujja인데 이는 신의 증거자(Proof)라는 의미이며 페르시아어로 후자트hujjat라고 부른다. 자지라jazīra는 섬이란 뜻으로, 다이 한 사람이 관할하는 영토나 소수민족 관할구역을 지정할 때 쓴다. 또 여타 이슬람 종파, 계급과 마찬가지로 이스마일파도 그들의 종교 지도자를 장로라고 칭한다. 이는 아랍어로 샤이크, 페르시아어로 피르이다. 종파 교도를 부를 때 흔히 사

용하는 단어는 라피크로, 동지라는 뜻이다.[21]

1094년 이스마일파는 중대한 위기에 봉착했다. 당대 이맘이자 신앙의 우두머리인 파티마 칼리프 알 무스탄시르가 카이로에서 사망하고 계승 문제가 불거졌다. 페르시아 내 이스마일파는 그의 후계자를 인정하지 않았고, 대신 추방된 장남 니자르가 정당한 후계자라는 그들의 신앙을 주장했다. (본문 pp.79~80 참고) 이런 분란이 생기기 전까지 페르시아 내 이스마일파는 명목상으로나마 카이로에 있는 이맘과 다이 수장의 최고 권위를 인정하고 허가를 받아 왔다. 하산 이 사바는 처음에 수장 대리의 자격으로 선교사로 왔다가, 나중에 수장 압드 알 말리크 이븐 아타시의 자리를 물려받았다. 그러나 이제는 완전히 분리가 되었기 때문에 페르시아 이스마일파는 카이로의 칼리프와 다이 수장의 지원이나 통제를 전혀 받지 않았다.

결정적인 사안은 이맘의 정체성이었다. 이맘은 이스마일파의 신학적·정치적 체계 전반에 걸친 중심인물이었다. 니자르는 알 무스탄시르 사후 정당한 이맘이었지만 알렉산드리아 감옥에서 살해되었고 그의 아들도 함께 살해되었다고 한다. 일부 니자리파는 니자르가 실제로 죽은 게 아니라 은둔했을 뿐이며 나중에 마흐디로 다시 돌아올 것이라고 주장했다. 다시 말해 이맘 계보가 끝났다는 뜻이었다. 결국 이 계파는 살아남지 못했다. 하산 이 사바가 이 점에 대해 추종자들에게 어떻게 가르쳤는지는 알려지지 않고 있으나, 후세에 이맘직은 알라무트에서 은밀하게 키우고 있는 니자르의 손자에게 계승되었다는 교리가 채택되었다. 일설에 의하면 이집트에서 페르시아로 몰래 그 아기를 데려왔다고도 했다. 다른 설에 의하면 니자르 아들의 처가 임신한 채 알라무트로 들어와서 장차 새 이맘이 될 아기를 낳았다고도 했다. 니자리파 신앙에 따라 이런 일은 당시에 철저히 비밀에 부쳐졌고 그후 세월이 많이 흘러도 결코 세상에 알려지지 않았다.

공식 이맘의 부재와 카이로와의 단절로 인해 불가항력적으로 발생한 여러 가지 조정 상황으로 페르시아 내 이스마일파의 활동이 중단되거나 지연되진 않은 듯하다. 오히려 정반대로 11세기 말과 12세기 초반 몇 년 동안 셀주크의 일시적인 혼란을 틈타 이스마일파는 새로운 지역으로 활동을 넓혀 갔다.

이 시기의 활동 중에 1096년 엘부르즈 동쪽의 어느 성을 점령한 것은 그들의 초기 활동의 노선을 잇는 것이었다. 알라무트에서는 하산이 다일람에 가기 전에 일했던 담간 지역으로 밀사를 파견했다. 그들은 담간의 총독 무자파르Muzaffar 장군에게 크게 도움을 받았다. 그는 다름 아닌 바로 압드 알 말리크 이븐 아타시를 통해 비밀리에 개종한 이스마일파였다. 담간 남쪽에 기르드쿠Girdkuh 성이 있었는데 견고하게 잘 지어졌고 그 위치도 이스마일파의 목적에 부합했다. 그래서 무자파르는 그 성을 얻기 위한 작전에 착수했다. 그는 계속 충성스러운 장교인 척하면서, 술탄에게 기르드쿠 성을 요구하여 자신을 사령관 자리에 앉힐 수 있는 상관 셀주크 아미르emir(이슬람 제국 시대 장군, 사령관이란 뜻인데 이후에 '군주'라는 의미로 변하며 emir나 amir로 표기한다. —역주)를 설득했다. 아미르와 술탄 모두의 동의에 무자파르는 손쉽게 그 성을 차지했다. 그는 아미르의 허가를 받아 그의 비용으로 성을 수리하고 요새화했으며 필수 물품과 보물을 채워 넣었다. 그런 뒤 모든 준비를 마치자 무자파르는 자신이 이스마일파 교도이자 하산 이 사바의 추종자라고 선언했다. 그는 40년간 그곳을 지배했다. 기르드쿠 성은 호라산Khurasan과 서 이란(Western Iran) 사이의 중심 루트를 굽어보고, 동부 마잔다란의 이스마일파 지원 본부에 인접하여 편리했기 때문에 점점 커지는 이스마일파 권력의 전략적 입지를 크게 강화시켰다.[22]

거의 같은 시기에 이스마일파는 이보다 더 대담한 쿠데타를 성공시켰다. 셀주크 술탄의 안방, 대도시 이스파한 옆 산허리에 위치한 샤디즈Shadiz 성을 점령한 것이다.[23] 사실 이스마일파 밀사들은 이스파한에서 오랫동안 작업을 해왔다. 그곳은 과거 압드 알 말리크 이븐 아타시가 살았지만 시아파로 고발당하여 도망쳤던 곳이기도 했다. 신임 술탄 베르크야루크Berkyaruq가 배다른 형제들, 계모와 싸움을 벌이는 통에 이스마일파는 새로운 기회를 얻어 이스파한에서 공포의 지배를 시작했다. 그러나 결국 백성들이 이스마일파에 대항하여 봉기하고 그들을 학살하는 것으로 끝이 났다. 이스마일파에 대항하는, 이와 유사한 민중 반란이 다른 페르시아 도시에도 기록되어 있다.

압드 알 말리크 아타시의 아들 아흐마드Ahmad가 이스파한에서 새로운 출발을 알렸다. 부친이 그곳을 떠날 당시 아들까지 시아파라고 생각하지 않았기 때문에 아흐마드는 거기서 살 수 있었다. 그러나 그는 비밀리에 이스마일파 조직을 위해 일하고 있었다. 페르시아 어느 역사가에 의하면, 아흐마드는 샤디즈 주둔지의 학교에서 교사 자리를 구했는데, 그곳은 주로 다일람의 용병들이 거주했다. 그는 이 점을 이용하여 용병들의 환심을 사서 이스마일파로 개종시켰고, 그 결과 샤디즈 성을 차지할 수 있었다. 한편 이보다 재미없는 또 다른 일설에 의하면, 그는 차츰 샤디즈 성주의 신임을 얻어 오른팔이 되고 나서 성주가 죽은 후

성을 차지했다고 한다. 얼마 후 이스마일파는 이스파한 인근의 카린잔Khalinjan 성을 두 번째로 차지했는데, 점령했는지 할양받았는지는 분명하지 않다. 이스마일파에 대한 이야기를 꾸며내기 좋아하는 연대기 학자들의 일설에 따르면, 어느 목수가 그 성의 사령관과 친구가 되어 어느 날 전체 주둔군을 만취시킬 정도로 큰 잔치를 벌였다고 한다.

술탄 베르크야루크는 1092년에 전임 말리크샤의 후계자로 취임했다. 그런데 배다른 형제 무함마드 타파르Muhammand Tapar와 권력 투쟁하느라 정신이 없었다. 무함마드 타파르는 친형제 산자르Sanjar의 전적인 지원을 받고 있었다. 그나마 술탄은 이스마일파에 대해 신경 쓸 겨를이 없었고, 파견할 군대도 없었다. 한편 최악의 경우, 술탄과 부관들은 그들의 적과 대항하는 이스마일파를 용인할 태세였고, 어쩌면 때에 따라 직접 이스마일파에 도움을 요청할 준비를 했다. 그래서 호라산에 있는 베르크야루크의 대표단은 라이벌 당파에 대항중인 쿠지스탄 이스마일파의 지원을 받았다. 알라무트 연대기에 들어 있는 암살 명예 명부를 보면 니잠 알 물크부터 시작하여 거의 50건의 암살이 하산 이 사바의 지배기간에 몰려 있다. 그중 절반이 바로 이 혼란한 시기에 일어났다. 그 희생자들 중 일부가 무함마드 타파르의 지지자와 베르크야루크 반대자들이었다고 한다.

1100년 여름, 베르크야루크는 무함마드 타파르를 패배시켰고 타파르는 호라산으로 피신해야 했다. 이 승리를 맛본 후, 이스마일파는 더욱 대담해지고 자신만만해져 베르크야루크의 궁정과 군대까지 잠입했다. 그들은 많은 군인들을 개종시켰고, 그들에게 반대하는 자들을 암살하겠다고 위협했다. 아랍의 연대기 작가는 이렇게 전한다.

"사령관이나 장교들은 감히 보호 장치 없이 집 밖을 나서지 못할 정도였다. 그들은 의복 아래에 갑옷을 입었고 심지어 와지르 아불 하산Abu'l Hasan도 제복 밑에 메일 셔츠mail shirt(작은 철 비늘로 이루어진 방어 섬유로 갑주 안에 입는 옷 —역주)를 입었다. 술탄 베르크야루크의 고위 관리들은 공격당할까 두려운 마음에 술탄 앞에 무장한 채 나타날 수 있도록 윤허를 청했고 술탄은 허락했다."[24]

이스마일파의 위협이 점점 커지자 자기만족에 심하게 빠져 있는 그들에 대한 술탄의 분노가 점점 쌓여 갔다. 그리하여 마침내 술탄은 행동에 나섰다. 1101년 술탄은 여전히 호라산을 지배하고 있던 이복형제 산자르와 양측 모두를 위협하는 적에 맞서는 공동 작전을 펼치기 위해 협정을 맺었던 것으로 보인다. 산자르는 상관 아미르의 명령을 받아, 쿠히스탄 내 이스마일파 지역을 도모할 대규모 정예 무장 원정대를 파견했다. 거기로 가서 그들은 그 지방을 초토화하고 이스마일파 본거지 타바스를 포위했다. 투석기를 이용해 성벽을 대부분 파괴하고 성을 점령하려는 찰나, 이스마일파는 그 아미르에게 뇌물을 써서 포위를 풀고 나가도록 했다. 그런 다음, 다음 공격에 대비하기 위해 타바스를 정비하고 다시 요새 작업에 들어갔다. 3년 후에 그 아미르는 정규병과 수많은 자원병 등 새로운 군대를 이끌고 공격해 왔다. 이번에 그들의 작전은 성공했으나 이상하게도 끝을 보지는 못했다. 셀주크 군대는 타바스와 그 외에 이스마일 성을 정복하고 파괴했고, 이스마일 정착지를 약탈하고 일부 주민을 노예로 만들었다. 그러나 그들은 이스마일파에게 '절대로 다시는 축성하지 않고, 무기를 사지도 않을 것이며, 신앙을 포교하지 않겠다.'[25]는 서약을 강요한 후에 철수했다. 이 조건이 지나치게 관대했다고 생각하여 그들을 용인한 산자르를 비난하는 사람들이 많았다. 당연히 얼마 지나지 않아 이스마일파는 또다시 쿠히스탄에 견고하게 입지를 다졌다.

서 페르시아(Western Persia)와 이라크에서 술탄 베르크야루크는 이스마일파 권력의 중심지를 공격하기 위해 실질적인 노력을 하지 않았다. 대신에 이스파한 내 이스마일파 교도의 살해를 허용하거나 부추기는 방법으로 장교들과 민중의 분노를 달래려고 했다. 군인들과 시민들은 용의자 색출에 나섰고, 여러 사람들이 검거되어 대광장으로 끌려와 살해되었다. 단순 고발 사건은 진저리날 정도로 많았다. 그리고 이븐 알 아시르에 의하면 무고한 사람들이 그날 개인적인 복수심 때문에 많이 살해당했다. 이스파한에서 시작된 반反이스마일파 조치는 이라크까지 확대되었다. 이라크 내 이스마일파는 바그다드 캠프에서 살해되고 이스마일파 서적은 불태워졌다. 당시 저명한 이스마일파 인물 아부 이브라힘 아사다바디Abu Ibrahim Asadabadi는 공적 임무를 띠고 술탄의 명으로 바그다드로 파견된 상태였다. 그런데 술탄은 그를 체포하라는 명령을 하달했다. 간수가 죽이기 위해 다가서자 아사다바디는 이렇게 말했다. "그래, 좋다. 얼마든지 나를 죽여라. 그러나 너희들이 성 안에 있는 사람들까지 죽일 수 있을 것 같으냐?"[26]

아사다바디의 조롱은 적절했다. 당시 이스마일파는 실패와 좌절에 몸부림치던 중이었다. 그들은 더 이상 베르크야루크의 묵인에 의존할 수도 없었고, 한동안 피다이들은 상대적으로 활동이 없는 상태였다. 그럼에도 그들의 성은 여전히 외부의 침입을 받지 않았으며. 비록 통제를 받긴 했으나 그들의 테러 권력은 결코 끝나지 않았다. 1101년과 1103년 사이에 암살 기록 명부는 먼저 이스파한의 옛 모스크에서 이스파한 무프티Mufti(이슬람 율법을 해석하는 이슬람 학자로 대 무프티(Grand Mufti)는 순니파 국가에서 이슬람 법 샤리아Sharia에 따라 판결, 즉 파트와Fatwa를 내리는 종교 내부 최고위직이다. ―역주) 암살, 니샤푸르Nishapur 모스크에서 반이스마일파 교단인 바이하크Bayhaq의 총독과 카라미야파(Karramiyya) 수장 살해를 기록하고 있다. 셀주크 관리들과 장교들의 암살은 잠시 동안 매우 힘들어진 모양이었다. 그러나 감히 이스마일파에 반대하는 민간인 및 순니파 고위 관리를 처벌하는 임무는 여전히 사라지지 않았다. 알라무트의 지배자, 하산 이 사바는 바로 이 시기에 또 하나의 중요한 조치를 취했다. 바로 시리아로 포교사절단을 파견한 일이었다.

셀주크 제국에 대한 이스마일파의 위협은 견제를 받긴 했으나 완전히 없어지진 않았다. 1105년 베르크야루크가 사망한 후 후계자 무함마드 타파르는 그들을 제압하기 위해 전에 없던 단호한 노력을 경주했다. 술탄 지위가 무함마드의 수중에 완전히 들어오고 그걸로 왈가왈부하는 경쟁자가 없어지자, 이제 가장 급한 과제는 이스마일파를 좇아가 전쟁을 벌여 억압과 악행에 시달리는 무슬림을 위해 복수하는 일이었다. 그는 이스마일파 수중에 있던 이스파한 성부터 시작했다. 이 성은 가장 골칫거리였으며 제국의 수도를 위압했기 때문이다. 그래서 술탄은 몸소 군대를 이끌고 500년 사반Sha'ban월 6일(1107년 4월 2일)에 이스마일파를 포위했다.[27]

그 성의 포위와 정복은 이스마일파와 그 지지자들이 준비한 일련의 작전과 술책으로 지연되었다. 처음 원정대 출정은 다른 지역에서 위험하다는 잘못된 보고 때문에 5주나 늦춰졌다. 그것은 술탄의 캠프 내 이

이스파한 근처 칼라 보우찌Qal'a Bozi에서 바라본 계곡의 모습.

스마일파 동조자들의 술책이었다. 그 지역의 이스마일파 지도자 압드 이븐 아타시는 심한 압박을 받는다는 사실을 알게 되자 종교 논쟁을 시작함으로써 숨 돌릴 여유를 얻었다. 이스마일파는 술탄에게 보내는 메시지에서 자신들이 선한 무슬림이며 신과 선지자를 믿는 신도들이며 신성한 율법(Holy Law)을 지키는 교도라고 주장했다. 그들은 이맘 직위에 관해서만 순니파와 차이를 보였을 뿐이므로 술탄이 그들에게 휴전과 조건을 내걸고 그들의 충성을 받아들이는 것이 적절하다는 것이었다. 이 일로 공격파 순니파 셀주크와 수비파 이스마일파 사이에 그리고 셀주크 캠프 내 서로 다른 계파들끼리도 종교 논쟁이 붙었다. 술탄의 신학 고문들은 이스마일파의 주장을 기꺼이 수용하려는 쪽이 많았지만 몇 명은 더욱 엄격한 태도를 고수했다. 엄격한 고문 중 한 명이 이렇게 말했다. "그들에게 이 질문에 답을 하라 해보소서. '만약 너희들의 이맘이 이슬람법에서 금하는 일을 허용하고, 이슬람법이 허용하는 일을 금한다면 너희는 그 이맘에게 순종하겠는가?'라고 말입니다. 만약 그들이 '예'라고 답하면, 우리가 그들을 죽여 흘린 피는 정당하옵니다." 엄격한 신학자들 덕분에 그 논쟁은 무위로 끝나고 포위는 계속되었다.

이제 이스마일파는 타협안을 제시하면서 전혀 다른 방법을 시도했다. 즉 그 타협안으로 '군중들로부터 그들의 생명과 재산을 보호하기 위해' 인근의 다른 요새를 받을 수 있을지 타진했다. 협상은 지지부진했고 그러는 사이 술탄의 와지르는 직접 요새로 전달되는 식량 보급품 준비를 끝냈다. 이런 국면은 이스마일파 암살 단원이 술탄의 아미르 가운데 한 명을 살해하려다 미수에 그치고 부상을 입힌 사건으로 끝나고 말았다. 그는 평소 이스마일파에 노골적으로 반발하던 인물이었다. 그러자 술탄은 포위를 다시 강화하였고 수비파 이스마일에게 남은 유일한 희망은 협상에 의해 항복하는 것뿐이었다.

얼마 안 가 협상 조건이 합의되었다. 이스마일파 주둔군 일부는 술탄의 보호 아래 타바스와 근처 아라잔의 이스마일파 본부로 나갈 수 있도록 허용되었다. 남은 사람들은 성의 한쪽 별관으로 이동하여 술탄의 처분만 기다렸다. 먼저 나간 동지들이 무사히 도착했다는 소식을 들으면 그들 역시 무장을 해제하고 알라무트로 가도록 허락받을 것이다. 정해진 기간 안에 도착 소식이 왔지만 이븐 아타시는 그 협상 이행을 거부했다. 사실 그는 소식이 오기까지 그 유예 기간을 이용하여 무기와 군사 80여명을 성의 다른 쪽 별관에 집결시켜 놓고 죽을 각오로 전투에 임할 대비를 했었다. 그런데 어느 반역자가 한쪽 벽에 마치 군사들처럼

한 줄로 무기와 갑옷이 있다고 지적하는 바람에 들통이 났다. 하지만 실제로 병사들은 없었다. 최후 공격에서 이스마일파 대부분이 죽었다. 이븐 아타시의 아내는 보석으로 치장하고 성벽에 자신을 내던져 자살했다. 이븐 아타시는 생포되어 이스파한 거리에 본보기로 끌려 다녔다. 그는 산 채로 피부를 벗기는 형벌을 받아, 피부는 밀짚으로 채워졌고 머리는 바그다드로 보내졌다.

이 승리를 자축하는 의미로 공표했던 승전보에서 술탄의 비서관은 이런 문서가 늘 그렇듯 다소 거드름을 피우는 문체로, 그들이 패배시킨 적군에게 셀주크의 견해를 밝힌다.

"이번 샤디즈 성에서 …… 거짓이 드러났다 …… 이븐 아타시가 꾸민 음모였다. 그러나 그의 명분은 착오의 길 위로 날아가 타락하고 말았으니, 결국 그가 부르짖던 정당한 인도(Guidance)의 길이 거짓의 길이었음을 부하들에게 고백하였도다. 동시에 자신의 지도적 원리가 실은 온통 거짓으로 가득 찬 안내서에 불과했음을, 피를 흘리고 무슬림의 재산을 탈취하러 나가도록 허용한 것에 불과했음을 스스로 드러냈도다. 심지어 그들은 맨 처음 이스파한에 들어왔을 때 했던 그 짓거리에서 한 발짝도 나아지지 않았다. 사냥감을 간악하게 추적하다 교활하게 붙잡아서 끔찍한 고문과 무시무시한 살육으로 사냥감을 죽이는 짓, 궁정의 고관대작으로 시작해 울레마의 엘리트 학자까지 여러 번 암살을 자행하고, 신성한 유혈 그 이상으로 홍건한 피바다를 만들고, 그 외에도 이슬람에 갖은 죄와 고통을 주었도다. …… 종교를 수호하기 위해 싸우는 일은 우리의 의무이며, 성전에서 그 자들에게 대항하여 유순한 말과 고집 센 말, 모두를 타는 것이 우리의 의무가 되었을 터인데, 심지어 멀리 중국까지도 ……"[28]

물론 중국이란 과장된 수사이다. 이는 선지자가 했던 유명한 말을 빗대어 표현한 것이다. 그러나 술탄의 이스마일파 공격은 셀주크 제국의 동서양 끝까지 확대되었다. 이라크에서 이스마일파가 20년간 지켜왔던 타크리트Takrit를 공격하러 갔던 원정대는 점령하는 데 실패했지만 이스마일파 사령관이 그 지역 아랍인 시아파에게 그곳을 넘겨주도록 조치했다. 동쪽에서 산자르는 쿠히스탄에 있는 이스마일 본부를 치려고 했으나 그 결과는 확실히 알 수 없다. 이 무렵, 혹은 직후에 아라잔 인근 이스마일파 본거지는 패배했다. 그 이후 쿠지스탄과 파르스 지역에서는 이스마일파에 대한 소문을 더 이상 들을 수 없다.

그러나 이스마일파 권력의 핵심 본부는 이 지역들에 한 군데도 없었다. 핵심 본부는 북쪽 루드바르와 기르드쿠 성에 있었으며, 그중에서 단연 하산 이 사바가 살고 있는 거대한 알라무트 요새를 꼽을 수 있었다. 1107년과 1108년 사이에 술탄은 와지르 아흐마드 이븐 니잠 알 물크의 지휘 하에 군사 원정대를 루드바르로 파견했다. 와지르는 이스마일파를 증오할 만한 개인적인 명분이 충분했다. 부친 니잠 알 물크가 이스마일파의 첫 번째 희생자였고, 형 파크르 알 물크Fakhr al- Mulk가 전년도에 니샤푸르에서 이스마일파 암살 요원의 칼에 희생되었기 때문이다.

그 원정대는 몇 번의 성공을 거두고 이스마일파에 엄청난 타격을 입혔지만 알라무트를 점령하거나 파괴하겠다는 본래 목표는 달성하지 못했다. "그(니잠 알 물크)는 알라무트와 안디즈Andij 강기슭 근처에 위치한 우스타반드Ustavand를 포위했다. 그들은 한동안 전쟁을 벌여 농작물을 모조리 파괴했다. 그 뒤에 더 이상 성과를 올릴 수 없자 그 원정 부대는 루드바르에서 철군했다. 성 안의 주민들은 엄청난 기근에 시달리며 초근목피로 연명했다. 이런 연유로 그들은 아내와 자식들을 딴 곳으로 보내고 그(하산 이 사바)도 아내와 딸들을 기르드쿠로 보냈다."[29]

술탄은 치하의 정규병 파견에 이어 이스마일파 인접 지역 주민들이 이스마일파에 항거하여 봉기하도록 애를 썼으며 길란의 지방 군주도 그 공격에 동참하도록 설득했지만 헛된 시도에 불과했다. 소문에 의하면 후에 그 지방 군주가 술탄의 오만함에 반감을 품고 지원을 철회했다고 한다. 하나 그에겐 다른 이유가 있었을 것이다. 당시 다일람의 지방 군주들은 인근의 끔찍한 이스마일파와 먼 곳의 강력한 술탄 사이에서 곤란한 상황에 처해 있었다. 주바이니는 그것을 다음과 같이 생생하게 묘사했다.

"이런 문제에 있어서 원근의 지방 군주들은 그 대상이 적이든 동지든 위험에 노출되어 파멸의 소용돌이 속에 빠지고 말았다. 동지라도 이슬람의 국왕들은 그들을 억압하고 파괴하고, 그에 따라 그들은 '이승과 내세를 모두 상실하는'(꾸란 22장 2절) 고통을 받을 것이기 때문이다. 한편 적들도 그의 간계와 배신을 두려워하여 방어와 사전 예방의 새장 안으로 숨어 들어갔다. 그러고도 대부분 죽임을 당했다."[30]

정면 공격으로 알라무트를 점령하는 것은 확실히 불가능했다. 그래서 술탄은 다른 방안을 모색했다. 소모전이었다. 바라건대 이스마일파가 더 이상 공격을 당해낼 수 없는 시점까지 그들의 전력을 약화시키는 전략이었다. 주바이니의 기록을 보자.

"8년 연속 그 군대는 루드바르에 가서 농작물을 파괴했고 양측은 전투를 벌였다. 하산과 그의 부하들이 아무런 힘도 못 쓰고 식량도 없다

라마사르 성
남북으로 440미터, 동서로 192미터에 달하는 거대한 이스마일파 성. 1124년 하산 이 사바는 20년간 라마사르를 지킨 사령관 부주르구미드를 후계자로 선택했다.

는 사실을 알았을 때, 511년/1117~1118년 초반에 술탄 무함마드는 아타베그atabeg(셀주크 투르크의 세습 관직으로 술탄에 복종하는 국가나 지역 군주 —역주) 누슈테긴 시르기르Nushtegin Shirgir를 군대 사령관으로 임명하여 그때부터 쭉 그 성을 포위하도록 명했다. 그들은 사파르Safar월 1일(1117년 6월 4일)에 라마사르를 포위했고 라비 울 아왈Rabi'I월 11일(7월 13일)에 알라무트를 포위했다. 투석기를 설치하여 맹렬하게 싸웠고 그 해 둘히자Dhu'l-Hijja월(1118년 3월~4월) 무렵에 그 성을 점령하고 이스마일파의 음모로부터 인류를 해방시킬 찰나, 술탄 무함마드가 이스파한에서 붕어했다는 소식을 들었다. 그러자 군대는 흩어져 버렸고 그 이교종파는 생생하게 살아서 술탄의 군대가 쌓아 놓은 모든 군량미와 무기,

보급품을 성 안으로 끌고 갔다."[31]

승리를 목전에 둔 상태에서 시르기르 군대가 철수하자 그 절망은 이만저만이 아니었다. 그러나 술탄의 사망 소식만으로 그렇게 서둘러 철수한 게 아니라는 몇 가지 증거가 있다. 그 불길한 역할의 장본인은 셀주크 제국의 와지르, 키왐 알 딘 나시르 b. 알리 알 다르가지니Qiwam al-Din Nasir b. 'Ali al-Dargazini이며, 이스마일파 비밀 교도라고 알려져 있다. 그는 이스파한에 있는 술탄 무함마드의 후계자인 아들 마흐무드Mahmud에게 막대한 영향력을 행사했고, 궁정에서 중요한 역할을 담당했다. 그가 나서서 시르기르의 군대가 알라무트에서 철수하도록 손을 써서 이스마일파를 구하고, 신임 술탄의 마음에 시르기르에 대한 악감정을 일으켜 결국 그를 수감하고 사형에 처했다고 한다. 후에 알 다르가지니는 몇 건의 다른 살인 사건에 공범 혐의로 고발당했다.[32]

외부의 공격을 받는 중에도 이스마일파 암살단은 쉬지 않았다. 1108~1109년에 이스마일파의 숙적 이스파한의 카디, 우바이드 알라 알 카팁Ubayd Allah al-Khatib을 암살했다. 그는 위험을 감지하고 갑옷을 입고 경호 요원을 대동하고 조심했지만 소용없었다. 하마단Hamadan의 모스크에서 금요일 기도회를 할 때 암살자가 그와 경호 요원 사이를 비집고 들어와 그를 찔렀다. 같은 해 니샤푸르의 카디도 라마단 종료 축하연에서 살해되었다. 바그다드에서는 와지르 아흐마드 b. 니잠 알 물크를 쓰러뜨렸다. 알라무트 원정대를 이끌었던 그를 처벌하려는 시도였지만, 와지르는 부상을 입고 생존했다. 다른 희생자들도 많았다. 순니파 성직자, 법학자들뿐 아니라 쿠르드족 아미르 아마딜Ahmadil 같은 고관대작들도 있었다. 아마딜은 같은 유모가 양육한 술탄의 젖형제였다.

1118년 술탄 무함마드가 사망하자 셀주크 제국끼리 또다시 대량 살육으로 번진 여러 분쟁이 줄을 이었다. 그러는 동안 아사신파는 그간 겪은 고통에서 회복하고 쿠히스탄과 북부에서 그들의 입지를 회복할 수 있었다. 때가 되어 베르크야루크와 무함마드 타파르 형제 술탄 하에서 동부 지역을 통치하던 산자르가 셀주크 군주들 중에서 아슬아슬한 우위를 점하게 되었다. 이 시기쯤 이스마일파와 순니파 제국 간의 관계가 변하기 시작한다. 이스마일파는 최종 목적을 포기한 건 아니지만 본토 중심 지역에서 파괴와 테러는 잠잠해진다. 대신에 그들이 지배하는 영토를 방어하고 공고히 하는 데 집중하여 어느 정도 정치적 평판도 얻는다. 동시에 거대한 셀주크 정복으로 중단되었던 중동의 분열이 다시 시작되었을 때, 이스마일파의 공국과 영지는 소규모 독립 국가의 형태로 바뀌고 심지어 지역 동맹과 라이벌 관계를 형성한다.

주바이니의 이야기를 통해 산자르가 이스마일파의 독립을 용인했음을 알 수 있다.

"하산 이 사바는 평화를 추진하고자 친선 대사를 파견했으나 그 제안은 거절당했다. 그러자 이번에는 온갖 농간을 부려 몇몇 술탄의 신하에게 뇌물을 주어 술탄 앞에서 그를 옹호하도록 시킨다. 그리고 술탄의 내관 한 사람을 거액의 돈으로 매수하여 단검을 전달한다. 그 내관은 어느 날 밤 술탄이 술에 취해 잠들었을 때 술탄의 침상 옆 바닥에 칼을 찔러 놓았다. 잠을 깬 술탄은 그 단검을 보고 매우 놀랐지만 용의자가 누군지 확실치 않자 그 사안을 비밀에 부치라고 명했다. 그 후에 하산 이 사바는 다음과 같은 메시지를 들려 사자를 파견했다. "딱딱한 바닥에 꽂힌 그 단검이 술탄의 물컹한 가슴에 박히기를 제가 바라지 않을

리가 있겠습니까?" 대경실색한 술탄은 그때부터 이스마일파와 평화 관계로 기울었다. 즉 이런 사기 행위 때문에 술탄은 이스마일파에 대한 공격을 자제했고, 그가 재임하는 동안 이스마일파의 명분은 번성했다. 심지어 술탄은 세금에서 3000디나르를 빼서 쿠미시Qumish 지역 내 이스마일파의 땅에 장려금을 주었고 기르드쿠 성 밑을 지나는 여행객들에게 소액의 통행세를 부과할 수 있도록 허용해 주었다. 이는 오늘날까지 계속 하나의 관습으로 남아 있다. 나는 이스마일파 도서관에 보관 중인 산자르의 여행 허가증 몇 장을 직접 보았다. 그 문서를 보니 확실히 그가 이스마일파와 타협을 하고 아부를 하고 있었다. 그리고 이 문서를 통해 나는 술탄이 이런 조치에 대해 묵인했고 그들과 평화적인 관계를 추진했다는 사실을 추론할 수 있었다. 즉 그의 치세 동안 이스마일파는 수월하고 평온하게 지냈다."[33]

알라무트의 니자리파(저자는 이스마일파에 대한 명칭을 다양하게 쓰는데 대문자 아사신파, 페르시아나 알라무트의 니자리파는 모두 하산 이 사바 집단을 가리킨다. —역주)는 압바스조 칼리프와 셀주크 술탄 외에 또 하나의 적이 있었다. 카이로에는 여전히 파티마 왕조가 건재했기 때문에, 그의 추종자와 페르시아의 니자리파 사이에 같은 종교의 라이벌 종파 간에 존재하기 마련인 미묘하고 근본적인 증오가 자리잡았다. 1121년 파티마 왕조의 와지르이자 군 총사령관 알 아프달이 카이로에서 암살당했다. 필연적으로 아사신파의 소행이라고 루머가 돌았지만, 당대 다마스쿠스 연대기 작가는 이 루머를 '공허한 위장이자 실체 없는 비방'이라고 기술한다.[34] 그에 따르면 그 암살의 진짜 원인은 알 아프달과 파티마 칼리프 알 아미르 간의 불화였다. 알 아미르는 1101년에 알 무스탈리를 계승하였는데 평소 강력한 와지르의 후견을 괘씸하게 생각했다. 그래서 와지르의 죽음을 드러내 놓고 기뻐했다. 이런 일이야 누구든 당연하게 생각하겠지만, 이번에 이스마일파가 연루된 그 루머는 틀리지 않았다. 라시드 알 딘과 카샤니가 이스마일파 이야기를 인용하였는데, 그것에 의하면 그 암살은 '알레포의 세 동지'가 실행한 것이다. 알 아프달 사망 소식이 들리자 "우리 주인께서는 7일 밤낮으로 기념행사를 벌이라 명했고 그들은 동지들과 함께 잔치를 열어 즐겼다."[35]

알 아프달의 제거는 알라무트 성과 카이로 궁정 양측에 즐거움을 안겨 주었다. 그리하여 두 분파 간에 화해를 시도할 좋은 시점처럼 보였다. 1122년 공식 회합이 카이로에서 개최되었고 거기에서 무스탈리 찬성과 니자르 반대 입장이 공식적으로 전달되고 선포되었다. 동시에 칼리프 아미르는 목가풍 편지로 그의 정통성을 변호했고 분열된 형제들에게 그 뜻을 전달했다. 그리고 카이로의 신임 와지르 알 마문al-Ma'mun은 법무장관에게 지시하여 하산 이 사바에게 장문의 편지를 쓰도록 했다. 그 편지 내용인즉 하산 이 사바에게 진실을 회복하여 니자르의 이맘 직위에 대한 신앙을 포기하라고 촉구하는 것이었다. 알 마문은 이스마일 시아파가 아니라 12이맘파 교도인데, 그때까지 칼리프와 다이들의 소망을 잘 따라 왔다. 그러나 그는 하산 이 사바와의 이런 거래를 계속 진척시킬 뜻이 없었다. 당시 카이로 국경과 시내에서 암살단의 침입을 막기 위해 매우 정교한 보안 조치가 실행이 된 후, 소위 알라무트 측에서 직접 지시하고 돈을 대어 알 아미르와 알 마문을 모두 암살하려는 음모가 발각되었다.

"알 마문이 권력을 잡았을 때, 이븐 알 사바(하산 이 사바)와 바티니파Batinis(바티니는 은밀한 지식의 해석이란 뜻으로 이스마일파를 일컫는 용어 중의 하나 ―역주)가 알 아프달의 사망 소식에 매우 즐거워했으며 그들의 소망은 알 아미르와 알 마문 자신을 모두 암살하는 것으로 확대되었다는, 그래서 그들이 이집트에 거주하는 동지들에게 뿌릴 돈을 들려 사자를 파견했었다는 보고가 들어왔다.

알 마문이 아스칼란Asqalan의 총독을 찾아가 그를 해임하고 그 자리에 다른 사람을 임명했다. 그는 신임 총독에게 아스칼란 내 모든 관리들을 세워 놓고 심사하여 그 지역 출신을 제외하고 나머지는 모조리 없애라고 명했다. 또 모든 상인들과 아스칼란에 들어온 다른 사람들도 철저히 조사하도록, 그네들이 스스로 밝히는 성명과 출신 나라에 대해 전혀 믿지 말고 차례대로 질문을 던지고 개별적으로 처리하도록 그리고 이 일에 만전을 기하도록 지시했다. 혹시 평소에 왕래가 없던 어떤 자가 들어왔다면 국경에서 일단 제지하고 그 자의 배경과 들고 온 물품을 조사하도록 했다. 그런 자는 낙타몰이꾼과 똑같은 방식으로 취급받았으며 평소 잘 알려진 사람이나 정기적으로 방문하는 사람이 아니라면 입국이 거부되었다. 사막의 대상(隊商)도 소속 상인의 수와 이름, 하인들 이름, 낙타몰이꾼 이름, 상품 목록을 자세히 적어 그 디완diwan(고관이나 특히 재무담당 관리를 가리킨다. ―역주)에게 서면으로 보고서를 작성하여 전송한 후에 관문 앞에 도착하자마자 빌바이스Bilbays 시에서 확인을 받아야 지나갈 수 있었다. 동시에 그는 상인들에게 신의를 지켜 그들을 괴롭히는 일은 자제해야 했다.

그런 뒤 알 마문은 카이로의 신·구 총독들에게 모든 거주민의 이름, 구역별 거리 명을 등록하고 그의 특별한 허가 없이 한 가구도 다른 곳으로 이사하지 못하도록 명령을 하달했다. 등기부, 신·구 카이로 주민의 성명과 배경, 생활환경을 기록하고, 누구든 이방인이 그 구역 거주민이 되더라도 똑같이 확인을 했다. 그럴 때 여자들을 이들의 집으로 보내서 이스마일파 문제에 대해 질문을 던졌다. 그리하여 신·구 카이로에 어느 누구의 일에 관해서도 그가 모르는 일은 없었다. …… 그러던 어느 날 그는 수많은 군인들을 파견하여 분산시켰다. 그리고 그가 지적하는 사람들을 체포하라고 명했다."[36]

그렇게 해서 많은 첩자들이 붙잡혔는데 그중에 칼리프 자녀들의 가정교사도 있었다. 그들 중 일부는 현금을 소유하였는데, 하산 이 사바가 이집트에서 쓸 만큼의 돈을 건네주었던 것이다. 이집트 연대기 작가에 의하면, 와지르의 경찰과 첩자들이 일을 너무 잘해서 암살 요원 한 사람이 알라무트를 출발하는 순간부터 그의 행적을 낱낱이 알아내 보고할 정도였다. 니자리파 지도자들을 일일이 거명하며 처벌받을까 두려워하지 말고 다시 종파의 품으로 돌아오라고 청하는 사면장 같은 건 결코 보내지도 받지도 않았다. 그래서 카이로와 알라무트 사이의 관계는 급격히 악화되었다.

1124년 5월 하산 이 사바가 병석에 누웠다. 그는 죽을 때가 되었음을 감지하고 후계자 준비를 했다. 그가 선택한 후계자는 20년간 라마사르를 지킨 사령관 부주르구미드였다.

"그는 라마사르로 사람을 보내 부주르구미드를 데려와서 후계자로 임명했다. 그리고 아르디스탄의 디흐다르 아부 알리Dihdar Abu-Ali를 오른쪽에 앉히고 그에게 특히 대외선전 부서를 위임했다. 하산의 아들 카스란Qasran의 아담Adam은 왼쪽에 앉히고 군대 사령관이었던 키아 바 자파르Kya Ba-Ja'far는 바로 앞에 앉혔다. 그런 다음 그들에게 장차 이맘이 와서 왕국을 맡아줄 때까지 네 명이 서로 협력하고 일치하여 활동해 달라고 책임을 맡겼다. 그리고 518년 라비 II 월Rabi' II 6일 수요일(1124년 5월 23일 금요일) 밤에 서둘러 신과 지옥의 불길로 올라갔다."[37]

그것이 주목할 만한 어느 비범한 삶의 끝이었다. 결코 호의적이지 않았던 아랍의 선기 작가조차 그를 '지리학, 산수, 천문학, 주술, 기타 여러 가지 분야에서 통찰력과 능력과 지식을 갖춘 사람'이라고 기술한다.[38] 페르시아 연대기 작가들이 인용했던 이스마일파의 일대기는 그의 금욕적 생활과 절제를 강조한다.

"그가 35년간 알라무트에 사는 동안 어느 누구도 공공연하게 포도주를 마시지 못했으며 병에 포도주를 담아 놓지도 않았다.[39] 그의 엄격힌 태도가 비단 적들에게만 해당되는 것도 아니었다. 아들 하나는 포도주를 마셨다고 처형당했고, 또 다른 아들도 다이 후세인 카이니의 암살을 알선했다는 혐의로 사형당했다. 물론 이 일은 곧 잘못으로 판명되었다. 그리고 그는 자기만을 위해서 선전활동을 수행했다고 오해하는 사람들, 그런 목표를 마음에 품었다고 생각하는 사람들에 대항하는 명분으로 두 아들의 처형 사실을 지적하곤 했다."[40]

하산 이 사바는 행동가이면서 동시에 사상가이자 작가였다. 순니파 저자들은 그의 저작에서 두 개의 인용문을 보존했는데,[41] 각각 자서전과 신학 논문 초록의 일부분이었다. 후세 이스마일파 교도들에게 그는 다와 자디다da'wa jadīda — '신종파' — 의 최고 활동가로 존경받았다. 신종파는 카이로와 단절한 후에 공포된 개혁 이스마일파 교리로서, 니자리파 이스마일 교도들 사이에서 보전되고 정교화되었다. 후세에 니자리파 작품 속에는 하산의 가르침 중에서 인용되었거나 요약한 구절이 참으로 많이 담겨 있다. 하산은 결코 이맘이라고 주장한 적이 없다. 그는 단지 이맘의 대리자일 뿐이었다. 이맘이 사라진 후, 그는 당시 숨겨진 이맘에 대한 지식의 근원, 증거자, 후자hujja였다. 즉 과거와 미래의 명백한 이맘과 다와의 지도자 사이를 연결하는 살아 있는 고리였다. 이스마일파 교리는 기본적으로 독재주의를 표방한다. 신도들은 선택의 권리가 없다. 그러나 권위 있는 가르침, 탈림ta'lim을 반드시 준수해야 한다. 그 지도의 최종 근거는 바로 이맘이었고 직접적인 근거는 이맘이 인정한 대리자였다. 순니파와 마찬가지로 신도들은 이맘을 선택할 수 없으며 신학과 법률 사안을 두고 진리를 결정할 때에 판결을 행사할 수 없었다. 신께서 이맘을 지명하셨으므로 그 이맘이 진리의 보고였다. 그래서 오직 이맘만이 계시와 이치를 입증할 수 있었다. 즉 그 직위와 가르침의 본질상 오직 이스마일파 이맘만이 실제로 이런 일을 할 수 있었다. 따라서 이맘 홀로 진정한 이맘이었다. 그의 경쟁자들은 찬탈자였으며, 경쟁자를 추종하는 무리는 죄인이었으며, 경쟁자의 가르침은 거짓이었다.

충성과 순종을 강조하고, 있는 그대로의 세상을 거부하는 이런 교리는 비밀스럽고 혁명적인 반체제 세력의 수중에 들어가자 강력한 무기가 되었다. 이집트 내 파티마 칼리프 제국의 뼈아픈 현실은 이스마일파의 입장에서 볼때 당혹스러운 골칫거리가 되고 말았다. 그래서 카이로와 결별하고 신비에 싸인 이맘에게 충성하는 것으로 노선을 바꾸자 이스마일파의 열정과 헌신적인 신앙의 억압된 힘이 분출했다. 그것이 바로 이스마일파를 일으켜 세우고 지휘했던 하산 이 사바의 업적이었다.

4장 페르시아에서 수행한 임무

셀주크 술탄의 사망은 모든 적극적인 조치가 즉각 중단되고, 분쟁과 불확실성이 일시적으로 중지된다는 뜻이다. 그래서 이 시기 동안 셀주크 제국의 내·외부 적들은 호시탐탐 기회를 노릴 수 있었다. 하산 이 사바가 죽었으므로 그가 창설한 이스마일파 공국이 이런 시기에 이슬람 정부의 유감스러울 만큼 평범한 패턴에 순응하리라고 예상한 사람이 참으로 많았음이 틀림없다.

1126년 부주르구미드가 이스마일파 후계자가 된 지 2년, 술탄 산자르는 그것을 확인이라도 하듯 공격을 시작했다. 1103년 타바스를 도모했던 원정 이후 산자르는 이스마일파를 겨냥한 작전을 전혀 취하지 않았고 심지어 그들과 일종의 협정을 맺은 듯했다. 1126년 반이스마일파 공격의 직접 원인은 알려지지 않았다. 술탄의 높아진 자신감, 그리고 예측하건대 새로운 군주 아래에서 이스마일파가 약화된 상황을 감안하면, 더 이상 제국의 국경과 국경 내부에서 이 위험하고 독립적인 권력을 용인하지 않겠다는 술탄의 결심이 충분히 설명될 것이다. 거기에 강력한 조치를 옹호하는 술탄의 와지르 무인 알 딘 카시Mu'in al-Din Kashi가 중요한 역할을 했다.

첫 번째 공격은 동방에서 시작된 것 같다. "올해 들어 와지르가 …… 이스마일파와 전쟁을 벌여 그들이 어디에 있건 모조리 다 죽이고, 어디에서 정복을 하건 그 재산을 약탈하고 여자들을 노예로 만들라는 명령을 내렸다. 그는 이스마일파의 수중에 있는 쿠히스탄 소재 투라이티트Turaythith와 니샤푸르 관내 바이하크를 치기 위해 군대를 파견했다. …… 와지르는 이스마일파가 점유한 모든 지역으로 군대를 보내 그들과 맞닥뜨리면 죄다 죽이라고 명했다."[1] 이는 이스마일파가 이슬람 내전 중에 이슬람 법에 의해 포로와 민간인으로 허용받을 권리를 박탈당하고 사형이나 노예 신분으로 강등될 이교도로 취급된다는 뜻을 함축한다. 아랍의 연대기 작가는 두 번의 성공 사례를 기록했다. 첫 번째로 군대는 바이하크 인근 타르즈Tarz 이스마일 마을을 정복하였는데 그 백성은 모조리 칼에 맞아 죽었고 부족장은 모스크의 첨탑에서 뛰어내려 자살했다. 두 번째로 투라이티트에 기습공격을 하여 군대는 많은 사람들을 죽이고 엄청난 전리품을 거둬 돌아왔다. 그 작전의 결과는 분명 제한적이고 결정적이지 못했다. 북쪽에서 벌인 공격 작전은 한층 더 결과가 좋지 않았다. 시르기르의 조카가 이끈 루드바르 원정대는 오히려 이스마일파에게 몰려서 전리품마저 다시 빼앗겼다. 그 지방의 도움을 받아 시작했던 또 한 차례의 공격도 실패로 돌아갔으며 사령관 한 명이 생포되었다.

이스마일파의 복수는 그리 오래 지체되지 않았다. 두 명의 피다이가 하인으로 변장하여 와지르의 집 안으로 몰래 들어가, 기술과 신앙심을 펼쳐 보이면서 와지르의 신임을 얻었다. 어느 날 기회가 왔다. 와지르가 두 사람을 불러 놓고 페르시아 신년(Perisian New Year)에 술탄에게 드릴 아랍의 말 두 마리를 고르라고 했던 것이다. 1127년 3월 16일 와지르는 암살되었다. 이븐 알 아시르에 의하면, "그는 그들과 싸우면서도 훌륭하게 처신했고 존경할 만한 태도를 보였다. 그래서 신께서 그에게 순교를 허락하셨다."[2] 그리고 그는 또한 이스마일파에게 인과응보와 같았던 산자르의 알라무트 원정대 상황도 기록하였다. 거기에서 일만 명 이상의 이스마일파가 죽었다. 이 일은 이스마일파나 다른 자료에서 언급되지 않는 걸로 봐서 아마도 꾸며낸 이야기인 듯하다.

적대 관계의 극한에 이르자 이스마일파는 과거 어느 때보다 더욱 강해졌다. 루드바르에서 그들은 마이문디즈Maymundiz[3]라는 강력한 새 성을 축조함으로써 입지를 강화했고, 특히 탈라칸을 차지함으로써 영토

마이문디즈 성

알라무트 서쪽에 위치한 마이문디즈 성은 암벽의 자연 동굴들로 만들어진 거대한 군사 요새였다.

확장에 박차를 기했다. 동방에서는 1129년 쿠히스탄 출신이라고 추정되는 이스마일파 군대가 시스탄Sistan을 급습했다.[4] 같은 해 이스파한의 셀주크 술탄 마흐무드는 평화 논의가 현명하다고 판단하여 알라무트의 특사를 초청했다. 불행하게도 그 특사는 술탄의 거처를 나오면서 같이 갔던 동료와 둘이서 이스파한 폭도에게 폭행을 당했다. 술탄은 사과를 했지만 그들의 책임이 아니라고 했고, 당연히 그 살인자들을 처벌하라는 부주르구미드의 요청을 거부했다. 이스마일파는 카즈빈을 공격하여 맞대응했는데, 그들 자신의 연대기에 의하면 거기서 400명이나 죽이고 전리품을 엄청나게 빼어 왔다. 카즈빈 군사들이 응전하려고 했으나 이스마일파 교도들이 투르크족 아미르 한 사람을 죽이자, 나머지 군사들이 도망쳐 버렸다고 이스마일파 연대기 작가는 기록하고 있다.[5] 이 무렵 마흐무드가 직접 나섰던 알라무트 공격도 소기의 성과를 달성하지 못했다.

1131년에 술탄 마흐무드가 사망하자, 언제나 그랬듯 그의 형제와 아들 사이에 권력 쟁탈이 이어졌다. 일부 아미르는 술탄 마수드Mas'ud와 결탁하여 바그다드의 칼리프 알 무스타르시드al-Mustarshid를 끌어들이려고 애를 썼다. 그런데 1139년 칼리프가 그의 와지르, 수많은 고위 관리들과 함께 하마단 인근에서 마수드에게 생포되었다. 술탄은 유명한 그 포로를 마라가Maragha까지 데리고 가서 특별대우를 했다고 한다. 그러나 이스마일파 무리가 들어와 그를 암살하는 것을 막지 못했다. 순니파 이슬람의 명목상 수장인 압바스조 칼리프는 언제든 기회가 난다면 이스마일파 암살단의 단검에 찔릴 확실한 목표물이었다. 그러나 그 사건을 두고 마수드가 완전히, 아니 일부러 모른 척했다고 비난하는 소문이 났고, 심지어 아직도 셀주크 군주들의 명목상 최고 수장인 산자르가 그 사건의 주모자라는 유언비어도 난무했다. 주바이니는 이런 혐의를 받은 마수드와 산자르가 무죄임을 밝히려고 몹시 애를 쓴다.

카바
사우디아라비아 메카에 있는 신전. 이슬람교 제1의 성소로, 전세계 이슬람교도는 그 방향을 향해 매일 예배하고 있으며 메카 순례 의식도 이곳에서 시작되고 끝난다.

"산자르 제국에 대해 실패하기를 바라는 근시안적인 일부 사람들이 이 사건의 책임이 그들에게 있다고 비난했다. 그러나 카바Ka'ba(메카에 있는 신전의 이름으로 이슬람 제1의 성소 ―역주)의 주님의 이름을 걸고 말하건대, 그 점성술사들은 거짓말을 했다. 술탄 산자르의 고결한 성품, 하나피파Hanafite(순니파 중 꾸란의 자유로운 해석을 인정하는 학파로서 현재 터키, 중앙아시아 등지의 무슬림들이 대개 이에 속한다. ―역주) 신앙과 샤리아Shari'a(이슬람 율법)를 준수하고 강화하는 태도에서 증명된 그의 순결한 본성, 칼리프 제국과 관련된 모든 일에 대해 존중하는 태도, 그의 자비심과 측은지심은 너무나 순수하고 명백하다. 따라서 그와 같은 거짓 중상모략으로는 결코 온후한 성정의 근원이며 박애의 원천이었던 그의 인격을 깎아내릴 수 없다."[6]

칼리프 사망 소식을 접한 알라무트는 크게 기뻐하며 반겼다. 그들은 7일 밤낮 동안 축하연을 베풀어 큰일을 해낸 동료들을 떠받들면서 압바스 왕조의 이름과 표상을 실컷 욕했다.

부주르구미드 통치 기간 동안 페르시아 내 암살 명부는 비교적 짧았지만 눈에 띄는 사람들이 많았다. 앞서 압바스조 칼리프를 비롯해, 이스파한의 사령관, 칼리프가 마라가에 오기 얼마 전에 살해된 마라가의 총독, 또 타브리즈Tabriz의 사령관, 카즈빈의 율법학자도 희생자 명단에 들어 있다.

암살 시도가 줄어든 것이 이스마일 공국의 성격에 생긴 유일한 변화는 아니다. 이방인이었던 하산 이 사바와 달리 부주르구미드는 루드바르 출신이었다. 그는 하산과 함께 비밀 정치 운동가로서 경력을 쌓은 게 아니라 대부분 군주와 행정관으로서 조직 활동을 했다. 그가 한 지역의 군주로 지명되어 그 자격으로 남들의 인정을 받은 최고의 증거는 이스마일파의 강력한 숙적이었던 아미르 야란쿠시Yarankush와 그 부하들을 알라무트로 받아들인 사건이다.(당시 야란쿠시가 부주르구미드에게 정치적 망명을 요청, 허락 받았다고 한다. —역주) 당시 야란쿠시는 새롭게 부상하는 호라즘의 국왕(Shah of Khorazm)에게 강제로 추방당했다. 호라즘의 국왕은 자신이 그간 이스마일파의 동지였으며 야란쿠시가 적이었다고 주장하면서 야란쿠시 일당을 넘겨 달라고 요구했다. 그러나 부주르구미드는 이렇게 말하며 인도 요구를 거부했다. "누구든 나의 보호 아래 있는 자를 적으로 간주할 수 없다."[7] 부주르구미드 치세를 기록한 이스마일파 연대기 작가는 그러한 관대한 처사에 대한 이야기를 자세히 열거하면서 매우 기뻐한다. 이는 혁명 지도자가 아니라 관대한 의협심을 지닌 군주의 역할이 어떤 것인지 반영한 이야기들이다.

부주르구미드는 이교도를 제압하는 순간에도 이러한 군주의 역할을 수행하였다. 이스마일파 연대기 작가에 의하면 1131년 아부 하심Abu Hashim이라는 한 시아파 교도가 다일람에 와서 멀리 호라산으로 편지를 보냈다. "부주르구미드는 조언을 담은 편지를 보내어 신의 증거에 대한 아부 하심의 관심을 유도했다." 아부 하심은 이렇게 답했다. "당신이 하는 말은 불신앙이며 이단이다. 여기로 와서 우리가 그 문제를 논의한다면 당신 신앙의 거짓이 명백히 드러날 것이다." 이스마일파는 군대를 보내 그를 잡아왔다. "그들은 아부 하심을 생포하여 풍부한 증거를 대주고 나서 태워 죽였다."[8]

1138년 2월 9일 부주르구미드가 사망하면서 그의 장기 통치는 막을 내렸다. 주바이니는 그것을 격조 높은 문체로 표현하고 있다. "부주르구미드는 532년 주마다 I 월 26일(1138년 2월 9일)까지 죄를 통치하면서 무지의 권좌에 앉아 있었다. 바로 그날 그는 파멸의 뒤꿈치에 압사했고, 그의 송장을 태우는 불길에 지옥이 타올랐다."[9] 아무런 사고 없이 부주르구미드가 아들 무함마드에게 후계자 자리를 계승한 것은 이스마일파 지배 권력의 유동적인 속성상 매우 중요한 의미를 지닌다. 무함마드는 부친이 죽기 3일 전에야 후계자로 지명 받았다. 이스마일파 연대기 작가에 의하면, 부주르구미드가 죽자 '적들이 기뻐 날뛰었다.'[10] 하지만 그들은 곧 그것이 헛된 희망임을 알아차렸다.

알라무트의 새 군주 무함마드 시대 첫 희생자는 또다시 압바스 왕조의 칼리프가 되었다. 바로 먼저 암살된 알 무스타르시드al-Mustarshid의 아들이자 후계자인 전前 칼리프 알 라시드al-Rashid였다. 부친과 똑같이 그도 셀주크 논쟁에 휘말렸고, 술탄이 소집한 판관과 법관 회의에서 엄숙하게 폐위되었다. 그런 뒤 이라크를 떠나 페르시아로 가서 동맹군에 합세하고 이스파한에 머물면서 건강을 회복 중이었다. 그 무렵 암살단이 그를 찾아냈는데 1138년 6월 5일 또는 6일의 일이었다. 살해한 사람들은 알 라시드를 시중들던 호라산 인이었다. 칼리프가 죽게 되자 이번에도 알라무트는 7일간의 축하연을 벌였는데 특히 새 군주의 첫 '승리'를 기념하는 뜻이었다.[11]

무함마드 치세 동안 명예 명부에는 14건의 암살이 올라 있다. 칼리프 알 라시드 외에 가장 저명한 희생자는 셀주크 술탄 다우드Da'ud로 1143년 타브리즈에서 4명의 시리아 요원들에게 암살되었다. 소문에 의하면 당시 시리아로 영토를 확장하던 모술Mosul의 군주 장기Zangi가 술탄으로부터 추방당할까 두려워 그들을 보냈다고 했다. 북서부 페르시아에서 일어난 암살을 인근의 알라무트가 아니라 시리아에서 준비했다는 사실이 자못 호기심을 자극한다. 그 외에 산자르 궁정의 아미르 1인과 그의 동료, 호라즘 왕가의 아들, 그루지야와 마잔다란의 지방 군주들, 와지르 1인과 쿠히스탄, 티플리스(현재 이름은 트빌리시로 그루지야의 수도 —역주), 하마단의 카디들 등이 희생자에 포함된다. 이는 모두 이스마일파가 암살을 위임했거나 선동한 사례들이었다.

그것은 하산 이 사바가 융성한 시절에 비하면 조족지혈에 불과했다. 동시에 이런 상황을 통해 이스마일파가 지방과 영토 문제에 계속 관심을 늘려가고 있음을 알 수 있다. 이스마일파의 연대기를 보면 이 사실을 가장 잘 확인할 수 있다. 거기에서 이슬람 제국의 큰 문제들은 거의 언급되지 않는다. 대신 주변 군주들의 국지적 분쟁들에 대한 상황 설명이 나오며 거기에서 취한 소, 양, 나귀 등 전리품을 나열하며 미화해 놓았다. 이스마일파는 루드바르와 카즈빈 사이에서 일련의 공격과 반격을 오가면서 자기들만의 위치를 점했고 1143년에는 술탄 마흐무드의 알라무트 공격을 물리쳤다. 그들은 카스피 연안 지역에 어떻게 해서든

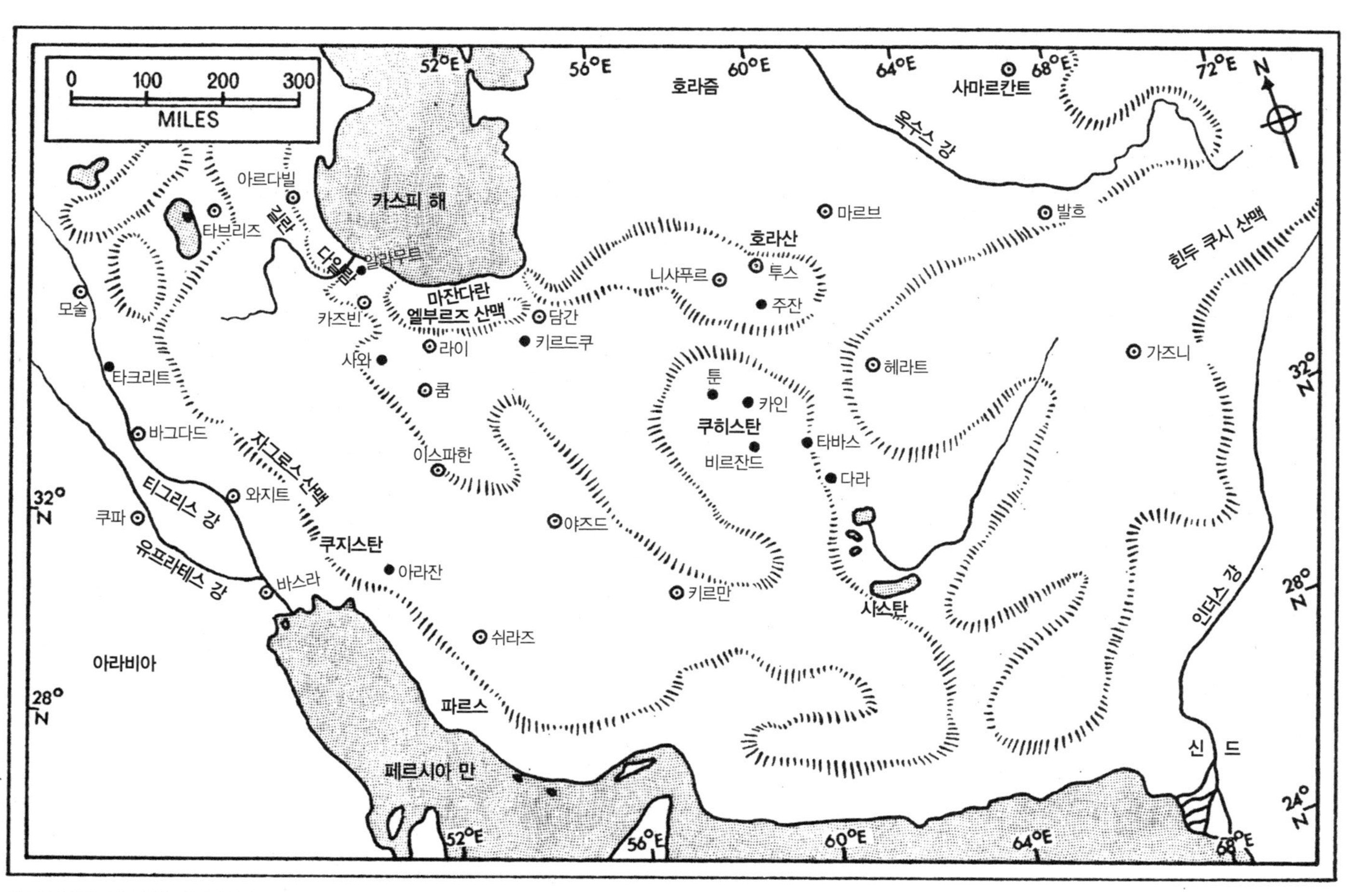

메소포타미아, 페르시아, 중앙아시아

새 요새를 점령하거나 축성하였으며, 새로운 두 지역으로 활동을 넓혔다고 알려져 있다. 먼저 그루지야에서 공격을 감행하고 선전활동을 폈으며, 오늘날 아프가니스탄에 해당하는 지역에서 군주의 초청을 받아 군주의 의지로 선교사절을 파견하였다. 1161년 그 군주가 사망하자 후임자는 선교사절과 개종자를 모두 사형에 처했다.

특별히 끈질긴 적이 둘 있었으니 마잔다란의 군주와 라이의 셀주크 총독 압바스Abbas였다. 특히 압바스는 라이에서 이스마일파 학살을 계획했고 이스마일파 영토를 공격한 인물이었다. 소문에 의하면 두 인물은 이스마일파 교도의 해골로 탑을 쌓았을 정도였다고 한다. 1146년 아니면 1147년에 압바스는 바그다드 방문길에 술탄 마수드에게 암살당했다. 이스마일파 연대기에 따르면 그 암살은 '술탄 산자르의 서명을 받은' 일이었다.[12] 그의 머리는 호라산으로 보내졌다. 이와 같이 산자르와 이스마일파가 같은 편이라는 증거가 여러 개 있다. 물론 산자르가 쿠히스탄 내 이스마일파 중심지에 순니파 신앙을 복원하려는 시도를 지원하는 등 때로 갈등 양상을 보이기도 했다. 다른 데서도 그랬겠지만 대체로 그 관련 사안은 국지적이고 영토에 관한 것이다. 알라무트를 포함해 여타 이스마일파 성과 영지의 지배 권력이 부자 세습이었다는 사실과 그들이 연관된 대개의 분쟁이 순전히 왕조에 관한 일이었다는 사실은 매우 주목할 만하다.

이스마일파 신앙에서 열정이 다 빠져나간 것 같았다. 이스마일파 공국과 순니파 제국 사이에 사실상 상호 교착 상태와 암묵적인 상호 인정이 전개됨으로써, 숨겨진 이맘의 이름으로 구질서를 전복시키고 새 천년을 건설하려는 거대한 몸부림은 사소한 국경 싸움과 가축이나 공습

하는 모양새로 쪼그라들고 말았다. 애초에 순니파 제국에 가하는 맹렬한 공격의 선봉으로 활용할 작정이었던 성의 본부가 지역의 종파별 왕조의 중심지가 되어 버렸는데, 이는 이슬람 역사상 흔히 발생한 왕조의 형태였다. 심지어 이스마일파는 자체 조폐창에서 동전을 찍어냈다. 사실 여전히 피다이들이 훈련을 받긴 했으나 이제 이 제도는 더 이상 이스마일파의 특성이 아니었으며, 어떤 경우에라도 독실한 교도들의 희망에 불을 지필 정도로 충분하지 못했다.

그들 중에는 아직도 하산 이 사바의 영광스러운 시절에 미련을 가진 사람도 일부 있었다. 즉 하산이 보여 주었던 헌신적이며 모험적인 초기 투쟁들, 전 교도들을 감동시켰던 종교적 신앙을 그리워했던 것이다. 그들은 알라무트 군주 무함마드의 아들이자 적통 후계자 하산에게서 지도력을 발견했다. 그의 관심은 일찍부터 시작되었다.

"그는 혼자 자유롭게 선택할 만한 나이가 되자, 하산 이 사바와 직계 조상들의 가르침을 연구하고 검토할 욕망을 품었다. 그러다 그는 교리의 요체를 설명하는 데 탁월한 능력을 발휘하게 되었으며, 유창한 언변으로 많은 이스마일파 교도들의 마음을 샀다. 부친은 그런 기술이 부족했으나 아들은 …… 아버지와 나란히 훌륭한 학자처럼 보였다. 그리하여 …… 평민들은 그의 지도력을 흠모하였다. 그의 부친으로부터 그런 설교를 듣지 못했던 평민들은 하산 이 사바가 약속했던 이맘이 여기에 왔다고 생각하기 시작했다. 그에 대한 백성들의 사랑은 커져 갔으며, 그들은 그를 지도자로 여기고 따르기에 여념이 없었다."

무함마드는 이런 걸 전혀 원하지 않았다. 이스마일파의 어느 보수파에 의하면 그는 이맘을 대신하는 선전 활동에 대해서 부친과 하산 이 사바가 정한 원칙을 엄격히 준수했다. 그리고 현세에서 몸으로 부딪치는 이슬람 관습도 정확하게 따랐다. 그래서 자기 아들의 행동이 그런 원칙에 어긋난다고 판단하여 호되게 비난했으며 사람들을 모아 놓고 다음과 같이 말했다. "여기 하산은 내 아들이다. 그리고 나는 이맘이 아니며 단지 이맘의 증거자 다이 중의 하나일 뿐이다. 그런 말을 듣고 믿는 자는 누구나 이교도이며 무신론자이다." 그리고 이런 근거 하에 그는 아들 하산의 이맘 지위를 믿었던 일부 사람들에게 갖은 고문으로 처벌하여 한번에 250명을 알라무트에서 죽게 만들었다. 그런 다음 똑같은 죄를 범한 다른 250명의 등에 그 시체를 매달아 알라무트 성에서 쫓아내 버렸다. 이런 식으로 백성들은 낙담하고 억압 받았다.[13] 하산은 때를 기다면서 부친이 의심을 떨쳐낼 수 있도록 노력했다. 1162년 부친 무함마드가 사망하자 그는 아무런 반대 없이 자리를 물려받았다. 그때 그의 나이 35살이었다.

하산의 통치는 처음에 평온무사했다. 유일한 특징이라면 과거에 알라무트에서 지속되었던 이슬람법의 엄격한 적용이 다소 완화된 것뿐이었다. 그러다 즉위한 지 2년 반이 되는 해, 라마단 금식이 한창 진행될 때 그는 새 천년을 선포했다.

그때 일어난 상황에 대한 이스마일파의 설명은 후세 그 종파의 문헌에 보존되어 있으며, 알라무트 멸망 이후에 작성된 페르시아 연대기 안에 다소 변형된 형태로 나와 있다. 그들은 모두 흥미로운 이야기를 들려준다. 559년 라마단월 17일(1164년 8월 8일) 처녀자리의 욱일승천 지배세력 하에 태양이 게자리에 위치했던 그날, 하산은 알라무트 안마당 네 모서리에 백·적·황·녹색 커다란 기旗를 달고 서쪽을 응시하면서 연단을 세우라고 명했다. 그가 이미 각지에서 알라무트에 불러 모은 각 종교 사람들이 모두 안마당에 모여 있었다. 동쪽 사람들은 오른편에, 서쪽 사람들은 왼편에, 북쪽 루드바르와 다일람 사람들은 앞에서 연단을 정면으로 마주보고 섰다. 그 연단이 서쪽을 향하자 회중들은 메카를 향해 등을 지고 돌아섰다. 이스마일파의 어느 문헌은 이 상황을 다음과 같이 전한다.

"그리고 정오를 향해 가자 군주 하산께서 평화에 대해 언급하시며 하얀 옷과 하얀 터번을 쓰고 성에서 내려와 오른편에 있던 그 연단으로 다가가 가장 완벽한 태도로 연단을 오르셨다. 그는 다일람 사람들에게 한 번, 오른편에 사람들에게 한 번, 왼편에 사람들에게 한 번 총 세 번 인사말을 하셨다. 잠시 자리에 앉더니 금방 다시 일어나서 칼을 쥐고 큰 목소리로 말씀하셨다."

하산은 삼라만상의 창조물 진Jinn(알라의 창조물 —역주), 인간들, 천사들에게 자신을 소개하면서 숨겨진 이맘으로부터 새로운 지침이 든 메시지가 도착했다고 선언했다. "우리 시대의 이맘이 여러분들에게 축복과 연민을 전하셨고 여러분을 선택받은 종이라 부르셨다. 이맘께서 신성한 이슬람법의 부담에서 해방시켜 여러분을 부활(Resurrection)로 이끄셨다." 더구나 그 이맘의 이름은 하산으로 3대 알라무트 군주 무함마드의 아들이자 2대 알라무트 군주 부주르구미드의 손자였다. "우리의 대리자이시며, 다이이시며 증거자로서 우리 당파는 종교와 세속 면에서 그에게 복종하고 따라야 하며, 그의 명령을 의무로 인식해야 하며 그의 말이 곧 우리의 말이라고 생각해야 한다."[14]

하산은 연설을 마치고 연단을 내려와서 이 의식을 위한 기도를 올리기 위해 두 번 엎드렸다. 그런 다음 이미 차려 놓은 식탁으로 사람들을 데려와 금식을 중단시키고 잔치에 참여하여 즐거운 시간을 보내라고 했다. 전령들이 동·서로 기쁜 소식을 들고 파견되었다. 쿠히스탄에서 무미나바드Mu'minabad 성주는 알라무트의 의식을 그대로 따라하곤, 방향이 잘못 놓인 연단에서 자신을 하산의 대리자라고 선포했다. "그리고 이런 수치가 만천하게 드러나고 이런 죄악이 이단의 둥지, 무미나바드에서 선포되던 그날 거기에 모인 사람들은 하프와 레벡rebeck(10세기 이후 세상에 알려진 3현 악기로 바이올린과 비슷하다. —역주)을 연주하고 그 연단과 연단 구역 내에서 대놓고 포도주를 마셨다."[15] 시리아에서도 그 연설이 인정받아 독실한 교도들조차 이슬람법의 종말을 축하했다.

회중이 메카를 향해 등을 돌리고 라마단 금식 중에 오후의 잔치를 여는 등 그들은 종교적 의식을 통해 정식으로 이슬람법을 파기했다. 이는 이슬람에서 정기적으로 발현하는 천년왕국설과 도덕폐지론자들이 내세우는 극단적 특성인데 기독교계에서도 이와 확실히 유사한 풍조가 있다. 율법은 그 목적을 다 했고 율법의 권세는 막을 내렸다. 비밀은 드러났고 이맘의 은총만이 온 누리에 가득하다. 그는 독실한 교도들을 자신이 선택한 사적인 하인들로 지정함으로써 그들을 죄악으로부터 구해주었다. 또 부활을 선포함으로써 그들을 죽음으로부터 구하여 생명으로, 진리의 정보가 담긴 영적인 천국으로, 신성한 실체에 대한 묵상으로 인도하였다.

"이 헛된 교리의 본질은 세상은 아직 창조되지 않았으며, 시간은 무한하며, 부활은 영성이라고 말한 철학자들을 신봉하는 것이었다. 그리고 그들은 이러한 개념에 영적 의미를 전해 주는 방식으로 천국과 지옥을 설명했다. 그런 다음 이 개념을 토대로 부활이란 인간이 신에게 가는 것이고 모든 창조의 비밀과 진리가 드러나는 것이며, 복종의 행동이 폐지되는 것이라고 말했다. 왜냐하면 이 세상에서 모든 것은 생명의 영령이 하는 행동으로 인과응보나 최후의 심판은 없기 때문이다. 만약 이 세상 모든 것이 심판을 받아야 한다면 생명의 영령이 하는 행동은 존재하지 않는다. 그리고 이것이 바로 모든 종교와 교리에서 약속하고 기다리던 영적 부활과 물리적 부활이다. 그런데 이것이 하산에 의해 드러났다. 이 결과로 인간은 샤리아에 의해 부여받은 의무를 면제받았다. 왜냐하면 이 부활의 시기에 그들은 모든 면에서 신을 향해야 하므로 종교적 법이 부과한 의례를 포기하고 숭배의 관습을 제정해야 한다. 샤리아는 인간이 하루에 다섯 번 신을 숭배하고 신과 함께해야 한다고 지정했다. 그런 의무는 단지 형식적인 것이므로, 이제 부활의 시대에 그들은 마음속에서 항상 신과 함께 있어야 하며, 끊임없이 영혼의 얼굴을 신성한 존재의 방향으로 맞춰야 하느니, 그것이 진정한 기도이다."[16]

새로운 체제는 알라무트 군주의 신분에 중대한 변화를 일으켰다. 알라무트 안마당에서 했던 설교에서 하산은 스스로 이맘의 대리자이며 살아 있는 증거자라고 선언했다. 또한 부활(키야마kiyāma)의 인도자로서, 그는 이스마일파 종말론에서 중추적 인물인 카임Qā'im이 된다. 라시드 알 딘에 의하면, 하산은 공적 선포를 한 뒤에 표면적으로 자신은 부주르구미드의 손자로 알려져 있지만 종말론 실체로 보자면 당대의 이맘이자 전 이맘, 즉 니자르 가문의 아들이라는 내용의 문서를 배포했다. 일부에서 주장하듯이, 아마도 하산은 니자르의 후계 혈통이라고 주장하지 않았을 것이다. 부활의 시대에 혈통은 그 의미를 상실하고 일종의 영적 계보만이 유의미하기 때문이다. 사실 초기 이슬람 메시아 운동에서도 선지자 무함마드 가문의 영적 후계자나 양자 후계자라고 주장한 선례가 있다. 그러나 후세에 이스마일파 전통에 따르면, 어떻게 대리자가 되었는지에 관해 이야기가 분분하지만 하산과 그의 후손들이 니자르의 진정한 계보였다는 데 아무런 이의가 없다. 하산 스스로도 특별한 경배를 품고서 본인을 '평화를 언급한' 하산이란 뜻으로 하산 알라 디크리힐 살람Hasan ala dhikrihi'l-salam이라고 명명했다.

대부분의 이스마일파는 새로운 체제를 쉽게 수용했다. 그러나 율법의 멍에로부터 풀려나기를 거부하는 사람들도 있어 하산은 그들에게 대항하기 위해, 말하자면 자유를 부과하기 위해 가장 가혹한 처벌을 내렸다. "하산은 암시적으로 그리고 명백한 선언을 통해, 율법의 시대에 복종과 숭배를 하지 않은 이들에게 처벌을 내렸던 것처럼, 영적 복종과 숭배를 요구하는 부활의 원칙을 따르지 않는다면 역시 벌을 받고 돌로 치는 형벌에 처하여 죽이겠으니, 즉 이제 부활의 시대에 만약 율법서를 따라 물리적인 경배와 의례를 고집한다면 의무적으로 처벌받고 돌로 치는 형벌을 받아 사형에 처해질 것이라고 주장했다."[17]

그 반대파 중에 하산의 처남이 있었는데, 다일람의 고귀한 집안 자제였다. 주바이니에 따르면, 그는 "심장의 콧구멍으로 아직 경건한 신앙심과 종교의 향기를 맡을 수 있는 사람들 중 하나였다. …… 이 공자는 그와 같은 수치스러운 죄를 선전하고 있는 상황을 견딜 수 없었다. 신께서 그에게 자비를 내리시어 그 뜻의 선함에 보상을 해주셨다. 561년 라비 I 월 6일 일요일(166년 1월 9일) 그가 라마사르 성에서 배신자 하산을 찔러 죽여, 하산은 이승을 떠나 '신의 불타는 불길 속으로' 갔다."[18]

하산 사후, 19살 된 아들 무함마드가 승계하여 그도 니자르의 후손, 즉 이맘의 후손이 되었다는 사실을 확인하는 절차를 진행하였다. 그는 생전에 많은 글을 쓴 작가로 알려져 있는데 그의 오랜 통치 기간 동안 부활의 교리가 발전을 이루고 정교하게 다듬어졌다. 그러나 그것은 외부 세계에 이렇다 할 영향을 주지 못했다. 그런 점에서 알라무트에서 일어난 부활 사건 이야기 모두가 당대 순니파 역사 문헌에서 전혀 언급되지 않았고 알라무트 멸망 이후에야 세상에 알려지게 된 것은 의미심장하다. 알라무트 멸망 시 이스마일파의 모든 문헌은 순니파 학자들의 수중에 들어갔다.

정치적 측면에서도 무함마드 2세의 치세는 평온무사했다. 알라무트 교도들은 계속 주변 국가를 기습했고, 피다이들은 바그다드 칼리프의 와지르를 살해했지만 그 외에 중요한 사건은 일어나지 않았다. 라시드 알 딘과 그 외에 작가들이 전해준 이야기는 위대한 순니파 신학자 파크르 알 딘 라지Fakhr al-Din Razi와 연관이 있다. 파크르 알 딘은 라이의 신학생을 상대로 한 강의에서 이스마일파를 반박하고 매도해야 한다고 특별히 강조했다. 이 소문을 들은 알라무트 군주는 그 강의를 중단시키겠다고 결심하고 라이로 피다이를 파견했다. 그곳에서 그 피다이는 학생인 것처럼 수강 등록을 하고 7개월 동안 매일 파크르 알 딘의 강의에 참석했다. 그러던 어느 날 선생님이 연구실에 혼자 있는 것을 보고, 잘 풀리지 않는 문제를 논의하러 왔다는 핑계를 들어 기회를 포착했다. 순간 피다이는 칼을 꺼내 파크르 알 딘을 위협했다. 파크르 알 딘은 옆으로 펄쩍 뛰며 물었다. "제군, 원하는 게 뭔가?" 피다이가 대답했다. "교수님을 가슴에서 배꼽까지 쭉 찢어 베는 것입니다. 저 강단에서 우리를 저주하셨기 때문입니다." 격투 끝에 피다이는 파크르 알 딘을 바닥에 내동댕이치고 그의 가슴 위에 앉았다. 두려움에 질린 신학자는 회개하겠노라, 앞으로 다시는 그런 공격을 하지 않겠노라 약속했다. 피다이는 그 말을 순순히 믿고 파크르 알 딘이 노선을 수정하겠다는 중대한 조건을 받아들여 365골드디나르가 든 돈주머니를 꺼냈다. 파크르 알 딘이 그 말을 지킨다면 그 대가로 매년 이만큼의 돈을 받을 것이다. 그때부터 파크르 알 딘은 이스마일파에 대한 강연에서 이스마일파를 자극하는 표현을 자제하느라고 매우 신경을 썼다. 이 변화를 눈치 챈 학생 하나가 그 이유를 캐물었다. 교수는 대답했다. "이스마일파를 저주하는 것은 바람직하지 않다. 왜냐하면 그들은 영향력이 크고 설득력이 대단한 논거를 갖고 있기 때문이지."[19]

이 이야기는 우화에 가깝다. 그러나 이 문헌에서 주목할 점은, 이스마일파의 교리를 수용하지 않는 파크르 알 딘이지만 그가 잘못 전달된 독설로 이스마일파를 반박하려는 순니파 신학자를 비난하고, 동시에 이스마일파 텍스트를 정확하게 인용하는 다른 이들을 칭찬하는 부분이다.[20] 물론 파크르 알 딘의 요점은 이스마일파가 옳다는 게 아니라 그런 신학적 논쟁이 반드시 정확한 정보와 상대의 시각에 대해 현명한 이해력을 바탕으로 해야 한다는 것이다.

이런 와중에 이슬람 동부 지역에 커다란 정치적 변혁이 일어났다. 한동안 순니파 이슬람의 화합을 복원하고 그 목적을 재확인했던 셀주크 대 술탄의 직위가 붕괴되고 있었다. 셀주크 제국 내에 셀주크 왕자나 고관들이 수립한 새로운 형태의 공국이 등장한 것이다. 그리고 순차적인 투르크 이주의 물결이 중앙아시아부터 중동까지 계속 진행되면서, 투르크인 유목 부족장들이 세운 나라까지 등장했다. 그동안 투르크인의 확장은 영토의 한계에 부딪혔었다. 그리하여 셀주크의 투르크 제국 구조가 완전히 몰락하였다. 그러나 투르크 세력의 침투와 식민화는 계속되어 이미 잡아 놓은 점령지를 더욱 강화시켰다. 정권이 변해도 그 속 내용은 전혀 변하지 않았다. 후임 군주들은 셀주크의 정치, 군사, 행정 관례를 유지하는 게 더 편리하다고 생각하였으며 거기에 종교적 정통성을 확고하게 지키는 것도 포함되었다. 여기저기 투르크인들이 거의 없는 곳에서 페르시아, 쿠르드 또는 아랍 태생의 지방 당파들이 머리를 내밀고 어느 정도 독립의 근거를 마련했다. 그러나 아무리 정치적 충성 때문에 분열되더라도, 대개 투르크 부족장들은 과거 원주민 군주를 바꾸고 자리를 찬탈하는 공동 목표를 추구하였다. 이런 면에서 그들은 대체로 성공을 거두었다.

12세기 말엽으로 가면서 동방에서 새로운 강자가 부상했다. 아랄 해 남쪽에 호라즘 영토가 있었다. 이곳은 과거 융성했던 문명 발상지로 사막 경계선이 방어막 역할을 하여 주변 국가들을 뒤흔들고 있던 격동의 시대로부터 그 나라를 보호해 주었다. 중앙아시아 대부분이 그랬듯이 호라즘 영토도 투르크족에게 정복당하여 식민지가 되었다. 그래서 그곳 지배 왕조는 셀주크 대 술탄 말리크샤가 파견한 투르크 노예 출신의 총독 집안이었다. 이 군주들은 융성하였으며 원주민 왕조 호라즘샤 Khorazmshah, 즉 호라즘의 국왕이라는 직위를 그대로 택함으로써 식민지와 동화되는 모습을 보여 주었다. 그 왕조는 처음에 거대 강국의 봉건 신하로서, 나중엔 독립 군주로서 자리잡았다. 총체적인 혼란 속에서도 부유하고 군사적으로 무장이 잘된 호라즘 왕국은 안전한 피난처였다.

사마르칸드
중앙아시아 최고의 도시이자 호라즘 왕국의 중심 도시로, 실크로드의 요지에서 번영을 구가했다. 13세기 칭기즈칸의 침공으로 왕국은 멸망하고 사마르칸드는 초토화되지만 14세기 중반 티무르제국의 수도로 화려하게 재건된다.

그런데 머지않아 그 왕국도 다른 나라와 백성들에게까지 지배권을 확장시켜야 한다는 압박감을 느꼈다. 1190년경 호라즘 국왕 테키시Tekish는 호라산을 점령하고 동부 이란의 주인이자 이슬람 내 주요 강국이 되었다. 바그다드의 칼리프 알 나시르al-Nasir는 이란의 마지막 셀주크 투그룰 2세에게 심한 압력을 받고 있었다. 그래서 테키시에게 원조를 요청했고 마침내 호라즘 군대가 서쪽으로 오면서 라이와 하마단이 점령지로 변하는 계기를 주고 말았다. 1194년 바로 이곳 라이에서 마지막 셀주크가 패배하고 살해되었다.

셀주크 왕조가 들어선 이후 1세기 반 동안, 그들이 건설했던 대 술탄 제국은 이슬람 세계에서 하나의 권력 형태로 수용되었다. 때문에 마지막 셀주크가 사망하자 빈자리가 생겼다. 승리한 호라즘 국왕은 그 빈자리를 메울 확실한 인물이었다. 이제 테키시는 칼리프 알나시르에게 사자를 보내어 자신을 바그다드의 술탄으로 수용하고 인정하도록 요구했다. 그러나 알나시르는 다른 꿍꿍이가 있었으니, 칼리프 동맹국에서 칼리프 보호자로 올라서길 바랐던 테키시는 그때서야 자신이 칼리프의 적이 되었음을 알아챘다.

1180년 알나시르가 즉위한 이후 압바스조 칼리프 제국은 놀랄 만한 부활을 이루었다. 약 3세기 동안 압바스조 칼리프는 꼭두각시에 불과했었다. 순니파 이슬람의 명목상 우두머리였지만 사실상 무장 군주와 아미르, 나중엔 술탄의 지배를 받았던 것이다. 이라크 내 셀주크 권력의 쇠퇴로 인해 알나시르가 재빨리 권력을 틀어 쥘 수 있는 기회가 생겼다. 그의 목적은 두 가지였다. 첫째, 이슬람의 종교적 화합과 최고 수장으로서 칼리프의 도덕적 권위를 회복한 이후에 이라크 내에서 칼리프의 실질적 지배를 받는 칼리프 공국을 건설하는 것이었다. 말하자면 외부의 통제나 영향으로부터 자유롭고, 그의 종교적 정책을 위한 기반으로 기능할 수 있는 일종의 신정 국가였다. 둘째, 그가 추진했던 한정적 목표는 정치적, 군사적 조치를 통해 투그룰과 그 뒤를 이은 테키시에게 대항하는 일이었다. 이슬람 복원을 내건 첫 번째 주요 목표는 일련의 종교적, 사회적, 교육적 운동을 통해 추진되었고, 그 일환으로 12이맘파와 이스마일파 양측에 접근하기도 했다. 두 번째 목표와 더불어 그는 놀라울 정도의 성공을 달성했다.

1210년 9월 1일 알라무트의 군주 무함마드 2세가 사망하였는데, 독살로 추정된다. 그의 아들 잘랄 알 딘 하산Jaral al-Din Hasan이 자리를 승계했다. 부친 생전에도 하산은 벌써부터 교리와 키야마 관습에 불만을 드러냈으며, 이슬람의 더 큰 형제애 안에서 모든 것을 수용하려는 욕망을 내비쳤다. 주바이니의 설명을 들어보자.

"아들이 어렸을 적에 부친은 이미 그를 후계자로 지명했다. 그 아이가 성장하여 총명한 모습을 보이자 부친의 교리를 거부하고 이단과 자유사상을 거북하게 여겼다. 아들의 감정을 눈치 챈 부자 사이에 일종의 적대감이 생겼고 둘은 서로를 염려하고 불신했다. …… 잘랄 알 딘은 신앙의 정통성 때문인지 부친에 대한 적개심 때문이었는지 몰라도, 부친 무함마드에 대항하는 음모를 꾸몄다. 그리고 몰래 바그다드의 칼리프와 술탄, 다른 영토의 군주들에게 자신은 부친과 달리 정통 이슬람 신앙인이며, 나중에 권좌를 물려받으면 이단을 폐지하고 이슬람의 규칙을 재도입할 것이라고 주장하는 문서를 보냈다. …… 즉위하는 순간부터 잘랄 알 딘은 이슬람 신앙을 고백했으며, 백성들과 신도들이 이단을 고수한다고 맹비난하면서 그때부터 이단을 엄격히 금지하고, 이슬람을 채택하여 샤리아 의례를 준수하라고 촉구했다. 그는 바그다드의 칼리프, 호라즘 국왕 무함마드, 이라크의 말리크Malik(왕을 뜻하는 아랍어 ―역주)와 아미르들, 그 외 다른 나라에 사신을 보내 이런 변화를 알렸다. 사실 부친이 살아 있을 때 자기의 입장을 이미 그들에게 알리고, 이런 방법을 미리 준비해 왔기 때문에 이제 그들은 잘랄 알 딘의 말을 믿었다. 특히 바그다드에서 그를 믿고서 그가 이슬람으로 개종했음을 확인하는 교령을 발표했고 온갖 유형의 지지를 보내 주었다. 양자 간에 서신 왕래가 열렸고 그는 명예로운 직위가 찍힌 편지를 받았다. …… 그는 신무슬림(Neo-Muslim), 잘랄 알 딘으로 알려졌고 그의 치세 동안 추종자들도 신무슬림으로 불렸다."

이를 두고 심리학자들은 잘랄 알 딘 하산이 이스마일파 부친과 자신을 차별화시키면서 독실한 순니파 모친에게 더욱 강하게 애착했던 것 같다고 설명할지도 모른다.

카즈빈 백성들은 당연히 그들의 옛 이웃이자 적이었던 알라무트의 개종에 의심을 품었다. 그래서 잘랄 알 딘 하산은 그의 진심을 설득시키느라 엄청난 힘을 들였다. 그는 카즈빈의 저명인들을 직접 접촉하여 알라무트로 사절단을 파견해 도서관을 시찰하고 그들이 인정하지 않는 문헌을 모두 없애 버리라고 요청했다. 이중엔 하산 이 사바와 잘랄 알 딘의 직계 조상, 선임자들이 서명한 여러 협정서가 포함되었다. 주바이니는 이렇게 전하고 있다.

“잘랄 알 딘은 카즈빈 사절단이 있는 자리에서 그들이 즉시 처리하라는 말에 이 문헌들을 모두 불태우라고 명했다. 그러면서 그의 선조들과 그 정치 선전문의 작성자들을 향해 저주와 욕설을 퍼부었다. 나는 카즈빈의 고위관리들과 카디들의 수중에 있던 문서 하나를 본 적이 있다. 그 문서는 잘랄 알 딘 하산의 명으로 구술 작성된 문건으로, 거기에서 자신이 이슬람을 채택하고 샤리아 의례를 수용했으며, 선조와 조상들의 이단과 신앙으로부터 벗어났다고 밝히고 있었다. 그리고 잘랄 알 딘은 그 문서의 앞면에 자필로 몇 마디 적었는데, 자신이 그들의 종교에서 해방되었음을 언급하는 내용이었으며 아버지와 선조들의 이름을 밝힐 땐 저주를 덧붙였다. ‘제발 신께서 그들의 무덤을 불길로 채우시길!’”[21]

잘랄 알 딘의 모친은 609/1212~13년에 메카 순례(Pilgrimage)를 갔고 이에 바그다드는 엄청난 존경과 경의를 보냈다. 그러나 그녀가 메카를 순례하던 시기와 샤리프의 사촌 암살 시기가 우연히 맞아떨어진 게 화근이었다. 사촌을 많이 닮은 샤리프는 그 사건이 의도된 암살이며 살인자는 칼리프가 보낸 아사신파 교도였다고 확신했다. 그는 분노에 차서 이라크 순례자들을 공격하고 약탈했으며 그들로부터 가차 없이 무거운 세금을 거두었는데, 그중 많은 부분은 알라무트의 모친에게 부과되었다. 이런 불상사에도 불구하고 잘랄 알 딘은 이슬람 동맹 관계를 유지할 수 있었다. 아란과 아제르바이잔의 군주와 친분을 쌓고 다양한 유형의 선물과 도움을 주고받았으며, 양측에 공동의 적인 서부 이란의 군주에 대항하여 군사력을 모았다. 이런 식으로 그들은 칼리프의 지원을 받았으며, 칼리프에게 합동으로 접근했다.

칼리프를 통해 또 다른 유형의 도움을 받은 적도 있었다. 잘랄 알 딘은 이라크, 아란, 아제르바이잔에서 1년 반을 살고 나서 알라무트로 돌아갔다. 이 여정을 거치면서, 그리고 그 나라에서 사는 동안 무슬림이 되었다는 그의 주장은 더욱 폭넓게 지지를 받아서 이제 무슬림들은 그와 더욱 자유롭게 교류하였다. 그는 길란의 아미르들에게 딸들과의 혼인을 청했다. 당연히 그 아미르들은 혼인을 청한 사람이 너무나 위협적인 인물이었기 때문에 그 제안을 받아들여야 할지, 거절해야 할지 주저했다. 그래서 칼리프가 재가한다는 조건 하에 청혼을 수락하는 것으로 타협을 했다. 알라무트는 즉시 바그다드로 사자를 보냈고 칼리프는 아미르들에게 '이슬람의 법에 따라' 잘랄 알 딘에게 딸을 시집보내라고 허락하는 편지를 써 주면서 호의를 베풀었다. 이 명령에 따라 잘랄 알 딘은 길란의 공주 네 명을 아내로 맞이하였고, 그중 한 부인이 차기 이맘을 잉태하는 특권을 누렸다.[22]

잘랄 알 딘 하산의 종교적, 군사적 모험과 혼인을 살펴보면 그의 위치가 현저하게 강화되었음을 알 수 있다. 부활을 도입했던 부친의 조치에 버금갈 정도로 갑작스럽고 전면적인 교령을 통해, 그는 부활의 법을 폐지하고 이슬람 법률을 복구하였다. 그 법은 루드바르는 물론 쿠히스탄과 시리아에서도 제대로 준수되고 있었다. 그는 군사작전을 하는 동안 알라무트를 떠나 아무런 사고 없이 1년 반 동안 외지에 머무르기도 했는데, 일찍이 선임자 중에 이렇게 했던 사람은 아무도 없었다. 이제 그는 고위 관리와 율법 학자를 없애 버릴 암살자를 파견하는 대신에, 지방과 도시를 정복할 군대를 보내어 점령지에 모스크와 목욕탕을 건설함으로써 자신의 영토를 암살자들의 소굴에서 존경받는 왕국으로 변모시키는 데 성공했다. 물론 이 과정에 주변 나라들과 혼인 동맹을 맺음으로써 유대관계를 강화하기도 했다.

여타 영토의 군주들과 마찬가지로 잘랄 알 딘도 동맹을 맺고, 동맹관계를 바꾸기도 했다. 맨 처음 그는 호라즘 왕국을 지지하는 듯 보였고, 심지어 본인의 이름으로 루드바르에서 기도문을 외기도 했다. 그러다가 칼리프로 동맹관계를 이동하여, 호라즘 왕국 관할에 들어갔던 반역자 아미르와 메카에서 샤라프를 암살하여 제거하는 등 물심양면으로 그를 도왔다. 나중에 그는 동방에서 새롭게 부상 중인 강대국을 재빨리 알아채고 그 나라의 환심을 사려고 노력했다.

"그들(이스마일파)이 전하는 말에 의하면, 잘랄 알 딘은 전 세계 패권자 칭기즈칸Jenghiz Khan이 투르케스탄Turkestan에서 출발하여 이슬람 국가에 도착하기 전에 은밀하게 특사를 보내 그의 복종과 동맹을 허락해 달라는 서면 문서를 전달했다. 이 사실이 다른 종파들에 의해 소문이 났지만 사실 여부는 확실치 않다. 그러나 전 세계를 정복한 칭기즈칸 황제의 군대가 이슬람 국가에 발을 들여놓았을 때, 옥수스 강 이편에서 제일 먼저 사절단을 보내 공물을 바치고 동맹을 받아들인 군주가 바로 잘랄 알 딘이었으니 충분히 가능성 있는 얘기다."[23]

1221년 겨우 10년 집권을 끝으로 잘랄 알 딘은 사망했다. 잘랄 알 딘의 사망 원인은 이질이었는데, 그의 부인들이 시누이들과 몇몇 친척들과 공모하여 그를 독살했다는 혐의를 받았다. 사실상 알라무트 공국의 실권자이자 군주의 아들 알라 알 딘Ala al-Din의 교사였던 와지르는 이 혐의를 내세워 엄청나게 많은 친척과 여동생, 친구와 여자들을 사형에 처했다. 이중 불태워 죽인 사람도 있었다.[24]

잘랄 알 딘이 이슬람 종교 의례 법을 복구시키고, 정통파, 칼리프 제국과 화해한 것은 다양하게 해석되었다. 주바이니와 그 외에 페르시아 순니파 역사가들이 볼 때, 그런 업적은 진정한 종교적 개종의 표출이었다. 즉 사악한 신앙과 선임자들의 사악한 길을 포기하고, 백성들이 지금까지 타락의 길로 갔으나 이제 진정한 이맘에게 갈 수 있는 길을 되찾아 주려는 욕망이었다고 평가했다. 칼리프도 하산의 선한 신앙에 매우 만족하는 듯했다. 그랬기 때문에 길란에서 결혼을 지지하는 중재도 해 주고, 순례를 간 군주의 모친에게 경의를 표하는 등 동맹 관계를 넘어서는 호의를 베풀었다. 카즈빈의 회의론자들조차 잘랄 알 딘의 신실함에 설복당할 정도였다. 6세기 후, 메테르니히Metternich 치하의 비엔나Vienna에서 요제프 폰 하머는 이에 쉽게 수긍하지 않으면서 자신만의 관점을 피력했다.

"따라서 잘랄 알 딘이 이스마일파에서 이슬람으로 개종한 일은 외부 세계에 떠들썩하게 선포되면서 불신앙의 교리를 공식적으로 포기한다고 선언한 사건이었다. 그러나 그것은 체제의 신뢰성을 재구축하고 대군주(grand-master)의 위엄을 포기하고 스스로 작은 군주의 직위를 지키기 위한 위선이자 교묘하게 설계된 정책에 불과했을 가능성이 높다. 사실 과거 체제는 그들의 교리를 무분별하게 공포함으로써 성직자들의 저주와 군주들의 비난을 받았다. 예수회 수사단이 의회로부터 제명당할 위협과 바티칸으로부터 해산하라는 교황의 교시로 위협받았을 때,

당시 내각과 여러 국가는 한목소리로 그들의 윤리와 정책 원칙에 반대했었는데 그들은 합법적인 반역과 국왕 살해라는 자체 교리를 부인했다. 그러나 그들의 교리는 그 단체의 일부 궤변가들을 통해 무분별하게 드러났었고, 은밀하게 그 체제의 진정한 원칙으로 지켰던 근본 규칙들도 공개적으로 비난을 면치 못했다."[25]

이스마일파 스스로에게도 이러한 변화는 설명이 필요했다. 어쨌든 외부 세상에 그들의 지위가 작은 지역 군주로 보였을지 몰라도, 실상 그들은 지역의 수장에게 예속된, 그저그런 지역 공국은 아니었다. 다시 말해 단순히 음모를 꾸미고 암살을 저지르는 집단이 아니었다. 그들은 자랑스러운 과거와 전 우주적 임무를 지닌, 한 종교의 독실한 교도들이었다. 그리고 다른 신실한 신도들처럼 그들의 명예와 원칙이 담긴 요새가 오롯이 보존되기를 간절히 바랐다. 그렇다면 율법에서 부활로, 부활에서 순니파 시늉으로, 후에 율법을 통한 이슬람주의로 귀환하는 등의 모든 변화가 종교적 가치와 의미를 지녀야 했던 것이다.

해답은 두 가지 원칙, 첫째는 위험에 직면했을 때 진정한 신앙을 숨기는 타키야 교리 속에서, 둘째는 숨김과 드러남 시대를 번갈아 가면서 순환하는 과거 이스마일파 개념 속에서 찾을 수 있었다. 이 원칙들은 외적 법률과 내적 진리의 시대와 일치했으며, 이맘이 새로운 제도를 도입함으로써 각각 막을 열었다. 13세기 이스마일파 문헌은 이렇게 말한다. "신성한 율법을 외적인 형태로 전하는 작은 예언자의 시대는 숨김의 시대라고 불리며, 유일한 예언자의 법이 지니는 내적 진리를 소유한 카임이 지배하는 시대는 키야마(부활)라고 불린다."[26]

숨김의 새 시대는 잘랄 알 딘 하산의 즉위와 더불어 1210년에 시작했다. 초기 숨김의 시대에 세상으로부터 숨은 주체는 이맘들이었다. 그러나 이 시대에 와서 그들은 종파가 수행해야 할 임무의 진짜 본질을 숨겼다. 내부의 진리가 엄폐되자 외부적으로 어떤 유형의 율법 체제를 채택하느냐는 전혀 중요하지 않았다.

잘랄 알 딘이 사망하자 아홉 살배기 외동아들 알라 알 딘 무함마드 Ala al-Din Muhammad가 후계자가 되었다. 한동안 잘랄 알 딘의 와지르가 알라무트의 실질적인 군주 노릇을 하면서 순니파 세계와의 화해 정책을 계속 유지하는 듯했다. 그러나 그에 대한 반발이 차츰 세력을 규합하기 시작했다. 이스마일파 영토 안에서 이슬람 율법 준수는 더 이상 강제사항이 아니었고 심지어 사실상 율법이 폐지되었다는 보고서도 존재한다. 주바이니와 기타 페르시아 역사가들은 이런 변화가 새 이맘 때문에 발생했다고 판단한다.

"당시 알라 알 딘은 어린 나이에 교육도 전혀 받지 못했다. 그러나 그들의 잘못된 교리에 따라 기본적으로 이맘은 다 같은 존재이다. 어린 아기든, 청년이든, 노인이든 그리고 무슨 말을 하건, 어떤 행동을 하건 이맘은 정당한 존재이어야 한다. 따라서 알라 알 딘이 어떤 노선을 취하든 거기에 반대의사를 내비칠 사람은 아무도 없었다. 그리고 이맘에게 비난과 충고를 하거나 올바른 방향으로 지도한다는 건 허락되지 않았다. …… 그러자 나랏일이 여자들의 결정으로 돌아가는 바람에 부친 잘랄 알 딘이 세웠던 토대가 무너져 버렸다. …… 그의 부친 잘랄 알 딘이 두려워서 샤리아와 이슬람을 채택한 사람들 가운데 여전히 사악하고 비열한 마음으로 그의 조부 무함마드 2세의 사악한 교리를 따르는 자들이 있었다. …… 이제는 그들이 금지된 죄를 저지르지 못하도록 막고 제지할 만한 사람이 없었다. 그래서 …… 그들은 다시 이단으로 돌아가서 권력을 되찾았다. …… 그러자 이제 개종하여 이슬람을 받아들였던 나머지 사람들이 공포에 휩싸여 그들이 무슬림이라는 사실을 다시 숨겨야 했다. ……

5~6년 통치하고 나자 어린 알라 알 딘은 우울증으로 무기력해지고 말았다. …… 감히 그에게 반대하고 나서는 자가 없었다. …… 나라 안팎에 대한 모든 보고는 그가 모르게 감춰지고 참모들도 그에게 입도 뻥긋 하지 못했다. …… 도둑, 노상절도와 강도 사건이 왕국 내에서 매일 터지고 있었으니 그도 반쯤은 알고 묵인한 상태였다. 그런 행위는 몇 마디 거짓과 뇌물을 주면 다 용서할 수 있다고 생각했던 것이다. 그리고 이런 일들이 왕국 내 모든 지역을 휩쓸어 버리자, 그의 삶과 부인들, 자식들, 가정, 왕국과 재정은 광기와 정신착란의 요새로 변해갔다."[27]

이런 어려운 상황에도 불구하고 이스마일파의 현안을 잘 풀어갈 능력 있는 지도자들이 있었다. 그래서 알라 알 딘의 치세는 지적 운동과 정치 활동의 시대였다. 이슬람 군주가 해야 할 의무 — 영예 — 중의 하나는 과학과 교육을 후원하는 것이었는데, 이런 면에서 이스마일파 이맘들은 뒤떨어지지 않았다. 알라무트의 도서관은 유명했다. 심지어 강한 적대감을 보인 주바이니조차 그 도서관에 대한 관심을 시인할 정도였다. 그리고 이 시대에 알라무트는 외부의 수많은 학자들을 유치했다. 이들 중에 가장 유명한 사람은 철학자이자 신학자이며 천문학자였던 나시르 알 딘 투시Nasir al-Din Tusi(1201~1274)로 알라무트에서 수년간 머물렀다. 이때 그는 이스마일파로 통했고, 이스마일파의 여러 협정문을 작성했는데 지금도 그것은 이스마일파에게 권위를 인정받는다. 나중에 나

나시르 알 딘 투시(1201~1274)
시아파의 12이맘파 이론가. 당시 최고의 천문학자 중 한 사람으로 수학, 의학, 철학 등에도 정통해 있었다.

시르 알 딘 투시는 자신이 실제로 12이맘파이며, 이스마일파와의 관계는 강제적인 것이었다고 주장했다. 그가 어느 종파에 충실했는지, 혹시 타키야 원칙을 쓴 것인지는 여전히 확실하지 않았다.

알라 알 딘의 치세 초기에 이란의 상황은 이스마일파가 좀 더 멀리 확장하기에 유리하게 돌아갔다. 호라즘 제국이 몽골의 침략으로 몰락했고, 호라즘 왕조의 마지막 국왕 술탄 잘랄 알 딘은 붕괴된 왕국을 회복하려고 했으나 소용없었다. 그러는 동안 이스마일파는 영토를 넓히는 데 성공했다. 이 무렵 그들은 기르드쿠 성 근처 담간 시를 점령했고 라이를 차지하기 위해 노력했다. 라이는 1222년경 호라즘 제국에서 이스마일파 다이들의 학살명령을 내린 곳이었다.

1227년에 호라즘의 술탄 잘랄 알 딘은 이스마일파에게 휴전 협정을 수락하고 담간 시를 얻는 대가로 조공을 바치라고 요구했다. 이 직후에 오르한Orkhan이라는 호라즘의 관리가 암살되었는데, 이 사건은 그들이 쿠히스탄 내 이스마일파 정착촌을 기습한 일에 대한 보복이었다. 호라즘 국왕 잘랄 알 딘의 전기 작가, 나사위Nasawi는 그 상황을 생생하게 묘사하고 있다.

"시 외곽에서 3명의 피다이들이 오르한을 덮치고 살해했다. 그리고 그들은 손에 단검을 쥔 채 시내로 진입하여, 와지르 샤라프 알 물크

Sharaf al-Mulk의 관저 앞에 도착할 때까지 알라 알 딘의 이름을 소리 높이 외쳤다. 그들은 관저로 들어갔으나 와지르를 찾지 못했다. 당시 와지르는 술탄의 궁정에 있었다. 그들은 하인 한 명을 찌르고 다시 밖으로 나와서 이스마일파의 구호를 외치며 성공을 자랑했다. 시민들이 지붕 위에서 그들을 향해 돌을 던졌고 그들은 돌에 맞아 결국 죽고 말았다. 그들은 마지막 숨을 고르면서도 외쳤다. "우리의 주인 알라 알 딘을 위해서 희생하였노라.""

마침 이때가 알라무트의 특사 바드르 알 딘 아흐마드Badr al-Din Ahmad가 술탄을 알현하러 가는 중이었다. 이 사건을 듣고 나서 특사는 당연히 자신의 입국을 우려하여 와지르에게 여행을 계속할지, 돌아갈지 조언을 구하는 편지를 썼다. 자신의 목숨이 위태로울까 두려워했지만 그 와지르는 자기와 함께 있으면 '귀 특사는 오르한에게 닥친 두려운 운명과 끔찍한 죽음으로부터 안전할 것'이라고 하면서 이스마일파 특사를 기꺼이 맞이하였다. 그래서 특사에게 합류하기를 촉구했고, 그의 임무를 다할 수 있도록 최대한 돕겠노라고 약속했다.

이제 두 사람은 함께 이동했고, 와지르는 위협적인 손님의 환심을 사려고 온갖 노력을 다했다. 그러나 그들의 친선 관계는 불행한 사건이 터지면서 깨지고 말았다. 그들이 세랍Serab 평원에 도착하여 술 마시는 시간이 거의 파할 즈음, 바드르 알 딘이 술기운에 취해서 이렇게 말했다. "심지어 이곳, 당신의 군대 안에도 우리 피다이들이 있소. 그들은 그곳에 제대로 정착해서 당신네 사람으로 다 통하지. 당신네 마구간에도, 술탄의 시종장 중에도 다 있단 말이오." 샤라프 알 물크는 그들을 보여 달라고 고집을 피우면서 안전을 지켜 준다는 명목으로 자신의 머

릿수건을 주었다. 그러자 바드르 알 딘이 다섯 명의 피다이를 불러 자리에 섰는데, 그중 무례한 인도인 피다이가 샤라프 알 물크에게 이렇게 고했다. "저는 당신을 이런저런 날에, 이런저런 곳에서 살해할 수도 있었습니다." 샤라프 알 물크가 이 말을 듣더니 망토를 벗어 던지고 셔츠 차림으로 그들 앞에 앉아 물었다. "대체 이게 무슨 목적이오? 알라 알 딘께서 저한테 무엇을 바라는 것이오? 나의 죄나 결점을 들어 나의 피를 보겠단 말이오? 나는 술탄의 종이자, 그의 종이기도 하오. 그러니 여기에 내가 당신들 앞에 있지 않소. 당신네들 뜻대로 하시오!"

이 소문을 들은 술탄은 와지르 샤라프 알 물크의 비굴한 행동에 노발대발하여 즉시 그에게 다섯 명의 피다이를 산 채로 불에 태우라는 명령을 내렸다. 와지르는 그들에게 자비를 내려 달라고 애원했지만 아무 소용없이 술탄의 명령을 수행할 수밖에 없었다. 그의 천막 입구에 거대한 불길이 타오르자 피다이 다섯 명을 불속에 던졌다. 그들은 불에 타면서도 큰 소리로 외쳤다. "우리의 주인 알라 알 딘을 위해 희생하노라!" 그들의 육체가 다 타서 재가 되고 바람에 흩날릴 정도가 되어, 혼이 그 육체를 다 떠날 때까지 그렇게 소리쳤다. 술탄은 추가 예방 조치로, 시종장의 과실을 물어 사형에 처했다.

나사위는 개인적으로 그 사건의 여파를 목격했다. "어느 날 나는 바르다Bardha'a에서 샤라프 알 물크와 함께 있었다. 그때 살라 알 딘Salah al-Din이라는 밀사가 알라무트에서 그를 찾아와 전했다. "당신이 우리 피다이 다섯 명을 불태워 죽였다. 당신의 안전을 보장하려면, 죽은 피다이 한 명당 1만 디나르씩 목숨 값을 내야 한다." 이 말에 샤라프 알 물크는 간담이 서늘해지고 두려움에 떨린 나머지 아무런 생각도, 조치도 취할 수 없었다. 그는 그 밀사에게 막대한 선물과 포상을 하면서 비위를 맞추었다. 그리고 나한테 그 밀사에게 보낼 공식 문서 한 장을 쓰라고 명했다. 내용인즉 술탄의 국고로 들어오게 되어 있던 연간 세금 3만 디나르를 1만 디나르까지 줄인다는 것이었다. 샤라프 알 물크는 그 문서에 자신의 도장을 찍었다."[28]

호라즘 국왕과 이스마일파 간에 맺은 협정은 그리 효과가 없음이 드러났다. 이스마일파는 술탄 잘랄 알 딘과 산만한 싸움을 계속하면서도 호라즘의 두 주적, 서쪽의 칼리프, 동방의 몽골 제국과는 친선 관계를 유지했다. 1228년 이스마일파의 외교관 바드르 알 딘은 옥수스 강을 건너 몽골 궁정까지 여행했다. 이때 서쪽으로 가던 이스마일파 대상 70명이 호라즘인들에게 제지당해 학살당했다. 이 일은 아나톨리아Anatolia로 가던 어느 몽골 특사가 그들과 함께 이동하고 있었기 때문에 소문이 났다. 이스마일파와 호라즘 왕국 간의 사소한 분쟁은 수년 동안 계속되었는데 때때로 전투나 암살 혹은 협상이 번갈아 진행되었다.

한 번은 나사위가 담간을 대가로 받는 조공의 균형을 요구하기 위해 알라무트의 대사관으로 파견되었다. 그는 만족하는 투로 자신의 임무를 설명하고 있다.

"알라 알 딘은 술탄의 여느 특사들보다 특히 나에게 융숭한 대접을 하고 아낌없이 하사품을 내리면서 호의를 베풀어 주었다. 그는 나에게 매우 후하게 대접했고 보통 사람들이 받는 선물과 하사품 의복을 두 배나 많이 내려 주었다. 그는 말했다. "이 자는 매우 존경받을 만한 인물이다. 이런 사람에게 후하게 대접하는 일은 결코 낭비가 아니다." 나에게 내려준 선물의 가치를 현물과 그 종류로 따졌을 때 거의 3000디나르나 되었다. 거기에 하사품 예복이 두 벌이었는데 모두 공단 망토와 두건, 털 달린 어깨 망토에, 한쪽은 공단으로 반대쪽은 중국산 주름 비단으로 줄이 새겨져 있었다. 또 200디나르 나가는 허리띠 두 개와 옷 70벌에 안장과 마구, 재갈과 앞장식이 달린 말 두 필이 있었고, 1000디나르 나가는 금에 호화롭게 장식한 말 네 필, 박트리아Bactria 낙타 한 무리에, 나의 수행원들에게 줄 예복 30벌까지 내려주었다."[29]

조금 과장을 보태자면, 분명히 알라무트 군주가 이 세상에서 좋은 것들만 모아 제대로 준비해 놓았던 것이다.

호라즘 왕국과의 싸움이 이스마일파에게 유일한 걱정거리는 아니었다. 그들의 본거지와 더 가까운 지역에서 길란의 군주들과 맞붙게 되었다. 잘랄 알 딘 하산 사후에 길란의 공주들을 모두 처형했기 때문에 그들과의 관계는 절대 나아질 수 없었다. 때가 되자 이스마일파는 타림 주변의 길란 영토를 추가로 점령했다. 한편 카즈빈 내 오랜 적들과의 관계는 꽤 평화를 찾았다. 다소 놀라운 일이지만, 알라 알 딘 무함마드는 카즈빈에 있던 어느 샤이크Shaykh(부족의 장로나 존경받는 현자, 혹은 이슬람 학자를 가리킨다. —역주)의 독실한 제자였다. 그래서 그에게 해마다 500골드디나르를 전달했고, 그 샤이크는 그 돈으로 먹고 살았다. 카즈빈 사람들이 그 샤이크에게 이교도의 돈으로 살아간다고 비난을 하자 그는 이렇게 답했다. "이맘들은 이교도들의 피와 돈을 취하는 일을 합법적이라고 했다. 그런데 그들이 자유 의지로 돈을 주니, 그야말로 율법에 맞는 일이다." 알라 알 딘은 카즈빈 백성들에게 그 도시를 놔두는 것은 순전히 그 샤이크 때문이라고 말했다. "거기에 그 분이 안 계셨다면 나는 카즈빈의 먼지를 등바구니에 담아 알라무트 성으로 가져올 것이다."[30]

전쟁, 기습공격, 암살을 하는 중에도 이스마일파는 그들의 1차 목표인 설교와 개종을 잊지 않았다. 그리고 이즈음 인도 내에 이스마일파 신앙을 이식하는 과정에서 가장 중요한 성과 하나를 얻었다. 인도에는 무스탈리 이스마일파의 '구종파'가 수세대 동안 깊이 뿌리 박혀 있었으며 특히 구제라티Gujerati 해안 지역은 더욱 그러했다. 그런데 이제 이란의 한 선교사가 인도 아대륙에 니자리파 '신종파'를 들여왔고, 후세에 그곳이 이스마일파의 중심지가 되었다.

주바이니와 여타 페르시아 순니파 역사가들은 알라 알 딘 무함마드에게 매우 적대적인 시각을 갖고 있다. 그들은 알라 알 딘을 우울증과 광기의 발작에 무릎 꿇은, 고주망태 타락자로 본다. 말년에 알라 알 딘은 장남 루큰 알 딘 쿠르샤Rukn al-Din Khurshah와 갈등을 빚었다. 그는 장남이 아직 어렸을 때 이맘의 후계자로 지명했는데 나중에 이것을 번복하고 다른 아들 가운데 하나를 지명하고자 했다. 그러나 이스마일파는 '교리에 따라 이를 거부하고 첫 번째 지명만이 유효하다'고 말했다.

1255년 부자간의 갈등은 극에 달했다. "그해 알라 알 딘의 광기는 더욱 악화되고 …… 장남 루큰 알 딘에 대한 미움은 커졌다. …… 루큰 알 딘은 자기 목숨에 위협을 느꼈고 …… 이런 이유로 그는 부친으로부터 도망쳐 시리아 내 성으로 가서 그 성을 차지할 계획을 세웠다. 그게 안 되면 알라무트, 마이문디즈, 그 외에 루드바르의 일부 성을 점령할 계획이었다. 재정과 비축 양식이 가득 찬 그곳에서 …… 반란을 일으켜 …… 알라 알 딘 왕국의 대다수 성직자와 주요 인사들은 그를 걱정하였지만 그중 아무도 그의 목숨을 자신하지 못했다.

루큰 알 딘은 일종의 유인책으로 다음과 같은 주장을 펼쳤다. "내 부친의 사악한 행동 때문에 몽골 군대가 우리 왕국을 치려고 하는데 부친은 아무런 걱정도 하지 않는다. 내가 부친에게서 탈퇴하여 동방 제국 황제(몽골의 칸)와 그 궁정 신하들에게 사신을 보내어 복종과 충성을 윤허 받아야겠다. 이제부터 이 왕국에서 어느 누구도 사악한 행동을 저지르는 걸 용납하지 않겠다. 그래야만 우리 땅과 백성들이 살아남으리라고 보장할 수 있다.""

이런 곤란한 상황에 처하자 이스마일파 지도자들은 알라 알 딘 측근의 반대에도 불구하고 루큰 알 딘을 지지한다고 합의했다. 단, 그들이 내세운 유일한 조건은, 자신들이 알라 알 딘에게 대항하여 손을 들진 않겠다는 것이었다. 아무리 미친 사람일지라도 이맘은 여전히 신성불가침한 존재였으며, 그를 건드린다면 반역죄이자 신성모독이 될 것이다.

이스마일파에게 — 몇 사람을 제외하고 — 다행스럽게도 그와 같은 끔찍한 선택을 할 필요가 없었다. 이 합의가 이뤄진 지 약 한 달 뒤에 루큰 알 딘은 병에 걸려 무기력하게 자리보전을 했다. 따라서 시간이 갈수록 눈에 띄게 군주의 자격을 잃어가고 있었다. 한편 주바이니가 전하는 바에 의하면 부친 알라 알 딘은 술에 취해 인사불성인 상태에서 신원 미상의 습격자에게 암살되었다. 1255년 12월 1일에 일어난 일이었다. 암살단 수장이 자신의 본거지에서 살해되었다는 사실은 얼토당토않은 억측과 의심, 비난을 불러일으켰다. 암살 현장 가까이서 목격된 이맘의 신하들 중 몇몇은 사형에 처해졌고, 심지어 가장 가까운 동료 가운데 한 무리가 그를 치려고 공모하여 카즈빈의 외부인들을 알라무트로 보냈다는 주장도 제기되었다. 마침내 그들은 범인에 대해 의견일치를 보았다.

"일주일이 지나자 그 징후와 여러 정황이 확실해졌고 …… 만장일치로 마잔다란의 하산Hasan이 범인이라고 단정했다. 그는 알라 알 딘이 총애하고 밤낮으로 한시도 떨어지지 않고, 자신의 비밀까지 털어놓던 동료였다. 또 하산의 부인이 알라 알 딘의 정부였으며, 하산이 그의 살인 사실을 부인에게 굳이 숨기지 않았는데 그 여자가 루큰 알 딘에게 그 비밀을 폭로했다는 설도 있었다. 상황이 어찌 되었건 일주일 후에 하산은 사형에 처해졌고 그 시체는 불태워졌으며, 두 딸과 아들 하나도 불에 타서 죽었다. 이리하여 루큰 알 딘은 부친을 대신하여 통치하게 되었다."[31]

알라 알 딘 무함마드의 치세 말년에 이스마일파와 그들이 지금까지 만난 적 중에서 가장 끔찍한 적군 몽골과의 최종 대결이 점점 눈앞에 다가오고 있었다. 1218년이 되자 동아시아에서 부상한 새로운 제국의 군주 칭기즈칸 군대가 야크샤르테스Jaxartes 강(톈산 산맥에서 서쪽 아랄 해로 흘러드는 중앙아시아에서 가장 긴 강, 현재 이름은 '시르 다리아'이다. —역주)에 도달했고, 호라즘 왕국에 바로 국경을 접하게 되었다. 국경에서 일어난 사건 하나를 핑계 삼아, 칭기즈칸은 서쪽으로 계속 진격해 나갔다. 1219년 칭기즈칸 군대는 야크샤르테스 강을 건너 이슬람 영토에 도달했다. 1220년에는 고대 이슬람 도시 사마르칸드Samarqand와 부하라Bukhara 시를 점령하고 옥수스 강에 도달했다. 다음 해, 그는 옥수스 강을 건너 발흐Balkh, 마르브Marv, 니샤푸르를 점령하고 동부 이란 전역의 군주로 군림하게 되었다. 1227년 칭기즈칸의 사망은 이 원정에 있어 아주 잠깐 휴식 기간일 뿐이었다. 1230년 그의 후계자가 흔들리고 있던

훌라구(1218~1265)
칭기즈칸의 손자. 형 몽케칸의 명에 따라 이란 원정길에 올라 1258년 바그다드를 공략하여 압바스조 칼리프 정권을 멸하고, 1259년 일한국을 건설하였다. 아래쪽은 1256년 이스마일파 성을 점령하러 가는 모습이다.

호라즘 왕국에 첫 공격을 감행했고, 1240년에 몽골 제국은 서부 이란을 휩쓸고 나서 그루지야, 아르메니아, 북부 메소포타미아Mesopotamia까지 침략했다.

마지막 공격은 13세기 중반에 벌어졌다. 베이징(北京)에서 지배하고 있던 대칸이 칭기즈칸의 손자이자 몽골의 왕자 훌라구를 지휘관으로 삼아 새로운 원정대를 파견했다. 멀리 이집트까지 모든 이슬람 영토를 복속하라는 명령이었다. 몇 달 안에 긴 변발의 몽골 기병들이 그들 앞을 가로막는 모든 것을 다 쓸어버리면서 이란을 괴멸시켰다. 그리고 1258년 1월 바그다드 시에 모여들었다. 마지막 칼리프는 잠시 헛된 저항을 시도하다 살려 달라고 애걸했으나 소용없었다. 몽골 전사들은 단숨에 바그다드를 덮쳐 약탈하고 불태웠으며, 2월 20일에 칼리프와 그 친척들을 최대한 찾아내서 한꺼번에 사형에 처했다. 이리하여 천오백년간 순니파 이슬람의 명목상 우두머리였던 압바스 왕조의 치세가 끝났다.

알라무트의 이맘들은 당대 다른 이슬람 군주들처럼 이교도 몽골이 이슬람을 침략한 것에 저항한다는 일념으로 맞서지 않았다. 호라즘 왕국과의 전투에 갇혀 있던 칼리프 알 나시르는 호라즘 제국 변방에서 멀리 위험한 적이 새롭게 등장했다는 사실에 분노하지 않았다. 그리고 그의 동맹군 이맘 잘랄 알 딘 하산도 최초로 몽골의 칸에게 선의의 메시지를 전달한 인물이었다. 사실 가끔은 이스마일파가 이 새로운 적에 대항해 주변 순니파 이웃 국가들과의 견고한 관계를 과시하기도 했다. 칭기즈칸이 동부 이란을 정복할 당시, 쿠히스탄의 이스마일파 수장은 그의 산중 요새로 순니파 난민들을 기꺼이 수용했다. 쿠히스탄의 이스마일파 수장에 대해 어느 무슬림 방문객이 전하는 말이다.

"나는 그가 공부를 많이 하고, 지혜와 과학과 철학을 겸비한 사람임을 알았다. 호라산 영토 안에는 그처럼 현명한 철학자와 현자가 존재하지 않았다. 그는 불쌍한 나그네와 여행자들을 참으로 귀하게 대해 주었고, 사이가 가까워진 호라산의 무슬림들을 자신의 지도와 보호 아래 지켜 주곤 했다. 이런 연유로 그의 집회에는 호라산의 울레마 중에 가장 유명한 사람들도 몇몇 포함돼 있었다. …… 그리고 그는 모든 사람들을 존경과 경의로 대했으며 매우 친절한 호의를 베풀었다. 호라산이 처음 2~3년간 혼란한 시절일 때, 이러한 취지에서 그는 자신의 국고와 마구간에서 울레마와 불쌍한 이방인들을 위해 천 개의 예복과 마구를 갖춘 700필의 말을 내주었다."

쿠히스탄의 수장이 이렇게 할 수 있었다는 사실은 이스마일파 본거지가 몽골의 공격을 당할 염려가 없었다는 뜻이다. 그런데 그의 관대한 행위를 지켜본 부하들은 곧장 알라무트에 불평을 제기했으며, 외부인들에게 이스마일파의 돈을 후하게 내주지 않을 총독을 요청했고, 그대로 이루어졌다. 시스탄 군주에게 봉직했던 역사가 민하즈 이 시라즈 주즈자니Minhaj-i Siraj Juzjani는 쿠히스탄 내 이스마일파 본거지를 세 번 방문했다. 무역 경로의 재개를 위한 외교 임무와 '이교도들의 난입으로' 이란 동부에서 귀해진 '의복과 기타 필수품'을 구입하기 위한 원정 구매를 위해서였다. 확실히 쿠히스탄의 이스마일파는 그들의 면책 특권을 좋은 쪽으로 활용하고 있었다.[32]

이스마일파와 몽골 군대 간에 어떤 암묵적인 양해가 있었는지 모르지만, 그것은 그리 오래 가지 않았다. 아시아의 새 맹주는 이 위험천만한 이슬람 무장 집단이 점점 독립적으로 커지는 사태를 용인할 수 없었다. 몽골의 이슬람 우방과 동맹 중에 이스마일파가 얼마나 위험한 존재인지 알려주는 사람도 적지 않았다. 일설에 의하면 카즈빈의 수석 카디가 갑옷 윗도리 차림으로 칸 앞에 나타나, 자신이 항상 존재하는 암살 위험 때문에 평상복 안에 항상 메일 셔츠를 입어야 했다고 설명했다.

그 경고는 헛되지 않았다. 몽골에서 열린 대규모 집회에 갔던 이스마일파 대사가 문전박대를 당했다. 그리고 이란에 주둔하던 몽골 장군은 칸에게 말하기를, 칼리프와 이스마일파가 가장 정복하기 힘든 두 명의 적이라고 했다. 수도 카라코룸에서도 이스마일파 밀사의 공격에 대비해 칸을 경호하는 사전 대책을 취했다. 1256년 훌라구가 이란으로 원정대를 이끌고 갔을 때, 그의 첫 목표가 바로 이스마일파 소유의 성이었다.

훌라구가 도착하기도 전에 무슬림들의 격려를 받아 이란 내 몽골 군대는 루드바르와 쿠히스탄의 이스마일파 근거지에 공격을 시작했지만 이렇다 할 성공을 거두지 못했다. 그들은 쿠히스탄으로 진격했지만 이스마일파의 반격에 쫓겨났고, 기르드쿠 거대 요새에 가한 공격은 완전히 실패했다. 만약 이스마일파가 그 성 안에 그대로 남아 몽골의 공격에 계속 저항했다면 더 나았을 것이다. 그러나 새 이맘은 그 반대로 결정했다.

루큰 알 딘 쿠르샤가 부친과 갈등을 일으킨 현안 중의 하나가 바로 몽골에 대한 저항이냐, 협력이냐의 문제였다. 그는 즉위하자마자 이슬람 주변 국가들과 평화를 유지하려고 애썼다. 그는 부친의 입장과 정반대로 행동하면서 그들과 친선의 토대를 마련하기 시작했다. 또한 그의 관할 영토에 모두 사신을 보내어 백성들이 무슬림처럼 행동하고 모든 길을 안전하게 유지하라는 명령을 내렸다. 그리하여 그는 이슬람 내부에서 입지를 지키면서, 하마단에 주둔하던 몽골 사령관 야사우르 노이안Yasa'ur Noyan에게 특사를 파견했다. 그는 다음과 같은 전언을 들고 갔다. "이제 루큰 알 딘이 권좌에 올랐으니, 그는 충성스런 태도로 복종의 길을 걸어갈 것이며 불평불만의 먼지를 깨끗이 씻어낼 것이오."[33]

야사우르는 루큰 알 딘에게 직접 훌라구에게 가서 복종의 뜻을 밝히라고 권했지만, 이스마일파 이맘으로서 루큰 알 딘은 동생 샤한사Shahanshah를 보내는 것으로 타협했다. 몽골 군대는 루드바르로 진격하기 위해 섣부른 시도를 했다가 요새로 둘러친 이스마일파의 반격으로 쫓겨났으며 곡식을 황폐화한 후에 철수했다. 그러는 동안 또 다른 몽골 군대가 다시 쿠히스탄을 침략하여 이스마일파의 본거지를 몇 군데 점령했다.

그때 훌라구로부터 전갈이 왔는데, 그는 샤한사의 사절단에 만족을 표시했다. 이렇게 해서 루큰 알 딘 스스로는 아무런 죄를 저지르지 않은 모양새가 되었다. 만약 루큰 알 딘이 그의 성을 무너뜨리고 직접 와서 항복한다면 몽골 군대가 그의 영토를 보장해 줄 것이다. 루큰 알 딘은 미봉책을 썼다. 그는 몇 개의 성을 일부 파괴하였지만 알라무트, 마이문디즈, 라마사르에서는 겨우 명목상으로만 해체시킨 뒤, 직접 배알하기까지 1년간의 유예를 청했다. 이와 동시에 기르드쿠와 쿠히스탄 내 총독들에게 '직접 왕 앞에 가서 충성과 복종을 피력하라고' 명령했다. 그들은 진짜 그대로 했지만 기르드쿠 성은 여전히 이스마일파의 수중에 있었다. 다시 훌라구가 루큰 알 딘에게 전갈을 보내어, 즉시 다마반드Damavand에 주둔 중인 자신을 알현하라고 요구했다. 만약 루큰 알 딘이 닷새 안에 거기에 올 수 없다면, 아들을 먼저 보내야 한다고 했다.

루큰 알 딘은 일곱 살 된 아들을 보냈다. 훌라구는 이 아이가 진짜 아들이 아니라고 의심하여, 너무 어리다는 이유를 들어 아이를 돌려보냈다. 그리고 루큰 알 딘이 동생 샤한사를 구하려면 동생을 한 명 더 보내라고 했다. 그 와중에 몽골 군대는 점점 루드바르 쪽으로 근접하고 있었고 루큰 알 딘의 사절이 훌라구 앞에 당도하고 보니, 알라무트까지 진격하는 데 겨우 사흘밖에 남지 않았음을 알게 되었다. 몽골의 대답은 최후통첩과 같았다.

"만약 루큰 알 딘이 마이문디즈 성을 파괴하고 직접 왕 앞에 나타난다면, 우리 황제의 자비로운 관습에 따라 호의와 명예를 받을 지어다. 그러나 만약 그의 처신의 결과를 고려하지 않는다면 오직 신만이 (그 다음에 그에게 어떤 일이 벌어질지) 알고 계실 것이다."[34]

그 와중에 이미 몽골군대는 루드바르에 진입하여 성 주변의 여러 지역을 점령하고 있었다. 훌라구는 몸소 루큰 알 딘이 거처하고 있는 마이문디즈의 포위를 지휘하고 나섰다.

이스마일파 내부에서 훌라구에게 항복하고 최상의 조건을 얻어내는 게 현명하다고 생각하는 편과 끝까지 싸우는 게 더 낫다고 생각하는 편으로 의견의 차이가 있었던 것으로 보인다. 루큰 알 딘은 확실히 첫 번째 안을 생각했으며 천문학자 나시르 알 딘 투시와 같은 자문관들도 당연히 이 정책을 지지했다. 특히 나시르 알 딘 투시는 ― 그 나름의 계산으로 ― 항복한 뒤에 자신이 몽골과 화해협정을 맺고, 그들의 보호 아래 새로운 경력을 시작할 수 있기를 바랐다. 우리가 알기로는 별자리가 불길하다는 이유로 이맘에게 항복을 권유했던 사람이 투시였으며, 조건부 항복을 협상하기 위해 마이문디즈 성에서 몽골군 주둔지로 파견된 최후의 사절도 바로 투시였다. 훌라구는 루큰 알 딘, 그의 가족과 부하들, 재산을 받아들이기로 합의했다. 주바이니가 그 상황을 이렇게 설명한다.

"그는 …… 충성한다는 조건으로 재산을 다 바쳤다. 이 재산이 그간 몽골군이 이스마일파에 대해 들어왔던 명성만큼 화려하진 않았지만 그대로 성 바깥으로 반출되었다. 훌라구는 그중 상당 부분을 그의 군사들에게 나눠 주었다."[35]

훌라구는 루큰 알 딘을 크게 환영했으며 심지어 그의 개인적인 변덕도 다 받아 주었다. 그가 박트리아 낙타에 관심을 보이자 암컷 백 마리를 선물로 사주었다. 그러나 그 선물로는 충분치 않았다. 루큰 알 딘은 낙타 싸움에 관심이 있었기에 그 암컷이 새끼를 낳을 때까지 기다릴 수 없었다. 그러자 그는 수컷 30마리를 주문하였다. 더 놀라운 은혜를 베풀었으니, 루큰 알 딘이 사랑에 빠진 몽골 여자와 혼인하도록 허락한 일이었다. 그 여자로 인해 루큰 알 딘은 상징적인 차원이 아니라 기꺼이 그의 왕국을 포기하겠다고 선언했다.[36]

훌라구가 루큰 알 딘에게 보내는 관심은 분명했다. 이스마일파는 여전히 몇 개의 성을 유지하였는데 그로 인해 문제도 많이 생겼다. 이스마일파 이맘 루큰 알 딘은 그들에게 항복을 촉구하면서 몽골 궁정에 귀한 손님으로 푹 빠져 지냈다. 그의 가족과 하인, 동물들은 카즈빈 내에서 숙영하였다. (이에 대한 카즈빈 사람들의 비평은 기록되지 않았다.) 그리고 그 혼자만 훌라구의 서진 원정에 동참했다.

루큰 알 딘은 몽골에서 대접받은 만큼 행동을 취했다. 즉 그의 지시에 따라 루드바르 내, 기르드쿠 인근, 쿠히스탄 내 대부분의 성이 항복하는 바람에 몽골군이 포위 공격에 나섰을 때 소요되는 막대한 경비와 불확실한 운명을 말끔히 덜어 주었다. 그 성의 수가 약 백 개쯤이라고

하는데, 이는 과장된 숫자임이 분명하다. 그런데 두 성의 사령관이 이맘의 명령을 어기고 항복하기를 거부했다. 아무래도 이맘이 강요에 못 이겨 타키야 원칙으로 행동하고 있다고 믿었던 듯하다. 그 두 곳은 바로 루드바르의 거대 본거지 알라무트와 라마사르였다. 몽골 군대는 두 개의 성에 집중공격을 가했고 며칠 후 알라무트의 사령관이 마음을 바꾸었다.

"그 요새는 사태의 결과와 운명의 여신의 변덕을 슬쩍 보고 나서, 그곳을 구하고 호의적인 처분을 요청하기 위해 사신을 보냈다. 루크 알 딘이 중간에 그들 편에 서서 중재를 하여 훌라구는 그들의 죄를 그냥 눈감아 주기로 했다. 그리하여 그해 둘카다Dhu'l-Qa'da 말(1256년 12월 초)에 죄의 온상이자 악의 둥지에 있던 자들이 그들의 물품과 재산을 들고 내려왔다. 사흘 후에 군대가 성으로 올라가 그 자들이 들고 올 수 없었던 물건을 죄다 차지했다. 그들은 서둘러 여러 건물에 불을 질렀고 파괴의 빗자루로 바람에 실려 가는 먼지를 쓸어내니, 원래 서 있던 건물이 땅바닥에 다 내려앉고 말았다."[37]

라마사르는 한 해 더 버텼지만 결국 1258년에 몽골에 항복했다. 기르드쿠 내 이스마일파는 루큰 알 딘의 명을 거부하고 성의 통제권을 유지할 수 있었으나 마침내 1270년에 정복당했다.

대부분의 성이 항복했으므로 이제 루큰 알 딘은 몽골에 필요 없는 존재가 되었다. 더구나 라마사르와 기르드쿠에서도 그를 거부했기에 더욱 쓸모없는 존재로 낙인찍혔다. 카즈빈 내 몽골 관리들에게 이맘의 가족과 하인들을 죽이라는 명령이 떨어졌다. 이때 루큰 알 딘은 혼자서 스스로 청하여 몽골 수도 카라코룸으로 긴 여행을 하는 중이었다. 그러나 그곳에서 칸은 그를 환영하지 않았다. 칸은 "그렇게 오래 여행을 했다니 그를 데려올 필요가 없었다. 우리의 율법을 잘 알지 않느냐"고 말했다. 루큰 알 딘은 귀국하여 남아 있는 성들이 항복하고 파괴되는 것을 지켜봤다. 그 다음에 어쩌면 그가 칸에게 인사를 하도록 윤허 받았을 수도 있었다. 그러나 사실상 그는 기회를 얻지 못했다. 페르시아로 돌아오는 길에 캉가이Khangay 산맥 지구를 막 넘으려는 찰나, 몽골군은 연회에 간다는 구실로 그를 원정길에서 빼내어 살해하였다.

"그와 부하들은 흠씬 매를 맞고 칼에 찔렸다. 그와 부하들의 흔적은 하나도 남지 않았다. 그리하여 그와 일족들은 구전으로 내려오는 이야기가 되었으며 그 세상에서 전설이 되었다."[38]

페르시아 내 이스마일파의 근절과 멸망은 주바이니가 암시하는 만큼 그리 철저하지 못했다. 이스마일파 열성 신도들이 볼 때는 루큰 알 딘이 죽은 후에 그의 어린 아들이 이맘의 자리를 계승했으며 이맘의 계보를 이을 자식을 낳고 살았기 때문이다. 그리하여 때가 되어 19세기에 아가 칸 가문이 등장하였다. 한동안 이스마일파는 계속 활발히 움직여 1275년에 아주 잠시 알라무트를 재점령할 수 있었다. 그러나 그들의 대의명분은 사라졌고 이때부터 쭉 그들은 페르시아어권에서 비주류 소수 종파로만 생존하여 동부 페르시아, 아프가니스탄, 그리고 지금의 구소련 중앙아시아 지역에 흩어져 살았다. 루드바르 지역에서 그들은 완전히 사라져 버렸다.

알라무트의 멸망과 이스마일파의 초라한 최후 권력은 주바이니가 생생하게 묘사하고 있다.

"루드바르의 알라무트, 이교도들이 우글대던 그곳, 하산 이 사바의 사악한 추종자들의 본거지 …… 거기 요새가 서 있던 토대 위에는 돌멩이 하나 남지 않았다. 혁신이 번성하던 그곳에 영원한 과거라는 예술가가 집 하나하나 현관 위에 폭력의 붓으로 시를 썼구나. "그들의 텅 빈 집은 공허한 폐허로다."(꾸란 27장 53절) 그 철면피들 왕국의 시장에서, '운명'이라는 이름의 무에진이 큰 소리로 외쳤다. "그러니 이 사악한 자들을 내쫓아 버려라!"(꾸란 23장 43절) 그들의 불행한 여자들은 헛된 그들의 종교처럼 완전히 파괴되었다. 그리고 그 미치광이, 표리부동 위조자들이 만들었던 금은 당시에는 순금처럼 보였지만 결국 납을 섞은 것으로 드러났다.

오늘날 세상을 비추는 왕의 찬란한 행운 덕분에, 혹시라도 아직도 이스마일파 암살 교도가 어느 구석에서 미적대고 있다면 여자들 장사나 하고 있을 것이다. 그리고 이스마일파 다이가 있는 곳이라면 죽음의 사자가 있다. 게다가 모든 이스마일파 교도 라피크들은 노예가 되었다. 이스마일파의 선전 활동가들은 이슬람의 칼잡이에게 살해되고 말았다. …… 이 저주 받을 자들이 두려워, 얼굴이 하얗게 질려 그들에게 조공을 바쳤지만 그 굴욕을 수치스럽게 생각하지 않았던 그리스와 프랑크 왕들은 이제야 단잠을 청한다. 그리고 세상의 모든 백성들, 특히 독실한 이슬람 신도들은 이들의 사악한 음모와 더러운 신앙에서 해방되었다. 아니, 지위 고하, 귀족과 평민을 막론하고 세상의 전 인류가 이 기쁨을 함께 나눈다. 그리고 이들의 역사를 루스탐Rustam(고대 페르시아 서사시에 등장하는 영웅으로, 페르시아어권 사람들은 국가적 영웅으로 생각하지만 현대 페르시아 학자들은 오만하고 압제적인 기사나 헤게모니의 후원자로 본다. —역주)의 역사와 비교하면 다스탄Dastan의 아들 루스탐은 한낱 고대 전설에 불과했다."[39]

"그리하여 그들의 악으로 오염되었던 세상이 깨끗해졌다. 이제 여행자들은 두려움이나 공포를 느끼지 않고, 통행세를 바쳐야 하는 불편 없이 이리저리 부지런하게 움직인다. 그리고 그들의 근거지를 근절하고 그 흔적조차 남기지 않은, 행운의 제왕에게 지속적인 행운이 있기를 기도한다. 게다가 사실 그런 조치는 무슬림의 상처에 진통제였고, 혼란한 이슬람 신앙의 해결책이었다. 이 시대 이후에 태어날 후손들은 그들이 저지른 해악과 인류의 가슴에 지른 혼란이 어느 정도인지 알아야 한다. 이를테면 과거의 왕이든, 당대의 군주든 그들과 협상을 한다면 평생 두려움에 떨었다. 그리고 그처럼 그들에 대한 적개심을 가진 이들도 밤낮 좁은 감옥 안에서 그 비열한 부하들을 두려워했다. 그것은 이미 가득 채워져 흘러넘치는 찻잔이었다. 그것은 이미 사라져 버린 바람과 같았다. "이것은 반성하는 자들에게 주는 경고이다."(꾸란 6장, 116절) 그러니 제발 신께서 모든 압제자들에게 이와 똑같이 하시기를!"[40]

5장 산중 노인

الله

하산 이 사바가 여전히 알라무트 성을 다스리고 그의 밀사들의 전언과 무기가 외부인과 이란의 군주들에게 하산의 메시지를 전해 주고 있을 당시, 몇몇 추종자들은 적국을 거쳐 서쪽까지 길고도 위험한 여행을 시작했다. 그들의 목적지는 시리아였다. 시리아 내 구이스마일파 교도들에게 '신종파'를 설파하고 셀주크 권력과 대항하여 전쟁을 확장시키려는 목적이었다. 그 당시 셀주크는 아시아 소수민족의 모든 영토부터 이집트 국경까지 평정한 상태였다.

'신종파'는 이란에서 발생했으며 그 선교사들은 동·서부 페르시아와 중앙아시아 등 이란어와 이란 문화권 영토 내에서 최초로 큰 성공을 거두었다. 그들이 서쪽으로 발전하고자 맨 처음 시도한 지역이 시리아였고 그건 확실한 선택이었다. 반면 페르시아 서쪽에 인접한 이라크에서는 별로 기회를 얻지 못했다. 물론 이라크의 여러 도시에도 이스마일파 동조자들이 있었으나 완만한 강물 골짜기 지형은 이스마일파의 주특기인 침투, 참호 구축, 공격을 할 만한 공간을 내주지 않았다. 그러나 시리아는 사정이 달랐다. 타우루스Taurus와 시나이Sinai 사이의 울퉁불퉁한 산과 골짜기, 사막 지형은 독자적으로 강한 지역 전통을 지닌 매우 다양한 사람들의 은신처가 되어 주었다. 주변 이라크와 이집트의 강물 계곡을 낀 도시와 달리, 시리아는 정치적 화합을 찾아볼 수 없었다. 그들의 정치 양상은 한마디로 분열이었으며 종파끼리, 특정 지역끼리 계속해서 분쟁과 변화가 반복되었다. 시리아의 공통어는 아랍어였지만 신앙과 종파끼리 분열이 심했고, 그중엔 극렬 시아파 신앙도 여럿 포함되었다. 시리아에서 최초로 시아파를 자처한 인물은 8세기에 등장했다. 이후 9세기 말과 10세기 초에 이스마일파의 숨겨진 이맘들은 시리아를 자파의 비밀 본부이자 권력을 얻기 위한 최초의 무대로 삼기 위한 작전을 펼칠 때, 그 지역의 충분한 지원을 받을 수 있었다. 그리고 10세기 말과 11세기에 이집트 내 파티마 왕조 수립과 그들의 아시아 확장으로 인해 시리아는 간헐적으로 이스마일파의 지배를 받았고 이스마일파의 선전과 선교에 나라를 개방하였다.

공식적인 이스마일파 외에 교리와 관점 면에서 이스마일파와 매우 유사한 기타 종파들이 존재했는데, 그들은 알라무트의 밀사들을 위한 잠재적 기반이 되었다. 마운트 레바논Mount Lebanon과 인접 지역에 거주했던 드루즈파가 대표적이다. 그들은 최근에 종파에서 갈라져 나온 반체제 이스마일 교파로서, 당시엔 후세의 경직된 배타성을 아직 드러내지 않았던 때였다. 또 다른 잠재적 지지자들은 누사이리Nusayri파, 일명 알라위Alawi파가 있었다. 그들은 본래 12이맘파에서 유래했지만 과격파의 사상에 큰 영향을 받았다. 이들은 라타키아Lattakia 동쪽과 북동부 언덕, 그리고 당시 티베리아스Tiberias와 요르단Jordan 골짜기에 자리를 잡았다.

그 장소도 명당이었으며 그 시기 또한 적절했다. 연구에 따르면 1064년 최초의 투르크멘Turcoman 집단이 시리아에 진입했다. 11세기의 70년간 맨 처음 시리아에 투르크 약탈자가 들어왔고, 그 다음 셀주크 정규군이 침략하여 파티마 왕조가 복속한 해안 지역을 제외한 전체 시리아는 머지않아 셀주크가 통치하는 속국이 되었다. 그 군주는 대 술탄 말리크샤의 아우 투투시Tutush였다.

1095년 투투시는 최고 술탄 자리를 놓고 다툰 형제간의 싸움 도중에 페르시아 전투에서 사망했다. 원래 존재했던 시리아의 지역적 분열 양상에다가 셀주크의 왕조 분쟁 전통이 한데 결합하여 시리아 왕국은 갈기갈기 찢어지고 말았다. 시리아는 다시 여러 개의 소국으로 나뉘어져 이젠 셀주크의 왕자와 고관들이 맡아 지배했다. 가장 중요한 지역은 투투시의 두 아들 리드완Ridwan과 두카크Duqaq가 맡았는데, 각각 경쟁 도시 알레포와 다마스쿠스의 군주가 되었다.

혼란과 갈등이 고조되던 이 무렵, 새로운 세력이 시리아에 들어왔으니 바로 십자군이었다. 그들은 북쪽 안티오키아를 거쳐 빠른 속도로 시리아의 해안을 따라 진군했고 해안 근처엔 그들에게 대항할 만한 강국이 없었다. 그리하여 십자군은 에데사Edessa, 안티오키아, 트리폴리Tripoli, 예루살렘을 기반으로 하여 라틴 국가를 수립했다.

셀주크 권력이 시리아로 확대되자 동방에 익숙한 시리아 내에 여러 가지 사회적 변혁과 불안을 조장하는 문제들이 불거졌다. 게다가 라틴 국가의 침략과 정복으로 인한 충격이 시리아인들의 고통과 절망에 더

해짐으로써, 그들은 더욱더 메시아적 희망의 메시지를 간직한 인물을 기다리게 되었다. 특히 기존 신앙들이 그들로 하여금 그러한 메시지를 수용하게끔 만들었다. 시리아 내에 아직도 파티마 왕조의 추종자들이 존재했는데 그들은 이스마일파의 '구종파'를 따르고 있었다. 하지만 카이로의 파티마 정권이 수치스러울 만큼 약해져 투르크나 라틴 그 어느 위협에도 제대로 대항하시 못하자, 많은 추종자들이 좀 더 적극적이고 호전적이며, 겉으로 좀 더 성공적인 활동을 하는 분파로 이동하여 충성을 바칠 수밖에 없었다. 일부 시아파와 대다수 순니파는 옛 왕가에 충성을 유지했던 것 같지만, 새로운 세력으로 가서 재결집한 사람들이 더 많았다. 이런 사실만으로도 시리아의 침략자들과 군주들에게 효과 만점의 강한 도전을 던져 준 것 같았다.

처음부터 시리아 내 알라무트 밀사들은 페르시아 내 동료들과 똑같은 방식을 활용하여, 똑같은 결과를 달성하려고 노력했다. 그들의 목적은 테러 작전의 근거지로 이용할 수 있는 요새를 점령하거나 그렇게 안 되면 불법으로 점거하는 것이었다. 그들은 이 목적을 위해 독실한 교도들, 특히 산악 지대 교도들의 열렬한 신앙을 일으키고 지도하려고 애썼다. 동시에 여러 군주들의 신중한 협력을 굳이 마다하지 않았다. 이 속에서 제한적이고 일시적인 동맹 관계가 양측에 다 같이 정략적으로 이득이 되었던 것 같다.

이스마일파는 그런 도움을 받기도 하고 때때로 성공을 거두기도 했지만, 페르시아보다 시리아에서 하는 임무가 훨씬 더 어렵다는 사실을 깨달았다. 아마도 부분적으로 볼 때 그들이 온통 외래 환경으로 둘러싸인 곳에서 일하던 페르시아 사람이기 때문일 것이다. 그들은 거의 반세기 동안 굳게 결심하고 노력한 후에야 비로소 첫 번째 목표를 달성하여 중앙 시리아 지역에서 일단의 본부를 강화할 수 있었다. 당시엔 자발 바흐라Jabal Bahra로 알려진 산악 지대였는데, 오늘날 그곳은 자발 안사리야Jabal Ansariyya라고 불린다. 알려진 바에 의하면 그 지도자들은 모두 알라무트에서 파견되어, 하산 이 사바와 그 후임자들의 명령을 수행하던 페르시아인이었다. 그들의 자립 투쟁은 주요 3단계로 나뉜다. 그들은 각각 1113년과 1130년에 끝난 첫 2단계 동안 알레포부터 다마스쿠스까지 그곳 군주들의 묵인 하에 연이어 공략하여, 그 인접 지역에 자리를 잡으려고 노력했다. 그러나 두 작전 모두 실패와 재앙으로 끝이 났다. 1131년에 시작된 제3단계에서 마침내 그들이 원하는 본거지를 손에 넣고 요새화할 수 있었다.

시리아 역사가들은 주로 그들이 저질렀던 암살의 역사를 중심으로 이스마일파의 역사를 기록했다. 그 역사는 1103년 5월에 시작한다. 당시 홈스Homs의 군주 자나 알 다울라Janah al-Dawla는 홈스 교구 대 모스크에서 열린 금요 예배에 참가했다가 충격적인 암살을 당했다. 그를 암살한 자들은 수피로 변장한 페르시아인들로 동반했던 샤이크shaykh(이슬람 부족장, 구역장, 학식 있는 율법 학자를 부르는 일반적인 아랍어 경칭 —역주)로부터 신호를 받고 그를 덮쳤다. 그런 혼전 중에 자나 알 다울라의 고위 관료들도 여럿 살해되었다. 그만큼 암살자들이 많았던 것이다. 중요한 사실은 이 사건으로 홈스의 투르크인들 대부분이 다마스쿠스로 도망쳤다는 점이다.

자나 알 다울라는 알레포의 셀주크 군주, 리드완의 적이었다. 그래서 대다수의 연대기 작가들은 리드완이 그 암살에 연루되었다는 데에

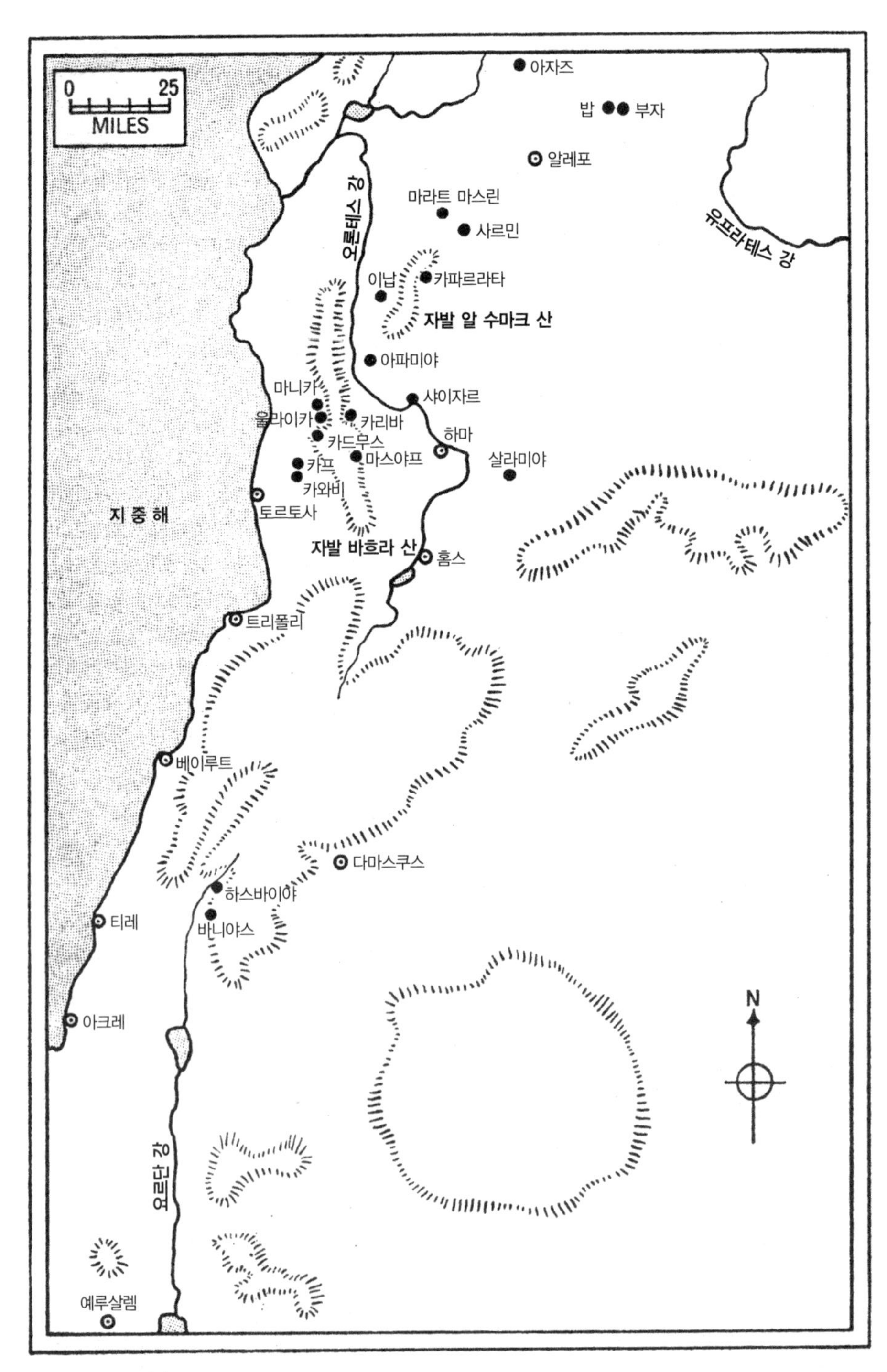
0
25
MILES
아자즈
밥
부자
알레포
마라트 마스린
사르민
오론테스 강
유프라테스 강
이납
카파르라타
자발 알 수마크 산
아파미야
마니카
샤이자르
울라이카
카리바
카드무스
하마
카프
마스야프
살라미야
카와비
토르토사
지 중 해
자발 바흐라 산
홈스
트리폴리
베이루트
다마스쿠스
하스바이야
바니야스
티레
아크레
N
요르단 강
예루살렘

시리아와 팔레스타인

동의한다. 어떤 이는 더욱 상세한 사항을 밝혀주었다. 하시시야 — 시리아에서 아사신파를 이렇게 불렀다 — 즉 아사신파의 지도자는 '의사-점성술사'란 뜻의 알 하킴 알 무나짐al-Hakim al-Munajjim으로 알려진 유력한 인물이었다. 그 지도자와 동료들은 페르시아 출신으로 알레포에 정착했는데, 알레포의 군주 리드완은 그들이 자파 종교를 수행하고 선전하도록 허용했으며 알레포를 더 큰 활동의 근거지로 삼아도 좋다고 허락했다. 알레포는 아사신파에게 확실히 유리한 곳이었다. 무엇보다 알레포는 12이맘파 신도가 많았고, 자발 알 수마크와 자발 바흐라 내 과격 시아파 지역과도 매우 인접했다. 종교적인 충실 면에서 방종하다고 악명이 높은 인물인 리드완이 볼 때, 아사신파는 새로운 지원 요인을 동원했고 시리아 내 경쟁자들 중에서도 상대적으로 취약한 그의 군사력을 보완할 가능성을 제시했다.

아사신파의 지도자, 그 '의사-점성술사'는 2~3주 만에 자나 알 다울라를 살려냈다. 그런 다음 또 다른 페르시아인 아부 타히르 알 사이Abu Tahir al-Sa'igh에게 아사신파 지도자 자리를 넘겼다. 아부 타히르는 금세공업자였다. 그는 리드완의 호의적 태도와 알레포의 자유를 계속 유지하면서 알레포 남쪽 산악 지대의 전략 요충지들을 차지하려고 일련의 시도를 하였다. 당시 그는 지역의 도움을 요청할 수 있었던 것으로 보이며, 심지어 그

알레포 요새 입구
알레포는 시리아 북부 제1의 도시이자 할라브 주의 주도다.

짧은 기간 동안 몇몇 지방을 차지했었던 것 같다.

기록으로 남은 최초의 공격은 1106년 아파미야Afamiya를 상대로 있었다. 아파미야의 군주 칼라프 이븐 물라이브Khalaf ibn Mula'ib는 시아파였는데, 아마 이스마일파였던 것 같다. 단, 알라무트에 충성하는 이스마일파가 아니라 카이로 파티마 왕조에 충성하는 이스마일파였다. 1096년 그는 리드완으로부터 아파미야를 차지했다. 그리고 광범위한 지역에서 성공적으로 약탈하기 위한 근거지로 그곳을 활용함으로써 아파미야가 활동의 근거지로 적임지라는 사실을 증명했다. 아사신파는 아파미야가 그들의 요구를 제대로 충족시킬 것이라고 판단했고, 이에 아부 타히르는 칼라프를 죽이고 아파미야 성을 차지할 계획을 꾸몄다. 아파미야의 일부 주민들은 토박이 이스마일파였고, 수장은 사르민Sarmin 인근 출신의 판관 아불 파스Abu'l-Fath였다. 그는 아부 타히르의 계획을 수하 교도들에게 통지했다. 그 공격을 수행하기 위해 알레포에서 아사신파 여섯 명이 도착했다.

"그들은 프랑크산 말, 노새, 방패와 갑옷 등의 장구를 싣고 …… 알레포에서 아파미야까지 왔다. 그리고 칼라프에게 이렇게 전했다. …… "우리는 당신의 관할 구역 안으로 들어오려고 이곳으로 왔습니다. 오는 길에 프랑크족 기사를 발견해 그를 죽이고 그 말과 노새, 장구를 당신께 드리려고 가져왔습니다." 칼라프는 그들을 융숭하게 환영한 뒤 아파미야 성에 배치했고, 성벽과 인접한 집을 내려 주었다. 그들은 성벽에 구멍을 뚫어 아파미야인들과 몰래 만났다. …… 그들은 그 구멍을 통해 들어왔다. 그리고 칼라프를 죽이고 아파미야를 차지했다."[1]

이때가 1106년 2월 3일이었다. 그 직후에 아부 타히르는 수장의 책임을 다하고자 알레포를 떠나 이곳으로 왔다.

이렇게 아파미야 공격의 출발은 좋았으나 결국 성공하지 못했다. 바로 인근에 있던 안티오키아의 십자군 군주 탄크레드Tancred가 아파미야를 공격할 기회를 노렸다. 그는 당시 상황을 잘 알고 있었던 듯 보이는데, 포로로 잡혀 있던 사르민 출신 아불 파스의 동생을 데리고 있었기 때문일 것이다. 애초에 그는 아사신파로부터 세금을 거두는 데 만족하고 그들의 점령지를 내버려 두려고 했다. 그러나 1106년 9월에 돌아와 보니 아파미야가 함락되고 봉쇄되어 있었다. 그래서 사르민의 아불 파스는 체포당해 고문을 당해 죽었고 아부 타히르와 동료들은 포로로 잡혀 몸값을 내고 알레포로 돌아갔다.

이렇게 아사신파가 십자군과 처음 대적하여, 신중하게 꾸민 계획이 십자군 군주 때문에 실패하는 좌절을 겪었지만 그렇다고 아사신파의 관심이 이슬람에서 기독교 목표물로 바뀐 것 같지는 않다. 그들의 주된 투쟁은 여전히 이슬람의 적, 외부 십자군이 아니라 이슬람의 군주들에게 대항하는 일이었다. 그들의 당면한 목표는 그 주인이 누구이든, 근거지로 활용할 요새와 지역을 점령하는 것이었다. 그리고 좀 더 큰 목표는 어디에서 나타날지 모를 셀주크 지배자를 공격하는 일이었다.

1113년에 아사신파는 사상 최대로 담대한 공격을 성공시켰다. 바로 모술의 셀주크 아미르, 마우두드Mawdud를 다마스쿠스에서 암살한 것이다. 그는 표면상 십자군 항전 중인 시리아 무슬림을 원조하려고 시리아에 진군한 동부 원정군의 사령관이었다. 아사신파에게 그와 같은 원정군은 분명한 위험을 뜻했다. 아사신파를 두렵게 한 요인은 또 있었다. 2년 전인 1111년 마우두드와 그 군대가 알레포에 왔을 때 리드완은 그들에 대항하여 성문을 잠그고 아사신파도 그를 적극적으로 도왔다. 기독교와 이슬람 양측에서 나온 기록과 당대의 공론에 의하면 공히 마우두드 암살은 다마스쿠스의 이슬람 군주가 사주했다.

1113년 12월 10일 후원자였던 리드완이 사망한 후에 아사신파가 동부 셀주크의 영향권에 노출됨으로써 그 위험은 명백해졌다. 알레포 내에서 아사신파의 활동은 점차 시민들의 지지를 받지 못했고, 1111년에 동부 출신으로 공공연히 반이스마일파를 외치던 어느 부유한 페르시아인을 공격했다가 실패하자 알레포 시민들이 반발했다. 리드완 사후, 아들 알프 아르슬란Alp Arslan은 처음엔 부친의 정책을 따라 그들에게 바그다드로 가는 길목에 있는 성을 할양하기도 했다. 그러나 곧 반발이 일어났다. 셀주크의 대 술탄 무함마드가 알프 아르슬란에게 편지를 보내 이스마일파의 위협에 대해 경고하고 그들을 괴멸시키라고 촉구했다. 알레포 시민들의 지도자이자 군대 사령관 이븐 바디Ibn Badi가 앞장서서 알프 아르슬란에게 강력한 제재조치를 재가해 달라고 설득했다.

"그는 금세공업자 아부 타히르를 체포하여 살해했으며 이스마일파의 다이, 의사이자 점성술사 알 하킴 알 무나짐의 동생, 알레포 내 이스마일파 수장들을 모조리 죽였다. 약 200명을 체포하여 그중 일부를 수감하고 재산을 몰수했다. 몇몇은 중재를 받아 풀려났으나, 그중 몇몇은 알레포 성 꼭대기에서 내던져졌고 일부는 살해되었다. 일부는 도망을 쳐 알레포 인근 영토에 흩어졌다."[2]

그때까지 영구적인 본거지 성을 제대로 얻지 못한 좌절과 실패에도 불구하고, 아부 타히르 임기 동안 페르시아 이스마일파의 임무 결과가 그리 나쁘지만은 않았다. 그들은 지역의 동조자들과 접촉했고, 여타 이스마일 계열 분파와 여러 시리아 지방 종파 중 과격 시아파들로부터 아사신파에 대한 충성을 얻어냈다. 그리하여 자발 알 수마크, 자즈르Jazr, 바누 울라임Banu Ulaym 나라 등지에서 토착 지지를 기대할 수 있었다. 이 지역은 샤이자르와 사르민 사이에 위치한 전략적 요충지였다. 또 시리아의 다른 지역에서도 지지의 토대를 마련했는데 특히 알라무트로 통하는 동쪽 교통 라인을 따라 기반이 형성되었다. 알레포 동쪽의 유프라테스 구역은 예나 지금이나 과격 시아파의 중심지로 알려져 있다. 그래서 당시의 직접적인 증거는 없지만 아부 타히르가 이런 기회를 놓치지 않았을 것이라고들 추측한다. 그것은 1114년 초봄 아파미야와 사르민, 그 외 지역에서 약 100명의 이스마일파 군대가 기습 공격으로 샤이자르의 무슬림 근거지를 점령할 수 있었던 점에서 확실히 드러난다. 당시 그곳의 군주와 부하들은 자리를 비우고 기독교인들의 부활절 축제를 구경하고 있었다. 그러나 점령 직후에 곧바로 반격을 받아 이스마일파 군대는 패하여 다 죽고 말았다.

1113년에 알레포에서 갑작스럽게 완패를 당하긴 했지만, 아사신파는 확고한 발판을 몇몇 마련할 수 있었다. 1119년 그들의 적 이븐 바디가 알레포에서 추방되어 마르딘Mardin으로 피신했다. 이에 아사신파는 유프라테스 교차로에서 기다렸다가 두 아들과 함께 그를 살해했다. 그 다음 해 그들은 알레포 군주에게 성을 내놓으라고 요구했다. 이에 군주는 기꺼이 성을 넘겨주지도 못하고, 그렇다고 못 내준다고 감히 거부하지도 못하는 상황에 처하고 말았다. 그래서 서둘러 그 성을 해체했다는 핑계를 대면서 이미 그런 명령을 내린 지 오래된 것처럼 행동했다. 성을 파괴하는 작업을 수행했던 관리는 몇 년 후에 암살되었다. 알레포 내 이스마일파의 영향력은 1124년에 종식되었다. 그해 알레포의 새 군주가 다이 수장의 토착 간첩을 체포하고 그의 추종자들을 추방했다. 그들은 모든 재산을 내다 팔고 떠났다.

이 무렵 알레포에서 이스마일파를 지휘했던 인물은 다이 수장이 아니라, 그 지역의 토착 밀사였다. 아부 타히르가 처형된 후에 후임자 바흐람Bahram은 종파의 주 활동 무대를 남쪽으로 이전했고, 얼마 지나지 않아 다마스쿠스 내정에 적극적인 역할을 하게 되었다. 바흐람도 전임자들처럼 페르시아인이었으며, 1101년 바그다드에서 처형된 알 아사다바디al-Asadabadi의 조카였다. 얼마간 그는 극도로 몸을 숨기고 비밀리에 살았으며 계속해서 변장을 하고, 아무에게도 신분을 들키지 않은 채 여러 도시와 성을 전전했다.[3] 그는 1126년 11월 26일 모술의 대모스크에서 있었던 모술 총독 부르수키Bursuqi의 살해에 아무래도 직접 가담했던 것 같다. 최소 8명의 암살단이 수도자로 변장했는데 그중 총독을 덮쳐 칼을 찌른 이는 시리아인들이었다. 알레포의 역사가 카말 알 딘 이븐 알 아딤Kamal al-Din Ibn al-Adim은 흥미로운 이야기를 전해 준다.

"그를 공격했던 모든 자들은 다 살해되었고, 청년 한 명이 살아남았다. 청년은 알레포 북쪽 아자즈Azaz 지구, 카프르 나시Kafr Nasih 출신으로 한군데 부상도 당하지 않은 채 도망쳤다. 그에게 노모가 있었는데 부르수키와 그를 공격했던 자들이 다 죽었다는 소문을 듣고서 아들이 그중 하나라는 걸 알고 있었기에 매우 기뻐하며 눈썹에 화장 먹을 바르고 기쁨에 겨웠다. 그런데 며칠 후 아들이 말짱한 모습으로 돌아오자 슬퍼하며 그만 자신의 머리를 쥐어뜯고 얼굴에 먹칠을 했다."[4]

같은 해 1126년부터 아사신파와 다마스쿠스의 투르크 군주 투그티긴Tughtigin이 협력관계였다는 분명한 기록이 맨 처음 등장한다. 다마스쿠스의 연대기 작가 이븐 알 칼라니시Ibn al-Qalanisi에 따르면, 1월에 홈스와 그 외 지역 출신의 이스마일파 무리들은 '담대한 용기와 무예로 이름을 날려' 십자군과 항전하는 투그티긴의 군대에 합류하였다. 그러나 그 공격은 성공하지 못했다. 연말에 바흐람이 알레포의 새 군주 일 가지Il-Ghazi의 추천서를 들고 공개적으로 다마스쿠스에 모습을 드러냈다. 그는 다마스쿠스에서 널리 환영을 받았으며 얼마 안 가 공식적인 경호를 받는 권좌를 얻었다. 아사신파의 통상 전략에 따라 그는 맨 처음 성을 요구했다. 투그티긴은 라틴 왕국 예루살렘 국경 근처 바냐스Banyas 성을 그에게 할양했다. 그러나 그게 전부가 아니었다. 다마스쿠스 안에서도 아사신파는 건물을 받았는데 그곳은 '궁정'과 '선교 공관' 등 다양한 이름으로 불리면서 본부 기능을 하였다. 앞서 언급한 연대기 작가 이븐 알 칼라니시는 그러한 사건의 장본인 와지르, 알 마즈다가니al-Mazdagani에게 주로 비난의 화살을 퍼붓는다. 와지르 본인은 이스마일파가 아니었으나 그들의 계획에 기꺼이 공범이 되어 주었으며 군주 뒤에서 사악한 영향력을 행사했다. 이 관점에 의하면 투그티긴은 아사신파를 인정하지 않았으며 대신 그들에게 결정적인 타격을 입히는 공격을 가할 때까지 전술적 이유를 들어 용인했던 것이다. 기타 역사가들도 와지르의 역할을 인정하지만 무엇보다 군주에게 비난의 직격탄을 쏘면서 그의 조치가 상당 부분 알레포의 군주 일 가지의 영향이었다고 평가한다. 바흐람은 알레포에 있을 당시 일 가지와 우호 관계를 수립했었다.

바흐람은 바냐스에서 성을 재건하고 요새화 작업을 끝낸 후, 주변 국가들에 들어갈 무장 활동과 포교 선전원 교육에 착수했다. 이븐 알 칼라니시는 이렇게 전한다.

"바흐람은 모든 지역으로 선교사들을 파견했고, 그들은 여러 지방의 무지한 대중과 여러 촌락의 어리석은 농노, 천민과 인간쓰레기들을 꾀어 개종시켰다. ……"[5]

바흐람과 추종자들은 바냐스를 기점으로 광범위하게 기습공격을 감행하여 몇몇 다른 지역들도 점령했던 것 같다. 그러나 얼마 안 가 그들은 실패의 쓴 맛을 보았다. 하스바이야Hasbayya 지역의 와디 알 타임Wadi al-Tyme(와디는 아랍어로 골짜기나 계곡을 가리킨다. —역주)은 드루즈파, 누사이리파 등 기타 여러 이교도들과 어울려 사는 곳으로, 아사신파의 영역 확장에 유리한 지리적 입지를 갖춘 지역이었다. 그런데 그 부족장 중 바라크 이븐 잔달Baraq ibn Jandal이 변절죄로 붙잡혀 사형에 처해졌고, 공교롭게도 그 직후에 바흐람 군대가 와디 알 타임 점령 작전에 들어갔다. 그들은 거기서 형의 복수를 맹세한 바라크의 아우, 다하크 이븐 잔달Dahhak ibn Jandal의 거센 저항에 부딪혔다. 그 격렬한 전투에서 아사신파는 대패하고 바흐람도 전사했다.

바흐람의 바냐스 지휘권은 이후 페르시아인 이스마일Isma'il이 승계하여 전임자의 정책과 활동을 수행했다. 와지르 알 마즈다가니도 변함없이 지원을 계속했으나 곧 끝장이 나고 말았다. 1128년 다마스쿠스의 투그티긴이 사망했다. 그러자 과거 알레포에서 리드완이 사망한 후에 벌어졌던 상황과 유사하게 반이스마일파의 반발이 불거졌다. 이번에도 역시 다마스쿠스 사령관 무파리즈 이븐 알 하산 이븐 알 수피Mufarrij ibn al-Hasan ibn al-Sufi가 주도했는데, 그는 아사신파의 열혈 반대론자이자 와지르의 정적이었다. 사령관 무파리즈와 총독 유수프 이븐 피루즈Yusuf ibn Firuz의 주도에 힘입어 투그티긴의 아들이자 계승자인 부리Buri도 합세하여 공격을 준비했다. 1129년 9월 4일 수요일, 부리가 치고 들어왔다. 와지르는 논둑에서 부리의 명령으로 암살되었고, 그의 수급은 잘려 사람들이 다 볼 수 있도록 내걸렸다. 그 소식이 퍼지자 다마스쿠스의 무장단체와 민중들은 아사신파에 반발하여 살인과 약탈을 자행했다.

"다음날 아침 다마스쿠스의 구역과 거리에서 바티니파(이스마일파)는 완전히 사라졌으며, 그들의 찢어진 사지와 시체 너머로 개들이 깽깽 짖으며 싸우고 있었다."[6]

이 전투에서 살해된 아사신파의 숫자는 연대기 학자들에 따라 6000명, 1만 명, 2만 명까지 차이가 심하다. 이쯤 되자 이스마일은 바냐스에서는 도저히 그의 입지를 지킬 수 없다는 걸 깨닫고서 프랑크족에게 그 성을 넘겨주고 프랑크족 영토로 도망갔다. 그는 1130년 초반에 사망했다. 다마스쿠스를 프랑크족에게 할양하려던 와지르와 아사신파의 음모와 관련해 자주 반복된 이야기는 그다지 신뢰할 수 없는, 하나의 자료에만 근거를 두고 있다. 이것은 적대적인 소문이 꾸며낸 이야기로 무시해도 좋을 것이다.

부리와 그 공조자들은 아사신파의 복수에 대비하여 목숨을 보전하고자 갑옷을 입고 중무장한 호위군을 배치시키는 등 아주 세세한 예방 조치를 취하였지만 아무 소용이 없었다. 시리아 지역의 사절단은 일시적으로 해체되었던 것으로 보이는데, 이번에 공격을 감행한 무리는 알라무트 본부에서 나온 교도들이었다. 1131년 5월 7일 투르크 군사로 변장한 두 명의 페르시아인이 부리의 공관으로 들어가 그를 찔렀다. 그들의 이름은 알라무트 명예 명부에 올라 있다.[7] 암살단은 현장에서 호위 군들에게 처참하게 여러 갈래로 찢겼지만, 정작 부리는 부상만 당하고 그 다음 해에 그 부상 때문에 사망했다. 이 공격에 성공했음에도 불구하고, 아사신파는 다마스쿠스에서 입지를 회복하지 못했으며 어쩌면 그렇게 엄격한 정통을 강조하는 도시에서 그럴 희망조차 없는 게 당연했다.

이 시기에 아사신파는 투르크족 외에 또 하나의 적과 싸우고 있었다. 그들이 볼 때, 카이로를 지배하던 파티마 칼리프는 찬탈자였다. 다시 말해 그를 축출하고 니자리파 계보의 이맘 국가를 건설하는 것이 그들의 신성한 의무였다. 12세기 초반부 50년간 이집트에서 니자리파를 지지하는 폭동이 한 건 이상 발생하여 진압되었으며, 카이로의 파티마 정부는 백성들 사이에서 니자리파 포교를 금지하는 데 심혈을 기울였다. 칼리프 알 아미르는 칼리프 계승과 관련하여 자기 가문의 정통성을 옹호하고 니자리파의 입장을 반박하는 특별 칙서를 공포했다. 이 칙서에는 흥미로운 부록이 붙어 있다. 사연인즉 파티마의 밀사가 다마스쿠스의 아사신파에게 그 칙서를 읽어 주자 그 자리에서 대소동이 발생했고, 그중 한 사람이 격분한 나머지 수장에게 그것을 전했으며, 그 수장이 칙서 맨 끝 여백에 반론을 추가했다는 내용이었다. 니자리파는 다마스쿠스 내 파티마 추종자들 모임에서 이 반론을 읽었다. 파티마의 특사는 거기에 대답을 하면서 칼리프의 도움을 청했고 무스탈리파의 주장이 들어 있는 더욱 자세한 성명서를 받았다. 이 사건은 1120년 다마스쿠스에서 어느 아사신파가 한 남자를 살해한 사건과 연관이 있는 것 같다. 희생자는 파티마 정부를 위해 아사신파를 감시했던 것으로 알려졌다.

아사신파는 파티마 경쟁자들에게 대항하여 더욱더 강력하고 그들의 특성을 여실히 드러내는 논쟁을 펼쳤다. 1121년 이집트군 최고 사령관으로 니자리파 소탕에 일급 책임을 지고 있던 알 아프달이 알레포 출신의 아사신파에게 암살되었다. 또 1130년 칼리프 알 아미르도 카이로에서 열 명의 아사신파들에게 공격을 당했다. 칼리프가 니자리파를 증오한다는 사실은 이미 다 아는 사실이었다. 게다가 그 사건은 바흐람 사후에 와이 알 타임의 어느 주민이 그의 수급과 손, 반지를 카이로에 넘기고 그것을 받은 사람이 보상금과 예복을 하사 받은 일과 관련이 있다.

이 시기에 프랑크족과 아사신파의 관계에 대해 알려진 사실은 거의 없다. 이스마일파와 적군의 협력에 대해 후세 이슬람의 자료에 나타난 이야기들은 아마도 근동 무슬림(Near Eastern Muslims, 유럽에서 볼 때, 그들과 가까운 순서대로 근동, 중동, 극동으로 아시아를 구분했고 근동은 지중해 연안의 서아시아 지역을 가리킨다. —역주) 대부분의 마음이 이슬람을 위한 성스러운 전쟁에 사로잡혀 있던, 후대의 심성을 반영하고 있는 듯하다. 아사신파 피다이들의 단검에 죽은 프랑크족 희생자 기록은 없으며, 다만 최소한 두 번 아사신파 군대와 십자군의 충돌로 인한 희생은 있었다. 한편 알레포와 바냐스에서 탈출한 아사신파 교도들은 프랑크족 영토에 계속 망명을 했다. 포기할 수밖에 없었던 바냐스 성을 이슬람 군주가 아니라 프랑크족에게 넘겨주었던 것은 십중팔구 지리적인 문제일 뿐이었다.

그 후 20년간 아사신파는 시리아 내 요새 본부를 확보하기 위해 세 번째 작전을 펼쳤으며 성공했다. 그곳은 당시 자발 바흐라고 불리던 지역으로, 첫 작전을 시도했던 자발 알 수마크 현장의 바로 남서쪽 지점이었다. 그들이 이곳에 자리를 잡은 후에 프랑크족이 다시 지배권을 얻기 위한 작전을 했으나 실패했다. 1132~1133년에 알 카프al-Kahf의 이슬람 군주는 전해에 프랑크족으로부터 되찾았던 카드무스Qadmus의 산악 요새를 아사신파에 팔았다. 몇 년 후, 알 카프의 아들은 사촌과 계승 싸움을 벌이는 과정에서 부친을 아사신파에 넘겨주었다. 1136~1137년에 일단의 아사신파가 나서 카리바Khariba의 프랑크족 수비대를 몰아냈다. 그들은 하마Hama의 총독에게 일시적으로 쫓겨난 후에 성공적으로 지배권을 되찾은 것이다. 1140~1141년에 아사신파는 마스야프 총독으로부터 가장 중요한 최대 거점 마스야프를 점령했다. 당시 총독은 바누 문키드Banu Munqidh가 지명한 자로 1127~1128년에 마스야프 성을 손에 넣었던 인물이었다. 그 밖에 아사신파의 카와비Khawabi, 루사파Rusafa, 쿨라이아Qulay'a, 마니카Maniqa 성도 정확한 점령 날짜나 방법은 거의 알려지지 않았으나 모두 같은 시기에 점령했던 것 같다.

조용하게 내실을 강화하던 이 시기에 아사신파는 외부 세상에 큰 인상을 남기지 못했다. 그래서 결론적으로 연대기 기록에도 그들에 대한 이야기는 거의 없다. 극소수 몇 명의 이름만이 거론될 뿐이다. 카드무스를 손에 넣은 아불 파스는 시난Sinan(정식 이름 Sinan ibn Salman ibn Muhammad로 시리아 아사신파 최고의 인물. 앞으로 그의 행적이 나올 것이다. —역주) 집권 전에 마지막 포교단 수장으로 아부 무함마드Abu Muhammad라는 이름으로 나온다. 알리 이븐 와파Ali ibn Wafa'라는 쿠르드족 아사신파 수장은 안티오키아의 레몽(Raymond of Antioch)과 협력하여 모술의 군주 누르 알 딘Nur al-Din 대항 작전을 했는데, 1149년에 이납 Inab 전투에서 그와 함께 전사하고 말았다. 이 시기에 두 건의 암살 기록이 남아 있다. 1149년 와디 알 타임의 수장 다하크 이븐 잔달이 아사신파의 복수로 생을 마감했다. 그는 1128년 바흐람과의 대전에서 승전한 인물이었다. 1~2년 후 아사신파는 트리폴리 성문에서 트리폴리의 백작 레몽 2세(Count Raymond II)를 암살했다. 그는 아사신파가 암살한 프랑크족 최초의 희생자였다.

이 무렵 아사신파의 전반적인 정책에 대해서는 아주 광범위한 윤곽만을 볼 수 있을 뿐이다. 아사신파는 모술의 군주 장기와 그의 내각에 적대감을 품고 있었을 것이다. 모술의 군주들은 항상 투르크족 군주들 중에서 가장 강력한 인물들이었기 때문이다. 그들은 시리아와 페르시아 간의 교통 경로를 장악하고 동방의 셀주크 군주들과 친선 관계를 유지하면서 아사신파의 입지를 지속적으로 위협했다. 당시 그들은 틈만 나면 주기적으로 시리아로 확장하려고 하는 바람에 아사신파의 상황이 악화되었다. 이미 마우두드와 부르수키는 암살된 지 오래였고, 알레포의 장기Zangid 왕조도 한 번 이상 암살 위협을 받았다. 1128년 그들은 알레포를 점령하자 이스마일파에 직격탄을 날렸다. 1148년 누르 알 딘 이븐 장기Nur al-Din ibn Zangi는 그때까지 이용된 시아파 방식의 '예배 알림(아난)'을 알레포 내에서 완전히 폐지했다.* 이 조치는 알레포 내 이스마일파와 여타 시아파들 사이에 강력한 반발을 불러일으켰지만, 결국 소용 없는 일이었다. 이후 그것이 이교도와의 전쟁을 공개적으로 선언

* 시아파 방식의 아난에는 선지자 무함마드와 함께 알리를 칭송하는 구절이 삽입되어 있다.

하는 지경에까지 이르렀기 때문이다. 이런 상황에서 아사신파의 대표가 안티오키아의 레몽과 함께 싸웠던 사실은 별로 놀랍지 않다. 당시 시리아 내에서 모술 군주에게 효과적으로 대항할 만한 힘을 지닌 군주는 레몽뿐이었기 때문이다.

한편 시리아의 아사신파 수장들 중에 최고 인물이 지휘권을 잡았다. 시난 이븐 살만 이븐 무함마드Sinan ibn Salman ibn Muhammad는 라시드 알 딘으로 알려진 인물로, 와시트Wasit 길목에 있는 바스라Basra 인근 마을 아크르 알 수단Aqr al-Sudan의 토박이였다. 그는 때에 따라 연금술사, 교사, 그리고 권위적 측면에서 바스라의 지도적인 가문 자제로 다양하게 언급된다. 당대 어느 시리아 작가가 시대를 거슬러 올라가 시난이 초기에 경력을 쌓던 과정에서 시리아 선교 훈련과 그 상황에 대해 대화하는 장면을 묘사하고 있다.

"나는 바스라에서 자랐고 부친은 바스라의 저명 인사였다. 어느 날 이 교리가 내 마음에 들어왔다. 그런 뒤 나와 형제들 사이에 어떤 일이 벌어져, 어쩔 수 없이 그들을 떠나야 했다. 나는 먹을 양식도, 말도 한 필 없이 그대로 나갔다. 가던 길에 알라무트에 닿아서 거기로 들어갔다. 당시 군주는 키야 무함마드Kiya Muhammad였고 그에겐 하산과 후세인 두 아들이 있었다. 그는 두 아들과 나를 똑같이 공부시켰고 생활이며, 교육이며, 의복까지 정말 친아들처럼 대해 주었다. 그는 나 보고 시리아로 가라고 명령했다. 그래서 나는 바스라를 떠나올 때처럼 또 길을 나섰지만 마을에는 거의 들르지 않았다. 그는 내게 명령서와 서한을 건네 주었다. 나는 모술에 가서 목수들의 모스크에서 머뭇거리다 거기서 밤을 새우고, 다음 날 다시 출발해 어느 마을도 들르지 않고 라카Raqqa

까지 걸었다. 나는 그곳 동료에게 전해 줄 서신 한 통을 갖고 있었다. 그것을 전달하자, 그가 식량을 내주고 멀리 알레포까지 가는 길에 날 보조로 고용했다. 거기서 나는 동료를 한 명 더 만나서 또 서신 한 통을 전했다. 그러자 그 사람 역시 나를 보조로 고용하더니 카프Kahf까지 데리고 갔다. 나는 카프 성에 체류하라는 명령을 받았다. 그래서 거기서 당시 포교단 수장이었던 샤이크 아부 무함마드Shaykh Abu Muhammad가 그 산에서 죽을 때까지 함께 지냈다. 이후 알라무트로부터 지명을 받지 않은 채 몇몇 동료들의 합의하에 카와자 알리브 마수드Khwaja Alib Mas'ud가 자리를 물려받았다. 그 뒤에 샤크 아부 무함마드의 조카, 아부 만수르Abu Mansur와 수장 파드Fahd가 공모하여 사람을 보내 목욕을 마치고 나오는 마수드를 찔렀다. 지도자들끼리 평의회를 열어 살인자들을 붙잡아 수감했다. 그러다가 알라무트에서 살인자를 처형하고 수장 파드를 풀어주라는 명령이 떨어졌다. 거기에 전갈이 하나 딸려 왔는데, 그 전갈을 모두에게 큰 소리로 읽어 주라는 명령이 하달되었다."[8]

이 이야기의 주요 요점은 다른 자료를 통해서 확인되며 시난의 전설적인 전기에 자세히 설명되어 있다. 전기에 의하면 그가 카프에서 대기한 시간이 7년이었다고 한다. 분명 시난은 하산 알라 디크릴 살람Hasan ala dhikrihi-'l-salam(알라무트의 4대 군주 ―역주)의 제자였다. 그가 시리아 내 신도들에게 신분을 드러낸 시점은 1162년, 바로 하산이 알라무트에서 즉위하던 해였다. 계승과 관련해 불거진 논쟁에 대한 이야기는 하산과 부친 사이에 의견이 일치하지 못했다는 반증이 될 것이다.

1164년 8월 하산은 알라무트에서 부활을 선포하고, 사자들을 보내 다른 지역의 이스마일파에게 그 소식을 전했다. 시난에게 주어진 임무는 시리아에서 새 율법을 시행하는 일이었다. 이에 대해선 페르시아와 시리아의 기록이 서로 흥미로운 차이를 드러낸다. 페르시아에서 이스마일파는 부활의 도래를 신실하게 기록했는데, 당대 순니파들 사이에서 이 사실을 별로 주목하지 않고 넘긴 듯하다. 반면 시리아에서 이스마일파는 부활 자체를 잊어 버렸던 것으로 보인다. 이에 순니파 역사가들은 흥미로운 시각과 혐오감을 적절히 섞어, 시리아 이스마일파에 율법의 종말 소식이 전해졌던 당시의 소문을 그대로 전해 준다. 어느 당대 역사가의 말이다.

"나는 그(시난)가 시리아 내 신도들에게 어머니, 자매, 딸을 범하도록 허락하고 라마단월의 금식으로부터 사람들을 풀어 주었다는 소문을 들은 바 있다."[9]

이런 이야기와 유사한 소문은 분명 과장된 것이지만, 시리아에서 율법의 종식이 선포되었고 이후 너무 지나친 면이 있었다는 사실만은 분명하다. 결국 이 사태는 시난이 직접 나서서 중단시키게 된다. 카말 알딘의 기록이다.

"572년(1176~77년)에 자발 알 수마크 백성들은 사악한 죄와 방탕한 환락에 빠져 들었고 스스로를 '순결한 자들(the Pure)'이라고 불렀다. 남녀가 한데 섞여 술을 퍼마셨고, 남자들은 자매나 딸도 마다하지 않았으며, 여자들이 남자들의 옷을 입었고, 어떤 자는 시난이 그의 신이라고 선언했다."[10]

알레포의 군주가 그들을 치러 군대를 보내자, 그들은 급히 산으로 올라가서 그곳에서 성을 쌓고 꽁꽁 숨었다. 시난은 궁리한 끝에 책임을 부인하고 알레포인들에게 철수하기를 설득하면서 도리어 그들을 공격하여 물리쳤다. 또 다른 자료들을 보면 이 무렵에 환락을 즐기던 유사한 집단이 등장한다. 아마도 이런 사건에 관한 애매한 루머와 소문이 후세에 아사신파의 '천국의 정원' 전설의 기초가 되었을 것이다.

카와비 성
시리아의 타르투스로부터 20킬로미터가량 떨어진 곳에 위치. 길이 350미터, 폭 200미터에 달한다. 오른쪽은 성벽 내부의 모습.

일단 자리를 잡자, 시난은 맨 처음 새 왕국을 강화하는 작업에 착수했다. 그는 루사파와 카와비 성을 재건하고 울라이카Ulayka를 점령하고 축성을 새로 함으로써 영토를 확정지었다. 어느 아랍 연대기 학자의 기록이다.

"그는 그 종파를 위해서 시리아 안에 여러 성을 건설했다. 새로 차지한 성도 있었고, 일부는 과거 영민한 전략을 통해 점령했던 것도 있었는데 모두 다 요새화하여 아무도 접근할 수 없도록 만들었다. 그 시간이 헛되지 않아 여러 군주들은 그의 부하들에게 암살을 당할까 두려워, 감히 그 성들을 공격하지 못했다. 시난은 30년 남짓 시리아에서 종파를 지휘했다. 이스마일파의 포교단 수장은 그가 혹시 최고 지배권을 탈취할까 두려워 수만 번 그를 살해할 목적으로 알라무트의 밀사들을 파견했으나, 번번이 시난이 그들을 다 없애 버리곤 했다. 시난은 그중 몇 명을 현혹하여 명령대로 수행하지 말라고 설득했다."[11]

이는 시난이 시리아 아사신파 수장 중에서 유일하게 알라무트의 권위에서 벗어나 전적으로 독자적인 정책을 추구했다는 사실을 의미했다. 이런 관점을 수긍이라도 하듯, 그의 이름으로 공포된 단편 교리에 대한 증거가 몇 개 있으며 현대에 와서도 시리아 이스마일파 사이에서 그것이 보존되어 있다. 이 문헌들은 최고 수장인 알라무트나 니자리파 이맘들을 전혀 언급하지 않으며, 대신 시난을 신성한 최고 수장으로 인정한다.

시난 지배 시절, 아사신파의 정책에 대해 우리가 가진 정보는 원칙적으로 그들이 연루된 일련의 특정 사건을 다루고 있다. 살라딘Saladin이 마스야프를 공격하고 실패한 대가로 두 번이나 암살 기도가 있었다. 또 알레포에서 한 건의 살인과 방화를 저질렀고, 몬페라트의 콘라트(당시 예루살렘 라틴 왕국 군주 —역주)를 암살했다. 이와 별개로 누르 알 딘과 살라딘을 위협했다는 애매모호한 소문이 있다. 그리고 스페인 출신의 유대인 여행가 투델라의 베냐민(Benjamin of Tudela)이 1167년 아사신파와 트리폴리 국가 간의 전쟁 상황을 언급한 부분도 있다.

이슬람 통합과 정통성의 설계자이자 성전의 승자로서 살라딘이 급부상하면서 그는 아사신파의 주적으로 떠올랐고, 아사신파는 어쩔 수 없이 모술과 알레포의 장기 군주들에게 좀 더 호의적인 태도를 보일 수밖에 없었다. 그리고 그들은 살라딘의 중대한 적이 되었다. 1181~1182년에 바그다드의 칼리프에게 보낸 서신에서, 살라딘은 모술의 군주들이 이단 아사신파와 동조하고 있으며 아사신파의 알선으로 신앙이 없는 프랑크족들과도 결탁하는 분위기라고 비난한다. 또 그들이 알레포 내 아사신파의 성, 영토, 포교원을 보장하고 있으며 시난과 십자군 양측에 밀사를 보낸다고 언급한다. 동시에 자신이 무신앙 프랑크족, 이단 아사신파, 모술 군주의 반역이라는 삼중 위협에 대항하는 이슬람의 보호자

살라딘(1138~1193)
티크리트(현재 이라크 북부) 출신의 쿠르드족 장군. 1171년 파티마 왕조의 마지막 칼리프가 사망하자 파티마 왕조를 무너뜨리고 이집트에 순니파 정권을 세웠다. 아유브 왕조의 창시자로 북아프리카에서 시리아·메소포타미아에 이르는 광대한 영토를 지배했다. 기독교 십자군에 맞선 아랍의 영웅으로 그에 관한 수많은 전설과 기록이 전한다.

역할을 하고 있음을 강조한다. 시난의 전기를 쓴 이스마일파 작가도 후세에 성전이 지닌 이상적 목표에 감흥을 받아, 시난을 십자군에 대항하여 투쟁을 벌이는 살라딘의 협력자로 묘사한다.

살라딘의 서신과 시난의 전기는 작성된 날짜가 다를 것이다. 살라딘이 서신에서 그의 여러 적들 사이에 협력이 진행 중이라는 내용은 장기 군주들의 체면을 떨어뜨리기 위해 아무래도 과장한 것 같다. 하지만 맨 처음에 그들은 서로 싸우기보다 살라딘에게 공격을 집중할 수밖에 없었다. 티레의 윌리엄에 의하면 아사신파가 기독교를 수용하겠다고 제의를 했다는 흥미로운 이야기가 나온다. 이는 시난의 아사신파와 예루살렘 라틴 왕국 간에 참된 친선 관계가 존재했음을 반영한 것 같다.

1174년 12월과 1175년 1월에 살라딘이 알레포를 포위하고 있을 당시, 아사신파는 처음으로 살라딘의 목숨을 노렸다. 살라딘의 전기 작가에 의하면, 명목상 군주였던 장기 왕조의 어린 자손을 대신하여 모술을 지배했던 귀뮈슈티긴Gümüshtigin(그는 장기 왕조의 아미르와 충신들을 수감하고 유배 보내는 등 짧은 기간 동안 독재를 했다. —역주)이 시난에게 사자를 보내 살라딘 암살의 대가로 영토와 돈을 요구했다. 시난이 지명한 밀사들은 살을 에이듯 추운 겨울날 막사에 침입했으나, 인근 도시 아부쿠바이스Abu Qubais의 아미르에게 발각되었다. 이후 벌어진 싸움에서 많은 사람들이 죽었지만 살라딘 혼자 말짱하게 살아남았다. 그 다음 해에 시난은 또 한번 암살 시도를 했다. 1176년 5월 22일 살라딘이 아자즈Azaz를 포위하고 있을 당시 아사신파 교도들이 그의 군사들로 위장하여 칼로 찔렀다. 다행히 갑옷 덕분에 살라딘은 얕은 상처만 입었고, 공격자들은 그의 아미르 처분에 넘어가 그중 여러 명이 싸움을 하던 중에 죽었다. 어떤 자료에 의하면, 두 번째 시도는 귀뮈슈티긴이 교사했다고 한다. 이 사건 후에 살라딘은 좀 더 정교한 예방 대책을 세워 특별히 설계된 나무 탑에서 잠을 자고 개인적으로 잘 모르는 사람은 누구라도 접근을 허락하지 않았다.

살라딘의 목숨을 노렸던 두 번의 암살 기도를 계획할 때, 시난이 귀뮈슈티긴과 협력하여 행동했을 가능성도 배제할 수 없다. 그러나 귀뮈슈티긴의 부추김이 시난이 암살을 시도했던 주요 요인은 아니었던 것 같다. 오히려 독자적 명분으로 활동을 하던 시난이 귀뮈슈티긴의 도움을 수용하여 물질적, 전략적 장점을 취했다고 하는 게 훨씬 개연성이 높다. 1174년 살라딘이 카이로의 칼리프에게 보낸 서신에 포함된 성명서에도 이와 유사한 생각이 담겨 있다. 즉 그해 이집트 내에서 지지부진하던 친파티마 공모 작전의 지도자들이 시난에게 편지를 보내 그들의 공통된 신앙을 강조하면서 살라딘을 없앨 조치를 취하라고 촉구했다. 시리아와 페르시아의 니자리 이스마일파는 카이로의 마지막 파티마 왕조에 전혀 충성을 보이지 않았으며, 오히려 그들을 찬탈자로 생각했다. 파티마 집단이 시리아 아사신파의 도움을 추진한 것은 매우 가능성 있는 일이다. 사실 반세기 전에도 파티마 칼리프 알 아미르가 아사신파에게 자신의 주권을 인정하도록 설득하는 시도를 했다. 그러나 당시 니자리파는 단호히 거부했고 알 아미르는 그들의 단검에 숨지고 말았다. 시난이 이집트에서 그 음모가 최종적으로 실패한 후에 그들의 이익에 맞춰 활동을 계속했을 것 같진 않지만, 어쩌면 전략적인 이유 때문에 다시 이집트의 공모자들과 기꺼이 협력했었을지도 모른다. 살라딘에 대항하는 시난의 조치에 대해 더 그럴듯한 당면 목표는 후세 어느 연대기 작가의 이야기에서 찾아볼 수 있으나, 당대 작가들의 현존 기록에는 없다. 그 이야기에 의하면, 1174~1175년 이라크 내에 반시아파 종교 단체인 누부위야Nubuwiyya의 기병 1만 명이 알 밥al-Bab과 부자Buza'a 내의 이스마일파 본거지를 기습 공격했다. 그들은 그곳에서 1만 3000명의 이스마일파를 살육하고 엄청난 전리품과 수많은 포로를 싣고 갔다. 이런 이스마일파의 혼란을 틈타 살라딘은 군대를 파견하여 사르민, 마라트 마스린Ma'arrat Masrin, 자발 알 수마크를 공격하여 주민들 대부분을 살해하였다. 아쉽게도 이 연대기 작가는 이 사건이 정확하게 몇 월에 일어났는지 밝히지 않았다. 하지만 살라딘은 군대가 알레포 북쪽으로 향하는 길에 공격을 수행했던 것으로 보인다. 그렇다면 이로써 아사신파가 그에게 적대감을 갖게 된 연유가 해명될 것 같다. 그러나 이런 설명을 하지 않더라도, 살라딘이 이슬람 통일 정책을 내세워 무슬림 시리아 내에서 주요 세력으로 등장했으니 아사신파에게 위험한 적으로 낙인찍히는 게 당연하다.

1176년 8월, 살라딘은 복수를 위해 아사신파의 영토로 계속 진군하여 마스야프를 포위했다. 이때 그가 후퇴했던 상황에 대해선 이야기가 분분하다. 살라딘의 비서이자 역사가인 이마드 알 딘Imad al-Din은 여타 대부분의 아랍어 자료와 똑같이, 후퇴의 원인이 살라딘 숙부의 중재에 있다고 판단한다. 당시 그는 하마의 군주였는데, 이웃 아사신파 도시들이 그에게 중재를 간절히 요청했다. 또 다른 전기 작가는 좀 더 신빙성 있는 이유를 붙인다. 당시 비카Biqa' 골짜기로 프랑크족이 공격을 해왔기 때문에 결과적으로 살라딘의 군대가 그 쪽으로 긴급하게 이동해야 했던 것이다. 알레포의 카말 알 딘의 역사에 따르면, 하마 군주의 중재를 원하고 평화를 추진했던 당사자는 바로 살라딘이다. 그가 확실히 아사신파의 암살 전략을 두려워했기 때문이다. 이스마일파에 전해지는 이야기에 의하면, 살라딘은 시난의 초자연적 힘을 무척 두려워하여 그를 위해서 하마의 군주가 중재에 나서 시난에게 살라딘이 무사히 떠나도록 허락을 구했다. 살라딘은 철군에 동의했고 이에 시난이 안전통행을 허락하니, 후에 두 사람은 죽마고우가 되었다. 이스마일파의 이런 이야기는 누가 봐도 전설에 너무 치우쳤다. 그러나 여기에 단편적인 사실이 들어 있으니, 그들 사이에 일종의 합의가 체결되었던 것이다. 살라딘이 마스야프에서 후퇴한 뒤, 아사신파가 공개적으로 그를 공격하는 행위에 대해선 어디에도 나와 있지 않다. 분명 둘 사이에 결탁한 흔적이 보인다.

살라딘이 아사신파를 용인한 사실을 설명하기 위해, 어쩌면 정당화하기 위해 여러 역사가들이 몇 가지 이야기를 하고있다. 일설에 의하면, 술탄 살라딘이 아사신파 수장에게 위협적인 서신을 보냈는데 다음과 같은 회신이 왔다.

"당신이 보낸 서신의 요점과 세부 내용을 잘 읽었고, 말과 행동으로 우리에게 반대하는 위협도 알아차렸다. 세상에 코끼리의 귀에 웅웅대는 파리와 몸통을 물어대는 모기 한 마리를 알게 되었으니 놀라울 뿐이다. 당신 이전에 다른 자들도 이따위 말을 한 적이 있는데, 우리가 그들을 전부 없애 버렸고 이 세상 누구도 그들에게 도움을 주지 못했다. 당신이라면 진리를 파기하고 부정한 자들에게 도움을 주겠는가? '부정을 저지른 자들은 결국 어디로 가게 될지 똑똑히 알게 될 지어다.'(꾸란 26장 228절) 당신이 내 목을 자르고 견고한 산 위의 내 성을 깔아뭉개도록 명령을 내렸다면, 그것은 그릇된 희망이며 헛된 망상이다. 영혼이 질병에 무너지지 않는 것처럼 본질은 우발적인 일들로 파괴되지 않기 때문이다. 만약 우리가 오감으로 인지한 외부의 통속적 세계로 돌아가 정신으로 인지한 내부의 은밀한 세계를 제쳐 둔다면, 신의 선지자에게서 좋은 본보기를 찾게 된다. 그는 말씀하셨다. "내가 고통 받았던 것처럼 고통 받았던 선지자는 일찍이 없었다." 당신도 선지자의 계보와 가문, 일파에게 닥쳤던 일을 잘 알고 있다. 그러나 상황이 변하지 않았고, 그 명분도 실패하지 않았으니 모든 면에서 신께 찬미를 드리는 바이다. 우리는 억압당하는 존재이지 압제자는 아니며, 빼앗긴 존재이지 빼앗는 주체는 아니다. 무릇 '진리가 드러나면 거짓이 사라지는 법, 진실로 그 거짓은 사라질 지어다.'(꾸란 17장 23절) 당신은 이미 우리 조직의 외적 양상과 우리 부하들의 자질, 그들이 한순간에 어떤 일을 해낼 수 있는지, 어떻게 죽음과 친밀한 관계를 추구하는지 잘 알고 있다. '말하라. 그 다음 진리를 말한다면 죽음을 소망하라.'(꾸란 2장 88절) 이런 유명한 속담이 있다. "오리한테 강물로 위협을 하려는가?" 내가 당신의 군대가 있는 자리에서 당신을 패배시키고, 당신이 거하는 그 자리에서 복수를 할 테니 재앙에 대비하고 파국에 대비하여 옷을 입어라. 그러면 당신은 자멸을 자초한 인물이자, '신에게도 전혀 중요하지 않은'(꾸란 14장 23절 참고) 자가 될 것이다. 당신이 이 편지를 읽으면서, 제발 우리를 경계하여 마음을 가라앉히고 꾸란의 'the Bee' 첫 줄과 'Ṣād' 마지막 줄을 읽어보라."[12]

이보다 더 깜짝 놀랄 이야기가 있으니, 카말 알 딘이 동생 살라딘의 권위에 대해 이렇게 언급한다.

"내 아우 살라딘(신은 그에게 자비를 내리셨다)이 말하길, 시난이 그(신은 그에게 자비를 내리셨다)에게 사자를 보내어, 아무도 모르게 자신의 메시지를 전하라고 명했다. 살라딘은 그 사자를 수색하였다. 그 자의 몸에 위험한 게 없음을 알게 되자, 살라딘은 몇 명만 남기고 다들 물러가도록 했다. 그리고 사자에게 시난의 메시지를 전하라고 요구했다. 그런데 그 사자는 "우리 주인께서 (아무도 모르게 혼자 계실 경우가 아니라면) 전하지 말라 하셨습니다"라고 말했다. 그때서야 살라딘은 두 명의 맘루크(투르크 노예 —역주)를 제외하고 모두 다 내보내고 말했다. "메시지를 달라." 사자는 답했다. "혼자 계실 경우에만 전하라고 명받았습니다." 살라딘이 말했다. "이 두 명은 날 두고 나가지 못하게 되어 있다. 메시지를 전하든지, 정 그렇다면 그냥 돌아가라." 사자가 물었다. "왜

다른 사람들은 다 내보내 놓고 이 두 사람은 그러지 못합니까?" 살라딘이 답했다. "난 이 둘을 친아들처럼 생각한다. 그러니 그들과 나는 한 몸이다." 그러자 사자는 두 명의 맘루크에게 고개를 돌려 말했다. "내가 너희에게 우리 주인님의 이름으로 이 술탄을 죽이라고 명한다면, 그렇게 하겠느냐?" 그러자 그들은 '네'라고 대답하며 칼을 꺼내더니 이렇게 말했다. "뭐든지 명령만 내려 주십시오." 술탄 살라딘(신은 그에게 자비를 내렸다)은 깜짝 놀랐다. 그 사자는 맘루크를 데리고 떠났다. 그때부터 살라딘(신은 그에게 자비를 내렸다)은 시난과 화해하고 친선관계를 맺었다. 역시 신께서는 최선의 방안을 알고 계시도다."[13]

차기 암살은 1177년 8월 31일에 있었는데 그 대상은 알레포 장기 왕조 알 말리크 알 살리al-Malik al-Salih의 와지르, 시합 알 딘 이븐 알 아자미Shihab al-Din ibn al-Ajami와 전 와지르 누르 알 딘 이븐 장기였다. 과거에 그 와지르의 부하들에게 두 번이나 암살을 시도했다가 실패한 적이 있었는데, 여러 시리아의 역사가들에 의하면 이때의 암살행위는 귀뮈슈티긴의 음모 때문이었다고 한다. 귀뮈슈티긴은 당시 암살자를 보내 달라고 시난에게 보낸 편지에서 알 말리크 알 살리의 서명을 위조했다. 이 일화의 근거는 아사신파의 진술이다. 당시 그들은 추궁을 받자 알 말리크 알 살리가 직접 내린 명령을 수행했다고 주장했다. 소문에 따르면 이 속임수는 다음에 진짜 알 말리크 알 살리와 시난 사이에 서신을 교환하면서 발각되었다. 그러자 귀뮈슈티긴의 적들은 그를 파멸시킬 기회를 잡았다. 이 일화의 사실 여부와 관계없이, 와지르의 죽음과 계속해서 터지는 불화와 불신은 살라딘에게 결코 달갑지 않았다.

알레포와 시난 사이의 다툼은 계속되었다. 1179~1180에 알 말리크

몬페라트의 콘라트(1140~1192)
십자군이 건설했던 예루살렘 왕국의 왕. 그를 암살한 것은 당시 콘라트의 정적이던 영국의 사자왕 리처드와 협력한 아사신파라는 주장이 있다.

알 살리는 아사신파의 알 하지라al-Hajira 성을 점령했다. 시난은 이에 항의했지만 아무런 소득이 없자, 알레포로 밀사를 보냈고 그들은 시장에 불을 질러 엄청난 손실을 입혔다. 방화범들은 한 명도 체포되지 않았다. 이 사실은 아사신파가 여전히 알레포 내에서 토착의 지원을 받을 수 있음을 시사한다.

1192년 4월 28일, 시난의 아사신파는 사상 최대의 공격에 성공했다. 티레에서 예루살렘 국왕 몬페라트의 콘라트 후작을 암살한 일이었다. 대부분의 자료에 의하면, 암살자들은 기독교 수사로 변장하여 시간을 두고 차츰 주교와 후작의 신뢰를 얻었다. 그런 뒤 어느 날 기회가 생기자 후작을 찔러 죽였다. 티레에 있던 살라딘의 특사가 보고한 바에 따르면, 체포된 두 명의 아사신파가 심문을 받자 영국의 왕이 암살을 사주했다고 털어놨다. 동방의 대다수 증거와 서방의 일부 자료에 근거해 볼 때, 그와 같은 자백은 분명 꾸며낸 것이었다. 당시 영국의 리처드 왕이 콘라트 후작이 없어지길 바랐다는 정황, 그의 후임자 샹파뉴의 앙리 백작이 미망인과 서둘러 결혼하여 라틴 예루살렘 왕국의 권좌에 올랐던 의심스러운 상황이 위 일화의 구실이 되었다. 이로써 당시에 이 소문이 널리 신뢰를 받았다는 사실도 쉽게 이해할 수 있다. 아사신파가 자백을 할 때 진실을 말했는지는 별개의 문제이다. 장기 왕조의 역사가 이븐 알 아시르도 이 사건과 리처드 왕의 연루설이 프랑크족들도 다 같이 믿었던 이야기라고 언급한다. 그런데 그가 살라딘을 싫어했기 때문인지, 살라딘이 그 사건의 선동자라고 지목하고 심지어 그 일의 대가로 시난에게 일정 액수의 돈까지 지급했다고 기록하고 있다. 원래 계획은 리처드와 콘라트 둘 다 살해하는 것이었지만 리처드 암살은 무위로 끝나고 말았다. 이스마일파 전기에 따르면, 그 시초는 시난으로 사전에 살라딘의 승인을 받아 그 일에 협력했다. 그런데 이렇게까지 기록한 저자의 진짜 속셈은 따로 있다. 말하자면 시난을 십자군과의 성전을 치르는 과정에서 살라딘의 충성스런 협력자로 제시하고 싶었기 때문이다. 그는 한술 더 떠, 이 행동에 대한 보상으로 살라딘이 아사신파에게 카이로, 다마스쿠스, 홈스, 하마, 알레포, 그 외 다른 도시에 포교원을 세울 수 있는 권리를 포함해 여러 가지 특권을 허용했다는 의심스런 정보까지 부언해 놓았다. 이 이야기를 통해 마스야프의 비밀 협정 이후 살라딘이 아사신파에 대해 품었던 명확한 인식에 과장된 면이 있음을 알아차릴 수 있다. 한편 이마드 알 딘에 의하면 그 암살 사건은 살라딘에게 불리하게 작용했다. 비록 콘라트가 십자군 수장 가운데 한 사람이긴 했지만, 그보다 강력한 리처드를 상대할 적이었고 더구나 그 무렵 콘라트와 살라딘 사이에 모종의 교류가 있었기 때문이다. 콘라트가 없어지자 리처드는 불안한 마음을 깨끗이 털어내고 더욱더 이교도에 대한 적대감을 적나라하게 드러냈다. 4개월 후에 리처드는 살라딘과 휴전협정을 체결했고, 살라딘의 요청에 따라 아사신파의 영토를 휴전 지역에 포함시켰다.

콘라트 암살은 시난의 최종 업적이었다. 1192~1193년 사이에 무시

무시한 힘을 발휘한 '산중 노인'은 죽었고, 페르시아인 나스르Nasr가 그 자리를 이어받았다. 새로운 수장과 더불어 알라무트의 권위는 다시 살아나는 듯했고, 이후 몽골 정복까지는 확고한 입지를 구축했다. 시대마다 거쳐 갔던 포교단 수장들의 이름은 시리아 이스마일파 본부 내에 여러 비문과 문학 자료를 통해 세상에 알려졌다. 그중 수장 대부분은 구체적으로 알라무트의 대표단 자격으로 언급된다.

알라무트의 종속 집단으로 시리아 아사신파도 율법을 부활시키고 바그다드 칼리프와 동맹했던, 잘랄 알 딘 하산 3세의 새로운 정책에 영향을 받았다. 1211년 알라무트의 군주는 시리아로 전갈을 보내어 시리아 내 아사신파도 다시 모스크를 짓고 기도 의식을 거행하고, 음주와 마약, 그 외 금기 사항을 피하고, 금식을 준수하고 이슬람 율법의 모든 규칙을 지키라고 명했다.

그 '개혁'이 아사신파의 종교적 신앙과 관행에 어떻게 영향을 끼쳤는지 거의 알려진 바가 없다. 그러나 바그다드 칼리프와의 동맹은 그들의 활동에 영향을 크게 준 것 같다. 가령 이슬람의 적과 공존했던 시리아 내에서 일부 기독교인에 대한 공격은 여전했지만, 놀랍게도 더 이상의 무슬림 암살은 기록에 없다. 이때 기독교인 암살의 첫 희생자는 레몽이었다. 그는 안티오키아 보에몽 4세Bohemond IV의 아들로 1213년 토르토사의 교회 안에서 살해되었다. 복수를 갈구하던 부친 보에몽 4세는 카와비 성을 포위했다. 이 무렵 살라딘의 후계자들과 명백히 좋은 관계를 유지하던 아사신파는 알레포의 군주에게 도움을 요청했고 그는 그들을 구해 줄 원정군을 파견했다. 그 군대는 프랑크족의 수중에서 실패했지만, 알레포 군주가 다마스쿠스 군주에게 원군을 청하자 적군은 포위를 풀고 철수할 수밖에 없었다.

그 와중에 아사신파의 수장들은 자파의 명성을 좋은 쪽으로 바꿀 수 있는 방안을 찾아냈다. 그들은 암살 위협을 내세워 이슬람과 기독교 군주 양측으로부터, 심지어 레반트 지역(지중해 연안 동쪽, 구체적으로 시리아, 레바논을 말하는데 여기서는 시리아를 가리킨다. —역주)으로 이동하는 나그네들로부터도 가차 없이 세금을 거두었다. 1227년, 한 아랍어 자료에 의하면 포교단 수장 마즈드 알 딘Majd al-Din이 십자군 원정차 팔레스타인에 와 있던 프리드리히 2세Frederic II의 특사를 맞이했다. 그런데 그들이 거의 8만 디나르 상당의 선물을 갖고 왔다. 마즈드 알 딘은 호라즘 왕국의 약탈 때문에 알라무트로 가는 길이 너무 위험하다는 핑계를 내세워, 그 선물을 시리아에 보관했으며 직접 나서서 프리드리히 황제가 요청한 경호와 안전 대책을 제공했다. 이와 동시에 그는 알레포 군주에게 황제 사절단 소식을 알리고 합의된 행동을 확실히 보장하기 위해 미리 특사를 보내어 경계하였다.

호라즘 왕국의 위험성은 같은 해에 먼저 발생했던 또 하나의 사건으로 증명될 것이다. 이 이야기에 따르면, 마즈드 알 딘은 연간 정기 세금으로 2만 디나르를 요구하기 위해서 코냐Konya에 있는 룸Rum의 셀주크 술탄에게 특사를 보냈다. 술탄이 과거 알라무트에 바쳤던 세금을 이제 자신에게 가져와야 한다는 뜻이었다. 조금 의아해진 술탄이 당시 알라무트의 군주 잘랄 알 딘과 논의하기 위해 알라무트로 사람을 보냈다. 그러자 군주는 그 돈을 시리아로 이미 할당했다는 사실을 확인해 주면서 그 돈을 지불하라고 시켰다. 술탄은 시키는 대로 했다.

이 무렵 아사신파는 구호 기사단에 세금을 바치는 속국이었다. 앞서 언급한 그 아랍 연대기 작가에 의하면, 구호 기사단은 황제의 임무를 수행하고 나서 아사신파에 세금을 요구했다. 그러나 아사신파는 이렇게 말하면서 거부했다. "당신네 왕, 그 황제가 우리한테 준 것이다. 그런데도 우리한테서 그것을 가져갈 것인가?" 그러자 구호 기사단은 그들을 공격하여 엄청난 약탈을 했다. 이때부터 구호 기사단에 세금을 바치기 시작했는지, 아니면 그전부터 계속된 일인지에 대해서는 위 연대기 자료에서도 확실하게 밝히지 않고 있다.[14]

아사신파가 얼마나 먼 곳까지 알려졌는지, 그리고 심지어 시리아 정치 무대에 당당한 일원으로 인정받았는지를 알려주는 흥미로운 증거가 있다. 중앙 시리아 토박이인 이븐 와실Ibn Wasil이 그것을 전해 준다. 1240년 신자르Sinjar의 카디, 바드르 알 딘이 신임 술탄의 분노를 샀다. 그는 시리아를 거쳐 피신하는 중에 아사신파에게 피난처를 청하여 제공받았다. 당시 수장 타즈 알 딘Taj al-Din은 페르시아인으로 알라무트에서 파견한 인물이었다. 이븐 와실은 타즈 알 딘과 바드르 알 딘이 사적으로 알던 사이였으며 친분 관계였다고 서슴없이 덧붙여 말한다. 동명의 타즈 알 딘은 둘 카다Dhu'l Qa'da 646년(1249년 2월 또는 3월) 날짜로 현재 마스야프 비문에 새겨져 있는 이름이다.

아사신파가 시리아 내에서 정치적으로 파멸하기 전에 일군의 사건 중 하나만 기록으로 남아 있다. 바로 성 루이 사건이다. 아사신파의 유럽 내 활동에 대한 소문이 다들 그렇듯 성 루이가 아직 청년으로 프랑스에 있을 당시, 아사신파가 그를 치려했던 작전은 그 근거를 알지 못하면 그냥 지나치기 쉽다. 그러나 성 루이의 전기 작가 조앵빌Joinville이 그가 팔레스타인에 도착하고 나서 왕이 아사신파를 어떻게 처리했는지를 설명하는데 그 순서가 다르며 진정성이 가득 담겨 있다. 아사신파의 사신들이 아크레에 있던 왕에게 찾아가 자기들 수장에게 세금을 내라고 요구했다.

"게르만German의 황제, 헝가리Hungary의 황제, 바빌론Babylon(이집트)의 술탄, 그리고 다른 이들도 매년 그렇게 한다. 이유인즉 세금으로나마 우리 수장을 흡족하게 해야 그네들이 살아갈 수 있음을 잘 알기 때문이다."[15]

아사신파는 굳이 왕이 세금을 내고 싶지 않다면, 그 대안으로 구호 기사단과 템플 기사단에 바치는 세금을 면제해 주면 좋겠다고 했다. 당시 아사신파는 구호 기사단과 템플 기사단에 세금을 내고 있었다. 조앵빌의 설명에 의하면 그 두 집단은 아사신파를 전혀 두려워하지 않았기 때문이었다. 다시 말해 어느 한쪽 기사단의 수장을 살해하더라도 금방 그 정도 실력의 다른 인물로 대체될 것임을 뻔히 알고 있었기 때문에 아사신파 수장은 아무 소득이 없는 일에 부하들만 축내는 짓을 원하지 않았다. 결과적으로 아사신파는 두 기사단에 계속 세금을 바쳤고 왕과 다이 수장은 서로 선물을 교환했다. 아랍어에 능통했던 이브 르 브르통이 아사신파 수장을 만나 대화를 나눴던 것이 바로 이때였다.

아사신파 권력은 몽골 제국과 이집트의 맘루크 술탄, 바이바르스Baybars로부터 동시에 이중 공격을 받는 바람에 끝이 났다. 누구나 예상할 수 있듯, 시리아에서 아사신파는 몽골 제국을 쫓아내느라 다른 이슬람 종파와 합세했다. 그리고 바이바르스의 호의를 얻으려고 특사와 선물을 보냈다. 애초에 바이바르스는 아사신파에게 대놓고 적대감을 보이지 않았지만, 1266년 구호 기사단과 휴전 협정을 조인하면서, 당시 아사신파의 성을 비롯해 여러 이슬람 도시와 구역에서 받고 있던 세금을 포기하겠다는 조건을 명시했다. 이집트 자료에 의하면, 아사신파의 세금은 1200디나르와 밀, 보리 100무드mudd(무드는 이슬람식 용량 단위로 보통 사람이 두 손을 붙여 컵 모양처럼 오목하게 모았을 때 들어가는 양을 말한다. —역주)였다. 아사신파는 이전에 프랑크족에게 바쳤던 세금을 성전에 쓸 수 있도록 제공하겠다는 의미로 바이바르스에게 사절단을 보냈다.

그러나 바이바르스의 지상 과업은 기독교 프랑크족과 이방인 몽골의 위협으로부터 근동 이슬람을 해방시키는 일이었다. 그러므로 시리아 한복판에서 이단과 암살이라는 위험한 짓을 저지르는 집단이 계속 독립적으로 나가는 모습을 용인하지 못했을 거라고 충분히 예상할 수 있다. 1260년 초, 바이바르스의 전기 작가는 그에게 아사신파의 영토를 휘하의 장군 한 사람에게 영지로 할당하라고 말한다. 1265년 그는 각지에서 아사신파에게 세금을 바쳤던 군주들이 아사신파를 위해 갖고 온 '선물'에다 세금과 통행세를 물리라고 명했다. 여러 자료에 의하면 그들 중에 '황제 알폰소Alfonso, 프랑크와 예멘의 여러 국왕들'을 거론한다.[16] 시리아 내에서 약화되고, 페르시아 형제들의 운명 때문에 절망한 아사신파는 이제 버텨낼 처지가 아니었다. 그래서 세금과 통행세를 물리는 이 조치를 순순히 받아들이면서 직접 바이바르스에게 세금을 바쳤다. 그리하여 머지않아 알라무트의 군주를 대신하여 바이바르스가 아사신파를 지명하고 해고하는 등 전권을 행사했다.

1270년, 바이바르스는 나이 먹은 수장 나즘 알 딘Najm al-Din의 태도를 못마땅하게 여겨 그를 쫓아내고 대신 그 자리에 좀 더 고분고분했던 수장의 사위이자 울라이카 총독이었던 사림 알 딘 무바라크Sarim-al-Din Mubarak를 앉혔다. 바이바르스의 대리인으로 직무를 수행했던 신임 수장은 마스야프에서 추방되었고, 마스야프는 바이바르스의 직속 지배를 받게 되었다. 그러나 사림 알 딘은 계략을 써서 마스야프의 소유권을 얻었다. 이에 바이바르스는 그를 죄인 자격으로 카이로로 추방했다. 그는 거기서 죽었는데 독살로 추정되었다. 그리하여 이제 태도가 좀 누그러진 나짐 알 딘이 다시 임명되었고, 그 보답으로 아들 샴스 알 딘Shams al-Din과 공동으로 연례 세금을 바쳤다. 두 부자의 이름은 카드무스 모스크 안의 비문에 대략 이 날짜로 적혀 있다.

1271년 2월 또는 3월에 바이바르스는 두 명의 아사신파를 체포했는데, 소문에 의하면 그를 암살하러 파견된 자들이었다. 일설에 의하면, 그들은 울라이카의 사절단 자격으로 트리폴리의 보에몽 6세Bohemond VI에게 갔었고, 그가 술탄 바이바르스를 살해하도록 모든 준비를 해주었다. 샴스 알 딘은 체포되어 프랑크족과 내통한 혐의를 받았으나 부친 나즘 알 딘이 아들의 결백을 호소한 후에 풀려났다. 암살자로 의심받던 두 명은 이스마일파의 지도자들로 모두 풀려났지만 압박에 못 이겨 그들의 성을 내놓고 바이바르스의 궁정에서 사는 데 찬성했다. 나즘 알 딘은 바이바르스를 수행하던 중, 1274년 초 카이로에서 사망했다. 샴스 알 딘은 '내정을 처리하기 위해' 카프Kahf(시리아 이스마일파는 총 8개의 성을 소유했다. 마스야프, 카드무스, 카프, 카와비, 루사파, 마이나카, 울라이카, 쿨라이아 —역주)로 가도 좋다고 허락받았다. 그는 거기서 다시 한번 저항 계획을 짰으나 허사였다. 1271년 5월과 6월에 바이바르스의 부관들이 울라이카와 루사파를 점령했고, 10월에 이르러 샴스 알 딘은 자신의 명분이 무기력함을 인식하고 바이바르스에게 항복했다. 처음에 그는 환대를 받았으나 나중에 그의 아미르들이 바이바르스 암살 음모를 꾸몄다는 사실이 발각되었다. 그러자 바이바르스는 샴스 알 딘과 그의 일당을 이집트로 추방했다. 여러 성에 대한 봉쇄의 고삐는 계속 풀리지 않았다. 같은 해에 카와비가 함락되었고, 남은 성들도 1273년까지 모두 무릎을 꿇고 말았다.

아사신파가 바이바르스에게 항복함에 따라 그들의 노련한 기술도 잠시 바이바르스의 손아귀에 있는 듯했다. 1271년 초 기록에 따르면 바이바르스는 트리폴리의 백작을 암살하겠다고 위협했다. 1272년 잉글랜드의 에드워드Edward 1세 암살 미수와 1270년 티레에서 몽포르의 필립(Phlip of Montfort) 암살도 그가 사주했다. 또한 일부 후세 연대기 작가들은 맘루크의 술탄들도 까다로운 정적들을 없애기 위해 아사신파를 고용했다고 전한다. 심지어 14세기 무어인 여행가 이븐 바투타Ibn Battuta는 암살 준비에 대해 상세히 설명한다.

"술탄이 정적을 죽이려고 그들 중 한 사람을 보내고 싶으면, 그 자의 목숨 값을 낸다. 만약 암살자가 임무를 수행한 후 도망치면 그 돈은 그 자의 것이다. 한편 그 자가 붙잡히면, 돈은 자식들의 몫이다. 그들은 독이 묻은 칼을 이용해 지정받은 희생자를 찌른다. 간혹 작전이 실패하여 오히려 그 자들이 죽음을 당하기도 한다."[17]

그와 같은 이야기는 서방에 회자되었던 여러 설화와 마찬가지로 아무 의미 없는 전설의 결과물이며 '산중 노인'이 비교적 비싼 값에 유럽의 군주들을 위해 암살을 대행했을 거라는 막연한 의심의 소산이다. 13세기 이후 전체 아사신파를 대리하던 시리아 아사신파가 암살을 저질렀다는 공식 기록은 더 이상 없다. 따라서 이스마일파는 페르시아와 시리아에서 거의 정치적 중요성을 상실한 채 소수 이단으로 침체되었다. 14세기에 들어와 니자리파 이맘 계보에 분열이 발생했다. 시리아와 페르시아의 이스마일파가 서로 다른 지도자를 추종하면서 그때부터 서로 관계가 끊어졌다.

16세기 오스만Ottoman 제국이 시리아를 정복한 후 신임 군주를 위해 처음으로 영토와 인구 조사가 이루어졌다. 그때 킬라 알 다와qilā' al-da'wa, 즉 선교 본부 요새를 정식으로 기록했다. 대부분 하마의 서쪽에 위치한 마을로 카드무스, 카프와 같이 오래되고 유명한 본부와 특정 종파의 추종자들이 거주했던 곳도 모두 포함되었다. 선교 요새를 구별하는 유일한 점은 특별 세금을 낸다는 사실뿐이었다.[18] 그 요새들은 이후 역사 무대에 다시 등장하지 않다가 19세기 초에 비로소 지배 군주들, 이웃 나라들 그리고 그들끼리 분쟁하는 모습이 기록으로 남았다. 중세부터 그들은 평화로운 시골 사람들로 정착했고 그 중심지는 사막을 일구어 찾은 새로운 정착지, 살라미야Salamiyya였다. 현재 인구는 5만 명 정도이며 전부는 아니지만, 일부 사람들이 아가 칸을 이맘으로 인정한다.

سورة فاتحة الكتاب
بسم الله الرحمن الرحيم
الحمد لله رب العلمين الرحمن
الرحيم مالك يوم الدين
إياك نعبد وإياك نستعين
اهدنا الصراط المستقيم
صراط الذين أنعمت عليهم غير
المغضوب عليهم ولا الضالين
مكية وهي سبع آيات

6장 수단과 목적

الله

이스마일 아사신파가 암살 행위의 시초는 아니었다. 다만 그들은 단순하게 암살행위에 이름을 빌려줬을 뿐이다. 살인은 그 자체로 인류의 역사만큼이나 오래됐다. 살인의 고대성은 놀랍게도 창세기 4장에 상징적으로 표현되고 있다. 창세기에 따르면, 최초의 살인자와 희생자는 형제간으로 그들은 최초의 인간 남녀의 자식들이다. 정치적 살인은 정치적 권력이 등장함으로써 이루어진다. 즉 권력이 어느 한 사람에게 부여될 때, 다른 사람을 제거하는 것이 정치 변화를 꾀하는 빠르고 간단한 방식으로 보이기 때문이다. 대개 그러한 살인의 동기는 개인적, 당파적 권력이나 왕조 차원에서 일어난다. 다시 말해 어떤 개인, 정당, 가문을 다시 권력을 소유한 다른 개인, 정당, 가문으로 대체하기 위함이다. 그런 류의 암살은 동서양을 막론하고 전제 군주와 왕국에서 흔한 일이다.

때때로 암살은 살인자뿐 아니라, 제3자들까지 일종의 의무라고 생각하여 이데올로기적 논쟁으로 정당화된다. 그 희생자는 독재 군주나 권력 찬탈자이다. 따라서 그를 죽이는 일은 범죄가 아니라, 미덕이 된다. 그와 같은 이데올로기적 정당화 논리는 정치적 혹은 종교적 견지에서 표출될 것이다. 많은 사회에서 정치와 종교 사이에 거의 차이가 없기 때문이다. 고대 아테네에서 두 친구 하모디우스Harmodius와 아리스토게이톤Aristogeiton은 폭군 히피아스Hippias를 죽이려고 공모했다. 그러나 그의 아우이자 공동 군주만 암살하고 두 사람은 사형에 처해졌다. 히피아스가 죽은 후에 둘은 아테네의 국민 영웅이 되어 조각상이 건립되고 노래로도 칭송을 받았다. 그래서 그의 후손들은 여러 가지 특권과 면책권을 누렸다. 전제군주 암살을 이상화시키는 정신은 그리스와 로마에서 정치적인 사조의 일부가 되어 버렸다. 마케도니아의 필립 2세(Philip II of Macedon), 티베리우스 그라쿠스Tiberius Gracchus, 율리우스 카이사르Julius Caesar의 경우처럼 유명한 암살에서 그런 태도를 읽을 수 있다. 유대인들 사이에서도 가령 에후드Ehud와 예후Jehu 같은 인물에서 똑같은 이상(ideal)이 나타난다. 그리고 가장 극적인 형태로 폭군 홀로페르네스Holofernes의 군막으로 가서 그가 잠든 사이에 목을 자른 미모의 유디트Judith 이야기를 들 수 있다. 유디트서(The book of Judith)는 헬레니즘이 지배하던 시기에 쓰였는데, 현재 그리스어판으로만 남아 있다. 프로테스탄트에 이어 유대인들도 그것을 정전이 아닌 의심스러운 책으로 보기 때문이다. 그러나 그것은 로마 가톨릭 교회의 정전에는 외경으로 포함되어 많은 기독교 화가들과 조각가들에게 영감을 불어넣었다. 유디트라는 인물은 유대교 전통에서 자리를 잡지 못했으나, 그녀로 대표되는 경건한 암살이라는 이상은 여전히 살아서 그 유명한 단검 자객들,

유디트
구약성서에 등장하는 여성. 유디트가 아시리아의 군주 홀로페르네스를 살해하는 이 장면은 수많은 예술·문학작품의 모티브가 되었다.

시카리Sicarii파에 영향을 끼쳤다. 이들은 예루살렘 멸망 무렵에 등장하여 그들에 반대하거나 훼방 놓는 사람들을 무지막지하게 파괴한 광신 열심당파(zealots)이다.

국왕 시해는 실질과 이상이라는 양 측면에서 이슬람 정치의 초창기부터 흔히 있는 일이었다. 이슬람 공동체 내에서 선지자 무함마드를 추종했던 정통 칼리프(Righteous Caliphs, 선지자 사후 632년부터 661년까지 공동체를 이끌었던 아부 바크르, 우마르 이븐 알카탑, 우스만 이븐 아판, 알리 이븐 아비 탈립을 가리킨다. —역주) 중에서도 세 명이 암살되었다. 2대 칼리프 우마르는 사적인 원한을 품은 어느 기독교도 노예에게 찔려 죽었다. 이 사실을 알고 죽기 전에 우마르는 이슬람교도에게 살해되지 않은 것을 신께 감사 드렸다. 그러나 후임자 우스만과 알리는 무슬림 아랍인에게 살해당함으로써 이런 위안거리조차 사라졌다. 3대 우스만은 분노한 폭도에게, 4대 알리는 광신도에게 당했다. 두 사건에서 살인자들은 스스로 국왕 시해를 통해 부정한 군주로부터 공동체를 해방시켰다고 생각했다. 다른 사람들도 두 사건 모두 그렇게 받아들였다.

우스만 사후 이슬람 내전이 발발했고 그 와중에 이런 이슈가 구체화되었다. 우스만의 친족이자 시리아의 군주였던 무아위야는 국왕 시해자들을 처벌하라고 요구했다. 우스만을 계승한 4대 칼리프 알리는 그렇게 할 힘도, 의지도 없었다. 알리 추종자들은 이런 무반응을 정당화하고자 아무런 범죄가 없었다고 주장하고 나섰다. 우스만이 압제자였으니 그의 죽음은 시해가 아니라, 처형이었다고 했다.[1] 몇 년 후 바로 이 알리의 암살을 정당화하기 위해 과격 종파 카리지트파(Kharijites)가 이와 똑같은 주장을 펼쳤다.

이슬람 전통은 어느 선까지는 정당한 반란이라면 그 원칙을 인정하는 편이다. 그 규정에 의하면 군주에게 전제 권력을 용인하지만, 군주의 명령이 죄에 해당한다면 백성들의 복종 의무는 중단된다. 그리고 '창조주에 대항하는 인간에 대해선 복종할 필요가 없다.' 그러나 군주의 명령이 정당한가를 시험하는 절차, 또는 사악한 명령에 불복종할 권리를 행사하는 절차 규정이 없다. 그렇기 때문에 의식 있는 백성에게 유일하게 효율적인 수단은 군주에게 대항하여 반란을 일으켜서 무력으로 그를 제압하거나 하야시키는 것이다. 이보다 신속한 절차는 암살로 군주를 제거하는 것이다. 이런 원칙은 흔히 편협한 분리파 반역자들이 그들의 행동을 합리화하기 위해 자주 쓰는 방식이었다.

실제로 알리 사후, 무아위야가 즉위하자 군주 시해 사건은 거의 드문 일이 되었다. 군주 시해는 혁명 사상에 고취되었을 시기가 아니라, 전제 왕조 시대에 자주 발생한다. 이와 정반대로 시아파는 순니파 칼리프들의 사주로 그들의 이맘과 선지자 가문의 일족이 살해되었다고 주장한다. 사실 그들의 문헌에도 알리 추종자들 중에 순교자 명단이 길게 나와 있으며 결국 그들의 피가 다시 복수를 불렀다.

따라서 이스마일파가 부정한 군주들과 그 신하들을 살해하기 위해 밀사를 파견할 때, 결국 오랜 이슬람 전통을 실행할 수 있었다. 그것은 결코 지배적인 전통은 아니었으나 오랫동안 잠재되어 있었고, 그것이 존재를 드러낼 즈음 특히 반체제 과격 종파 세계에서 자리를 잡았던 것이다.

군주 시해에 대한 고대의 이상, 부정한 군주의 세상을 제거하려는 종교적 의무는 이스마일파가 그것을 채택하고 적용한 사례에서 알 수 있듯이, 확실히 암살 관행에 기여한 면이 컸다. 그러나 그 외에 다른 요인도 있었다. 아사신파가 희생자를 죽이는 행위는 신앙심의 발로였다. 뿐만 아니라 거의 성찬의 특성이 담긴 의식에 가까웠다. 페르시아와 시리아 양측에서 아사신파가 암살을 할 때 모두 단검을 사용했다는 사실은 의미심장하다. 단검보다 훨씬 간단하고 안전한 방법이 있었을 텐데, 독은 절대 사용하지 않았으며[2] 화살도 아니었다. 아사신파 요원은 거의 대부분 붙잡혔고 보통 도망갈 시도조차 하지 않았다. 심지어 임무를 마치고 살아남는 것 자체를 불명예라고 생각했다는 암시도 있다. 12세기 어느 서방 작가의 글이 그 사실을 드러내 준다.

"따라서 어느 누구든 이런 식으로 죽겠다고 선택하면 …… 그는(수장) 직접 그들에게 칼을 건네준다. 그 칼은 말하자면 축성된 것이었다. ……"[3]

인간 희생 제물과 종교 의례의 살인은 이슬람법과 전통, 혹은 관습에 존재하지 않는다. 그러나 이 두 가지는 고대부터 인간 사회에 깊이 뿌리박힌 관습으로 얼마든지 전혀 예상치 못한 곳에서 다시 나타날 수 있다. 이슬람의 금욕적 신앙에도 불구하고 잊혀진 고대의 가무 의식이 춤추는 수도 탁발승의 무아지경의 의례를 통해 다시 나타났듯이, 고대의 종교적 살인 의례도 이슬람의 견지에서 새롭게 발현되었다. 여러 이슬람 작가들에 의하면, 18세기 초에 쿠파의 아부 만수르 알 이즐리Abu Mansur al-Ijli라는 사람이 스스로 이맘이라고 주장하면서, 율법 규정은 상징적인 의미를 담고 있으니 문자 그대로 따를 필요가 없다고 가르쳤다. 천국과 지옥도 서로 분리된 존재가 아니며 단지 이 세상의 쾌락과 불행이 있을 뿐이라고 했다. 그의 추종자들은 하나의 종교적 의무로 살인을 관습적으로 저질렀다. 그와 같은 부족의 당대 인물인 무기라 b. 사이드 Mughira b. Sa'id도 비슷한 교리와 관습을 들고 나타났다. 두 집단은 이슬람 당국에 진압되었다. 그들의 신앙에 따르면 살인 의식을 치를 때 단 하나의 무기로만 제한시키는 것이 중요하다. 한 집단은 올가미로 목을 졸라 죽였으며, 또 다른 집단은 나무 곤장으로 때려서 죽였다. 마흐디(메시아적 이맘 ―역주)가 재림한다면 강철 곤장 사용이 허용될지도 모른다.[4] 두 집단은 과격 시아파 중에서도 극렬주의자에 속한다. 이들의 특성과 후세 이스마일파의 율법폐지론, 살인무기 의식이 똑같은 걸 보면 매우 놀랍다.

입문자에겐 내밀한 신비를 간직한 관리자, 이맘의 지식을 통해 구원을 주는 조달자, 메시아적 구원의 약속을 품은 전달자, 세상의 고통과 율법의 굴레에서 해방시킨다는 약속을 품은 전달자로서 이스마일파는 오랜 전통의 일원이다. 그것은 이슬람의 기원과 훨씬 이전까지 거슬러 올라가 오늘날까지 이르는 것이며 기성 질서의 현학적, 율법적 종교와 뚜렷한 대조를 이루는 대중적이고 감성적인 종교 의식의 전통이다.

이스마일파 이전에도 그와 같은 종파와 집단이 존재했지만, 이스마일파야말로 강력하고 영구적인 조직을 창설한 최초의 종파이다. 그들은 한 시대의 발자취이자 증거였다. 그 이전에 가난하고 힘없는 이슬람 집단은 여기저기 흩어져 무의미한 존재로서, 유일하게 그 존재를 역사가들에게 인식시킨 증거가 될 수 있는 문헌 자료에서 언급조차 되지 않았다. 산산이 분열되고 불안한 후세 칼리프 제국 시대에, 사람들은 좀 더 새롭고 강력한 형태의 조직 안에서 평안과 확신을 추구했다. 이런 추세는 점점 더 수적으로 많아지고 지역적으로 광범위하게 퍼졌으며 하층부터 중류층, 심지어 상류층까지도 번져 갔다. 그리하여 마침내 칼리프 알 나시르가 직접 이들 중 한 조직의 의식에 참여함으로써 정부 기구 내에서 그들을 통합하려고 노력하기에 이르렀다.

이런 조직들은 유형도 다양했다. 어떤 조직은 주로 종교적인 집단으로 도시나 구역을 기반으로 시민, 경찰 또는 군인들까지 참여했다. 주로 같은 일을 하는 동업 조합들이 지역, 인종 또는 종교 집단과 겹치는 사회에서는 일부 조직이 경제적인 역할까지 맡기도 했다. 대개 그들은 청년이나 어린 남자들이 성인과 사춘기에 들어섰음을 확인하는 권리와 종교 의례를 갖춘 조직으로 등장한다. 대부분의 구성원들은 종교적 형제애를 갖고 성스러운 자를 추종했으며 그들이 정한 종교 의례를 따랐다. 공통된 특성은 정통파 종교는 믿지 않고, 대중적인 종교에만 해당하는 특유의 신앙과 관습을 채택했다는 점이다. 즉 동지들끼리 끈끈한 유대가 있었고 지도자들에겐 헌신적인 복종을 했다. 또 정교한 상징과 의식을 기반으로 입문식과 수직적 계급 체계를 갖추었다. 이런 대부분의 집단이 막연하게 반체제주의였지만 정치적 활동은 거의 없었다. 반면 군사 전략과 혁명 목표를 갖추었던 이스마일파는 이런 형태의 조직을 활용하여 기성 체제를 전복하고 대체하는 지속적인 시도를 하였다. 동시에 그들은 점차 초기 교리의 철학적 정교함을 내버리고 형제동지들 사이에 통용되던 신앙에 훨씬 더 가까운 종교의 형태를 채택했다. 페르시아 역사가들에 따르면, 어떤 면에서 이스마일파는 거의 금욕적인 수사들의 원칙을 채택했다. 예컨대 이스마일파 성의 수장들은 재임 중엔 결코 여자들을 곁에 두지 않았다.

어떤 면에서 아사신파는 선례를 찾기 힘든 집단이다. 철저히 계획하고 체계적으로, 장기적으로 테러를 정치적 무기로 사용한 점에서 그렇다. 이라크의 살인자들은 규모가 작고, 때마다 아무나 가서 살인을 저질렀다. 그래서 인도의 서기 집단과 유사한데, 두 집단은 서로 연관이 있을 거라고 생각한다. 아무리 극적인 일이라 할지라도, 과거의 정치적 암살은 개인의 활동이었으며 기껏해야 목적과 결과 모두 제한적인, 작은 집단의 음모자들이 꾸민 일에 불과했다. 살인과 음모의 기술 측면에서 아사신파에겐 무수한 선배들이 있다. 심지어 살인을 하나의 예술, 종교 의식, 의무로 발전시켰다는 측면에서 보아도 그들에겐 선배들이 있었다. 하지만 그들을 최초의 테러리스트라고 해도 무방할 것이다. 어느 이스마일파 시인의 노래를 보자.

"형제들, 승리의 그날이 오면, 우리의 동료들처럼 이승과 저승 양쪽에서 큰 행운을 받는다면, 단 한 명의 무사만으로도 수만 명의 기병을 소유한 왕일지라도 공포에 벌벌 떨게 만들 것이니."[5]

그 말은 사실이었다. 수세기 동안 시아파는 그들의 이맘을 위해서 열성과 목숨을 헛되이 바쳤다. 마약으로 황홀경에 빠진 소집단들의 적극적 자기희생부터 신중하게 계획된 무장 활동에 이르기까지 당시에 반란도 수없이 일어났다. 그러나 몇 개를 빼놓곤 전부 실패했고, 국가의 무장 군대와 무너뜨리기에도 너무나 취약하고 위태로웠던 기성 질서에 의해 철저히 짓밟혔다. 성공한 극소수의 집단도 그들이 토로했던 불평불만을 해소할 만한 해방구를 찾지 못했다. 오히려 승리자들은 일단 권력 수립과 이슬람 공동체 관리에 힘을 쏟은 후엔 원래 지지자들을 배신하고 파괴했다.

하산 이 사바는 굳게 확립된 정통 순니파 이슬람에 대항하여 자신의 설교가 아무런 효과가 없고, 그의 추종자들이 셀주크 제국의 무장 세력과 대적하여 그들을 물리칠 수 없음을 잘 알았다. 그보다 앞선 다른 수장들도 무계획한 폭력, 무력한 반란, 혹은 어쩔 수 없는 복종과 인내를 보면서 절망을 터뜨렸다. 그래서 하산은 새로운 방안을 모색했다. 즉 제대로 훈련받고 매우 헌신적인 작은 세력들을 키운다면 압도적으로 우세한 적에 대항하여 효과적으로 공격할 수 있을 거라고 생각했던 것이다. 현대 권위자의 말에 의하면 "테러리즘이란 매우 협소한 제한적 형태의 조직이 실행하는 일이다. 그리고 그것은 테러가 자행되는 명분을 대신해 대대적인 목표를 담은 일관된 프로그램을 통해 고무된다."[6] 이것이 바로 하산이 선택한 방식이다. 아니, 그가 만들어 낸 방식이라고 하는 게 더 맞는 말이다.

조앵빌은 후세 시리아의 이스마일파 수장에 대해 언급하여 이렇게 기록하였다.

"산중 노인은 템플 기사단과 구호 기사단에 세금을 바쳤다. 왜냐하면 그들이 아사신파를 두려워하지 않았고 산중 노인이 템플 기사단장이나 구호 기사단장을 살해하겠다고 해봤자 얻을 게 하나도 없었기 때문이다. 그리고 만약 누구 하나를 죽인다 해도 금방 더 뛰어난 인물로 대체될 것임을 잘 알고 있었기 때문이다. 이런 연유로 산중 노인은 아무런 소득이 없는 상황에서 아사신파가 손상되는 것을 바라지 않았다.(본문 pp.211~213 참고)"[7]

두 기사단은 체계적 구조, 수직적 계급과 충성으로 무장한 통합 기관이었다. 이런 특성 때문에 아사신파도 감히 도발하지 못했던 것이다. 이슬람 국가가 갈가리 찢겨 분열되었던 것은 바로 이런 특성이 없었기 때문이다. 그들은 철새처럼 이리저리 옮겨 다니는 개인의 충성에 기초한 중앙 집권식의 전제군주 정권으로 추종자들의 충성조차 권력에 취약했다.

하산 이 사바는 이슬람 전제군주제의 이런 취약성을 인식하는 데에 정치적 천재성을 발휘했다. 또한 그는 테러리스트 공격을 통해 천재성을 활용할 때에 탁월한 경영 능력과 전략적 재능을 십분 과시했다.

그와 같은 지속적인 테러 작전을 위해 두 가지 명백한 필수 요건이 있었다. 바로 조직과 이데올로기였다. 먼저 공격을 시작하고, 필수적으로 수반될 반격에도 살아남을 수 있는 조직이 있어야 했다. 그리고 죽는 순간까지 공격자들을 고무시키고 지속시킬 신앙 체계가 필요했다.

이스마일파에는 이 두 가지 요소가 다 있었다. 열정과 순교의 기억을 갖춘 이스마일파의 개혁 종교, 신성하고 인간적인 완성에 대한 약속은 이스마일파를 받아들인 사람들에게 위엄과 용기를 전하는 하나의 대의명분이었다. 맨 처음 유럽의 이목을 끌었고, 종파의 이름이 신앙과 자기희생에 대한 하나의 상징처럼 유명해졌던 것은 바로 수장을 위해 위험을 무릅쓰고 기꺼이 죽음까지 감수하는 아사신파의 충성 때문이었다. 물론 이후 아사신파는 암살자를 뜻하는 동의어로 변질되었다.

아사신파의 작전에는 종교적 열성뿐 아니라 합리적인 기획이 있었다. 몇 가지 원칙은 특별히 눈에 띈다. 먼저 그들은 성을 점령하면서 안전한 근거지를 마련했다. 일부 성은 원래 강도단 두목들의 소유였다. 둘째, 비밀 원칙을 통해 안전과 단결을 꾀했다. 비밀 원칙은 오래된 이슬람의 교리 타키야에서 채택했다. 셋째, 테러리스트의 공격은 종교와 정치 활동 양면에서 지원받았다. 그리고 이스마일파 선교사들은 시골과 도시 사람들 중에서 동조자들을 찾거나 새로운 지지자를 만들어 나갔다. 실제로 이스마일파 특사들이 고위급 무슬림들을 찾아다녔는데, 아사신파를 두려워했거나 야심이 있던 무슬림들은 일시적으로 아사신파의 목적에 동조하곤 했다.

그러한 동맹 때문에 아사신파에 대해 중대한 문제가 제기되었다. 이런저런 자료에 의하면 이란과 시리아에서 기록된 여러 건의 살인 중에서 상당히 많은 건수가 돈이나 다른 유인 금품을 제공하는 등 제3자가 사주한 일이었다고 한다. 때때로 그 이야기는 실제 살인자들이 붙잡혀 심문당할 때 내뱉은 자백에 근거한 것이다.

분명한 점은 종교적 대의명분을 목숨처럼 지켰던 신실한 교도였던 아사신파는 돈 때문에 단검을 휘두르는 단순한 살인자가 아니었다. 그들에겐 진정한 이맘 국가를 수립한다는 나름의 정치적 목표가 있었다. 그래서 부하나 지도자나 어느 누구도 다른 사람들의 야심을 채우는 도구로 전락하지 않았다. 그러나 베르크야루크와 동방의 산자르, 살라딘과 서방의 사자왕 리처드의 이름이 함께 거론되는 공범관계는 약간의 설명이 필요하다.

이런 소문 중에 몇 가지는 사실이었기 때문에, 당시에도 그대로 유포되었다. 어느 시대나 지역이나 기꺼이 폭력적인 과격주의자의 도움을 받은 야심가들이 존재했다. 그렇다고 그들이 과격파의 신앙에 공감하거나 그 신앙을 원한 건 아닐 것이다. 그러나 그런 야심가들은 과격파를 잘 이용해 목적을 달성하고 나면 이 위험한 동맹 관계를 포기할 수 있을 거라고 희망했지만 그건 착각이었다. 예를 들어 알레포의 리드완은 순니파에서 파티마로 충성할 상대를 바꾸면서도 전혀 가책을 느끼지 않은 셀주크 군주였다. 그 뒤에도 그의 친족과 대군주들에게 대항하는 데 도움을 얻고자 알레포에 아사신파를 기꺼이 받아들인 인물이다. 또 이스파한과 다마스쿠스의 교활한 와지르들은 자신의 영달을 위해 아사신파의 권력과 테러를 이용하려고 애썼다. 때때로 그 동기는 야심이 아니라 테러이기도 했다. 예컨대 호라즘 국왕 잘랄 알 딘의 와지르는 애처로울 정도로 공포에 질렸었는데, 나사위가 묘사한 내용을 보면 잘 알 수 있다.(본문 pp.157~158 참고. 1227년 알라무트의 바드르 알 딘이 잘랄 알 딘을 알현하러 올 때, 함께 이동했던 와지르 샤라프 알 물크를 가리킨다. —역주) 와지르뿐 아니라, 군인과 술탄들도 겁에 질린 나머지 순종하기에 바빴다. 아사신파의 기술과 대담성에 대해 언급하는 가장 극적인 이야기들 중에는 경건한 순니파 군주와 이스마일파 혁명가 간의 암묵적인 이해를 정당화하기 위한 목적으로 나온 것도 여러 개였다.

산자르와 살라딘 같은 인물의 동기는 이보다 다소 복잡하다. 두 사람은 아사신파와 화해하고 협정을 맺었다. 즉 순전히 개인적인 두려움이나 야심 때문에 그렇게 했을 것 같지 않다. 두 사람은 원대한 과업을 추진 중이었다. 산자르는 셀주크 술탄 제국을 복원하고 동방의 이단 침략자들로부터 이슬람을 방어해야 했다. 살라딘은 순니파를 부활시키고 서방의 기독교 침략자들을 물리쳐야 했다. 그래서 둘은 스스로 처한 현실과 사실을 제대로 인식했었음에 틀림없다. 즉 그들은 자기들이 죽고 나면 왕국이 무너지고 과업은 무용지물이 될 것임을 잘 알고 있었다. 그래서 잠시 동안 최종적으로 볼 때 위험성이 적은 적에게 양보하는 게 정당하다고 생각했을 것이다. 그것은 자신의 안전을 지키기 위해서나 이슬람 복원과 방어라는 거대한 과업을 완성할 가능성을 남겨 두는 일이었다.

아사신파 측의 계산은 훨씬 더 간단했다. 그들의 목적은 순니파 체제를 붕괴시키고 멸망시키는 것이었다. 만약 순니파 지도자들이 유혹이나 두려움에 못 이겨 그들을 도와줄 수 있다면 그보다 좋은 경우는 없었다. 심지어 아사신파 초기, 분노로 타오르던 시절에도 아사신파의 지도자들은 남들의 도움이 있을라치면 절대로 무시하지 않았다. 그 결과 나중에 그들이 사실상 지역의 군주가 되었을 때, 복잡한 동맹 구조와 이슬람 세계의 경쟁 국가들 틈바구니에서도 노련하고 느긋하게 정책을 펴나갔다.

그렇다고 아사신파의 활동이 돈에 팔렸다는 말은 아니다. 혹은 여러 자백을 통해 뒷받침되었던 모든 공모 관계가 사실이라고 할 수는 없었다. 아사신파의 지도자들은 모든 준비를 비밀리에 진행했을 것이며 실제 암살 요원들에게 그 세부사항을 알리지도 않았을 것이다. 대신 최선의 경우 임무를 실행할 아사신파 요원은 현대 용어로 '커버스토리cover story'만 들었을 것이다. 즉 현장에서 가장 가능성 높은 인물을 암시하는 정도로 지시받았을 것으로 짐작된다. 이로 인해 반대파에 불신과 의심을 유포시키는 추가적인 이익까지 발생했을 것이다. 칼리프 알무스타르시드와 십자군의 몬페라트 콘라트 암살은 이를 보여 주는 좋은 실례이다. 페르시아 내에서 산자르에게 의혹을 던지고 십자군들 사이에서 리처드에게 의혹을 던지니, 그 사안에 불을 지피고 분란을 일으키는 데에 분명히 유리하게 작용했을 것이다. 더구나 아사신파의 소행이라고 주장하는 모든 암살 사건을 실제로 그들이 저질렀다고 확신할 수 없다. 사적인 이유든 공적인 이유든 당시 암살은 흔히 발생했고 아사신파는 그들과 아무 관련 없는, 즉 이데올로기에 얽히지 않은 수많은 암살에 엄호나 대역을 제공했음이 틀림없다.

아사신파는 희생자를 신중하게 골랐다. 일부 순니파 작가들은 아사신파가 전체 이슬람 세계를 상대로 무차별적인 전쟁을 치렀다고 시사했다. 함둘라 무스타우피Hamdullah Mustawfi의 말이다.

"바티니파(이스마일파)가 응분의 보상을 받을 것이고, 무슨 방법을 동원해서든 이슬람 국가를 훼손시킬 수 있는 순간을 절대로 놓치지 않을 것이며, 이로써 굉장히 많은 보상을 받을 것이라고 생각한 것은 누구나 아는 정설이다. 그들은 살인을 저지르지 못하고 목표물을 놓치는 것을 최악의 죄라고 여긴다."[8]

함둘라는 약 1330년에 이를 기록했는데 오히려 후세의 관점, 즉 당시 아사신파에 대해 통용되던 신화와 전설에 오염된 관점을 제시한다. 페르시아와 시리아 양측의 당대 자료에 따르면, 이스마일파의 테러는 특정한 목적으로 특정한 개인을 겨냥했으며, 몇몇 매우 예외적인 민중 폭동을 제외하면 당시 주변 순니파 국가들과 이스마일파의 관계는 매우 정상적이었다. 이는 도시 내부의 이스마일파 소수집단과 이스마일파 지방 군주들이 순니파 형제들을 대할 때도 마찬가지였다.

아사신파의 희생자는 크게 두 집단으로 나뉜다. 먼저 군주, 고위 장교, 고위 관리들이며 다음으로 카디와 기타 고위 성직자들이다. 이 둘 사이의 중간 집단으로 지방 총독들이 간혹 주목을 받기도 했다. 극소수의 예외는 있지만 그 희생자는 모두 순니파 무슬림이었다. 일반적으로 아사신파는 12이맘파나 다른 시아파를 공격하지 않았고 토박이 기독교도나 유대인에게도 단검을 휘두르지 않았다. 시리아 내 십자군들에 대해서도 극소수의 공격만 있었을 뿐이며, 그중 대부분도 시난과 살라딘의 공모, 하산과 칼리프의 동맹을 따르는 입장에서 나온 듯하다.

이스마일파에게 적은 순니파 기성 체제, 즉 정치·군사·관료·종교 체제였다. 그들은 그 체제에 속한 사람들에게 충격을 안기고 취약하게 만들고, 궁극적으로 그것을 전복시키기 위해 암살을 실행하였다. 일부 단순히 복수와 경고 차원의 암살도 있었는데, 가령 관할 모스크 안에서 자파에 반대하는 언행을 일삼은 순니파 성직자들을 살해하는 경우였다. 기타 희생자들은 보다 당면한, 구체적인 이유로 지목되었는데, 예를 들어 이스마일파를 공격하는 군대 사령관이나 그들이 차지하려고 점찍은 본거지의 선점자 등이었다. 또 전술적 동기와 선교의 동기가 한데 섞여 주요 인물을 살해한 경우도 있는데 니잠 알 물크와 두 명의 칼리프 암살, 살라딘 암살 미수 사건이 이에 해당한다.

이스마일파 지지 세력의 성격을 가늠하는 것은 이보다 훨씬 더 어렵다. 그 지원의 많은 부분이 시골 지역에서 비롯되었다. 이스마일파는 성 안에 주요 근거지를 갖고 있었다. 그래서 매우 성공적으로 주변 도시 사람들의 지원을 받을 수 있었고 그중에서 필요한 사람을 구할 수도 있었다. 페르시아와 시리아 양측에서 이스마일파 선교사들은 오랜 종교적 일탈 전통이 살아 있는 지역에서 자리를 잡기 위해 노력했다. 그러한 전통은 오늘날까지도 눈에 띄게 끈질기게 살아남았다. '신종파'의 종교적 문헌 중 일부는 정교하고 세련된 파티마의 지적인 이론과 정반대로 시골 농민들의 종교와 연관된 주술적인 특성을 많이 드러낸다.

이스마일파 지지 세력은 시골과 산악 지역에서 가장 효과적으로 동원되고 관리될 수 있었다. 그렇다고 그런 지역으로만 한정된 것도 아니었다. 확실한 점은 여러 성시城市에서도 이스마일파의 추종자들은 존재했고, 이스마일파가 임무를 수행할 때 성 안의 사람들이 필요로 했던 분별 있는 도움을 그 주민들이 제공했다는 것이다. 때때로 이스파한과 다마스쿠스 내에서 그랬던 것처럼 그들은 드러내 놓고 권력 투쟁에 나설 만큼 강력했다.

이스마일파의 도시 지지자들은 대체로 사회의 하층 계급으로부터 비롯되었다고 짐작된다. 즉 기술공들과 그보다 아래에 이리저리 부유하는 하층민들이 그에 해당한다. 이런 가설은 간혹 만나게 되는 그와 같은 사회 계급들의 이스마일파 활동에 대한 여러 참고문헌에 근거한 것이다. 그리고 부유한 계층, 심지어 셀주크 순니파 체제에서 다소 불리한 입장에 처했던 사람들 중에 이스마일파에 동조했다는 증거가 태

부족한 현실에서 미루어 짐작한 사실이다. 예컨대 상인들과 지식 계급 중에서 시아파 동조자들이 있었다는 징후는 많이 있으나, 그들은 이스마일파의 과격한 전복보다는 12이맘파의 수동적인 반체제를 더 선호했던 것 같다.

확실한 사실은 이스마일파의 많은 지도자와 교사들이 교육을 잘 받은 도회지 출신이라는 것이다. 하산 이 사바는 라이 출신으로 율법학자가 되는 교육을 받았다. 이븐 아타시는 의사로서 알라무트에서 시리아에 파견한 최초의 선교사였다. 시난은 교사로서 그가 직접 한 말에 의하면 바스라의 저명인사 집안 자제였다. 하지만 '신종파'는 초창기에 시인, 철학자, 신학자를 유치하는 유혹적인 지적 호소력이 절대 부족했던 것으로 보인다. 9세기부터 11세기까지 이스마일파는 다양한 형태로 이슬람 내에 주요 지식 세력이자 신도들의 머리와 가슴을 사로잡는 강력한 경쟁자로 부상하여, 철학자이자 과학자인 아비켄나Avicenna(980~1037) 같은 거물 지식인의 동조를 얻기도 했다. 12세기와 13세기에 들어 이런 추세는 확실히 더 이상 유지되지 않는다. 1087년 이후 어느 시점에 사망한 나시르 이 쿠스라우 뒤로 이스마일파 신학에 이렇다 할 거물 지식인이 없고 그들의 추종자들조차 외딴 지역의 소작농민과 산악 주민으로 제한된다. 하산 이 사바와 후임자들의 통치 하에서 이스

나시르 이 쿠스라우(1004~1088)
시인이자 철학자이며 이스마일파 학자. 1046년 이집트를 찾아가 개종한 이후 이스마일파 신앙을 설교하며 강한 영향력을 발휘했다.

마일파는 순니파 이슬람에게는 두려운 정치·군사·사회적 문제 집단으로 자리를 잡는다. 하지만 그들은 더 이상 지적 도전을 제기하지 못했다. 게다가 그들의 종교에는 가난하고 불안정한 하층 계급의 제의와 연관된 마술적이고 정서적인 색채와 구세주 사상 및 천년왕국설의 희망이 덧붙여졌다. 이스마일파 신학은 완전히 사라졌고, 이후 다시는 이슬람 도시의 지적 삶을 지배하고 있던 새로운 정통파에 대항할 중요한 대안이 되지 못했다. 그러나 이스마일파의 영적인 개념과 태도는 변형되고 간접적인 형태로 계속 유지되어 페르시아와 터키의 신비주의와 문학에 영향을 끼쳤다. 그리고 이스마일파의 여러 요소는 후세에 혁명적 메시아사상의 발발 사태에서 찾아볼 수도 있다. 가령 15세기 터키에서 이슬람 수도 탁발승의 폭동이나 19세기 페르시아에서 바비Babi파(19세기 중반 이란에서 발생한 평화주의자 집단으로 이란 왕정과 혁명군 치하에서 모두 탄압받았다. —역주)의 반란이 그에 해당한다.

현대 역사가들이 질문할 수밖에 없는 또 하나의 의문이 남았다. 이스마일파는 어떤 의미가 있는가? 종교적 측면에서 이스마일파의 '신종파'는 천년왕국설과 율법폐지론 풍조의 부활로 볼 수 있다. 실제로 이런 추세는 이슬람 세계에서 되풀이되었고 다른 종교의 전통에서도 이와 같은 경우나 선례가 있다. 그러나 현대인이 더 이상 종교를 관심의 제1 요소로 두지 않게 됨으로써, 과거 시대를 포함하여 타인들이 종교를 최우선으로 지켜야 한다는 생각을 하지 않게 되었다. 그래서 현대인은 현대적 감각에 맞는 관심과 동기를 찾아서 과거의 여러 종교 운동을 재검토하기 시작했다.

현대 인종주의의 아버지라 불리는 드 고비노 백작(Count de Gobineau)

은 이슬람 이단의 '진짜' 의미와 중요성에 대해 최초로 훌륭한 이론을 내놓았다. 그가 볼 때, 시아파는 아랍인의 지배에 대항하는 인도-유럽 계열 페르시아인의 반발을 나타낸다. 즉 아랍 이슬람이 유대 셈족을 지배하는 것에 대한 반발이었다. 19세기까지 유럽은 국가적 분쟁과 독립 문제로 몸살을 앓고 있던 터라 그러한 분석이 합리적이고 확실한 듯 보인다. 시아파는 페르시아를 위해 분연히 일어나 제일 먼저 아랍의, 나중에는 오스만 투르크의 지배에 대항하여 싸웠다. 아사신파는 19세기 이탈리아와 마케도니아의 비밀 테러리스트 결사대와 마찬가지로, 일종의 과격 국가주의 무장 단체를 상징한다.

고비노(1816~1882)
프랑스의 작가 겸 민족학자. 인종결정론에 대한 이론으로 유럽에서 인종주의 이론과 실천이 발전하는 데 큰 영향을 끼쳤다. 무슬림 시아파의 의미에 대해 인종적·민족적 분쟁 이론을 내놓았다.

한편 학문의 발전과 다른 한편으로 유럽 상황의 변화로 인해 20세기에 들어와 이런 인종적 또는 민족적 분쟁 이론에 약간의 변화가 생겼다. 더욱 늘어난 여러 가지 지식에 의하면, 전반적으로 시아파, 특히 이스마일파는 결코 페르시아인에게 국한된 게 아니었다. 그 종파는 이라크에서 먼저 시작되었다. 당시 파티마 칼리프 제국은 아라비아, 북아프리카, 이집트에서 큰 성공을 거두었다. 게다가 심지어 페르시아에서 페르시아인의 손으로 시작된 하산 이 사바의 개혁 이스마일파도 아랍 시리아 지역에서 광범위한 추종 세력을 얻었고, 심지어 중앙아시아에서 중동으로 이주했던 투르크멘 종족들에게도 침투했다. 따라서 어떤 경우이건 더 이상 민족성이 대규모 역사적 운동을 설명하는 충분한 근거로 간주되지 않았다.

일련의 연구 중에서도 1911년에 처음으로 나온 연구를 통해 러시아 학자 바르트홀트V. V. Barthold는 또 하나의 설명을 제시했다. 그의 견해에 따르면, 아사신파의 진짜 의미는 도시에 대항하여 외곽 성이 주도한 전쟁이었다. 즉 시골 이란의 귀족계급이 이슬람의 새로운 도시 세력에 저항하기 위해 봉기했던 최후의 시도이자, 궁극적으로 실패한 시도였다. 이슬람 이전의 페르시아는 지주 기사 중심의 사회였는데, 그런 사회에서 도시는 이슬람 혁신의 대상이었던 것이다. 중세 유럽의 영지 귀족과 자기 영지를 지나는 여행자들을 털었던 강도 귀족처럼 페르시아의 지주 기사들도 마을 사람들의 지원을 받아서, 서서히 그들을 잠식해 가는 새로운 외래 체제에 대항하여 성 안에서 전쟁을 치렀던 것이다. 아사신파는 이런 전쟁에서 일종의 강력한 무기였다.

후세 러시아 학자들은 바르트홀트의 이론을 개정하고 다듬어서 이스마일파에 대한 경제적인 설명을 내놓았다. 즉 이스마일파는 도시 내에 자체 추종자들이 있었음을 감안한다면 그와 같이 도시에 대항한 게 아니라 그보다 도시 내의 특정 지배 세력에 대항했다. 군주, 군대와 민간 저명인사들, 새로운 봉건 지주, 당국의 직책을 맡은 성직자들이 그에 해당한다. 더구나 이스마일파는 단순히 옛 귀족 계급과 동일시할 수도 없다. 우선 그들은 성을 상속받은 게 아니라 점령했으며 둘째, 그들의 지원 세력은 토지를 소유한 사람이 아니라 새 주인에게 토지를 빼앗긴 사람들이었다. 새 주인은 지주 계층과 농민 계층을 희생시키면서 신임 군주로부터 영지와 수익을 하사 받았던 세리 농민, 관리, 장교들이었다. 이스마일파를 순니 이슬람의 평등주의에 대항하여 봉건 귀족들이 특권을 방어하기 위해 꾀했던 반동적 이데올로기라고 보는 견해도 있다. 한편 상황에 따라 다르겠지만, 이스마일파가 새로운 셀주크 정권의 과세로 고통 받던 여러 사회 집단의 요구에 부응한 결과, 권력을 빼앗긴 구지배층과 불만이 쌓인 도시 민중들을 모두 수용했다고도 한다. 그러나 이를 단순히 기술공, 도시 빈민, 산악 지대 농민을 기반으로 전개된 '민중' 운동으로 보는 시각도 있다. 이 관점에 따르면, 하산의 부활 선포는 '민중' 세력의 승리였다. 그러므로 여전히 이슬람 율법을 따르려던 사람들에게 가한 처벌 위협은 이스마일파 영토 내의 봉건 잔재, 즉 은밀히 이스마일 정통파를 따르고 사회 평등에 적대적이었던 사람들을 겨냥한 것이었다.[9]

앞서 인종적 가설에서 시도했던 것처럼 경제적 논쟁이 함축된 이런 이론들은 새롭고 유익한 방향으로 연구를 전개시킴으로써 이스마일주의에 대한 지식을 풍부하게 해 주었다. 그리고 초기 신학적인 설명들과 마찬가지로, 이런 이론들은 어떤 면은 지나치게 강조하고 다른 면은 깡그리 무시하는 지나친 독단주의를 겪었다. 특히 종교, 지도층, 동맹관계를 연구하는 사회학이 그러했다. 이제 확실히 이스마일주의의 경제적 요인이 얼마나 중요한지 그리고 정확히 그것이 무엇인지 판단하기에 앞서 우선 이슬람과 여러 종파에 대한 우리의 지식을 넓히고 연구방식을 치밀하게 가져가야 할 필요가 있다. 그 사이에 우리 시대에 겪은 여러 가지 사건과 학문의 발전에 비춰 볼 때, 민족적 문제에서 경제적 요인을 풀어헤치거나, 심리·사회적 결정 인자를 풀어헤치는 일이 그리 쉽지 않음을 알게 될 것이다. 또한 바로 윗대 연구자들에게 그렇게나 중요했던 과격 우파와 과격 좌파 간의 구별이 때론 환영에 불과하다는 사실도 드러날 것이다.

단 하나의 간단한 이론만으로 복잡한 중세 이슬람 사회 속에서 이스마일주의의 복잡한 현상을 명확히 설명하기엔 부족하다. 이스마일파 종교는 장기간에 걸쳐 광범위한 지역을 거쳐 진화했으며 시대마다, 지역마다 서로 다른 의미를 내포했다. 우선 이스마일파 국가는 자체 내부의 차이와 갈등이 존재한 지방 공국이었다. 이스마일파 제국의 사회·경제적 질서는 여타 중세 사회와 마찬가지로 다양한 지배층, 영지, 계급, 사회, 인종, 종교 집단이 서로 복잡하게 얽혀 변동이 심한 패턴이었다. 그래서 당시 등장했던 종교나 사회 어느 부분도 아직까지 충분하게 탐구되지 않았을 정도이다.

중대한 역사적 교리와 운동이 그랬던 것처럼 이스마일주의도 많은 자료들을 끌어다 붙였고 여러 정권에 의존했으며, 여러 가지 요구사항과 의무를 수행했다. 어떤 사람들에게 이스마일주의는 구체제의 복원이든 신체제의 구축이든 그 목적에 상관없이, 증오하는 지배체제에 타격을 가하는 일종의 수단이었다. 또 다른 이들에게 이스마일주의는 이 세상에서 신의 목적을 달성하는 유일한 방법이었다. 여러 군주들에게 이스마일주의는 외래 간섭에 대항하여 지역의 자주성을 안전하게 지키고 유지하는 방안이었으며, 전 세계에 군림하는 제국으로 가는 방편이었다. 메마르고 쓰라린 삶에 존엄성과 의미를 안겨 주는 열정이자 성취감이었으며, 해방과 파괴의 복음이었다. 또한 조상 대대로 내려온 진리로의 회귀였으며 동시에 미래의 빛을 예지하는 일종의 약속이었다.

이슬람 역사에서 아사신파의 위치에 관해서 적절한 확신을 담아 네

가지 사항을 말할 수 있을 것이다. 첫째, 아사신파의 추동력이 무엇이었든 그들의 운동은 기성 질서, 정치, 사회, 종교에 심각한 위협으로 간주되었다. 둘째, 아사신파는 세상과 동떨어져 고립된 현상이 아니라 오래도록 계속 이어진 메시아 운동 가운데 하나이다. 메시아 운동은 대중의 지지를 받는 동시에 보이지 않게 진행되기도 한다. 이는 깊이 뿌리박힌 불안 때문에 발생하며, 때로는 혁명적 폭동 속에서 갑자기 터질 때도 있다. 셋째, 하산 이 사바와 그의 추종자들은 성공적으로 모호한 욕망을 재구성하고 방향을 수정하였으며 불만이 쌓인 민중들의 조야한 신앙과 표적 없는 분노를 하나의 이데올로기와 조직으로 바꾸는 것에 성공했다. 이 조직은 그 응집력, 훈련, 합목적적 폭력의 면에서 전후 역사를 통틀어 필적할 만한 상대가 없다. 넷째, 아무래도 궁극적으로 가장 중요한 점인데 바로 그들이 최종적으로 완전히 실패했다는 사실이다. 그들은 기존 질서를 전복시키지 못했다. 크기를 떠나 도시 하나를 장악해 본 적도 없다. 심지어 성의 소유권과 범위도 작은 공국에 지나지 않았다. 이것조차 완전히 정복당해 이후 추종자들은 농민과 상인으로 구성된 작고 조용한 공동체로 변했다. 즉 수많은 이슬람 분파들 중에서 소수, 비주류파로 남게 되었다.

그러나 아사신파의 거침없는 활동의 추진력이었던 메시아적 소망과 혁명적 폭동의 저류低流와 그들의 이상적 목표, 방식은 많은 모방 집단을 양산했다. 이들 모방 집단에게 우리 시대의 거대한 변화는 분노할 만한 새로운 명분, 성취를 위한 새로운 꿈, 공격의 새로운 도구를 제공해 온 것이다.

주석

표제 약칭

BIE: 이집트 연구 보고서(Bulletin de l'Institut égyptien(d'Egypte))

BIFAO: 프랑스 동양 고고학 연구 보고서(Bulletin de l'Institut français d'archéologie orientale)

BSOAS: 동양[아프리카] 학회 보고서(Bulletin of the School of Oriental[and African] Studies)

EI(1): 이슬람 백과사전, 1판(Encyclopaedia of Islam, 1st edition)

EI(2): 이슬람 백과사전, 2판(Encyclopaedia of Islam, 2nd edition)

IC: 이슬람 문화(Islamic Culture)

JA: 저널 아시아티크(Journal asiatique)

JAOS: 미국 동양학 저널(Journal of the American Oriental Society)

JBBRAS: 왕립 아시아 학회 봄베이 지구 저널(Journal of the Bombay Branch of the Royal Asiatic Society)

RCASJ: 왕립 중앙아시아 학회 저널(Royal Central Asian Society Journal)

REI: 이슬람 학회 리뷰(Revue des études islamiques)

RHC: 십자군 역사 문집(Recueil des historiens des Croisades)

s.: 페르시아 태양력

SI: 이슬람 연구(Studia Islamica)

ZDMG: 독일 동양학 학회 잡지(Zeitschrift der Deutschen Morgenländischen Gesellschaft)

1장

C. E. Nowell, 'The Old Man of the Mountain'(*Speculum*, xxii , 1947, 497-519)과 L. Olschki, *Storia Letteraria delle scoperte geografiche* (Florence. 1937, 215-22)는 중세 서구 문헌에서 아사신파가 어떻게 다루어졌는지를 논의하였다. B. Lewis, 'The sources for the history of the Syrian Assassins'(*Speculum*, xxvii, 1952, 475-89)는 아사신파와 관련 종파에 대한 서구의 연구를 개관하고 있다. 이스마일파 연구의 참고문헌은 Asaf. A. A. Fyzee, 'Materials for an Ismaili bibliography:1920-34' (*JBBRAS*, NS. xi , 1935, 59-65), 'Additional notes for an Ismaili bibliography' (*ibid*, xii, 1936, 107-9), 'Materials for an Ismaili bibliography:1936-1938' (*ibid*, xvi, 1940, 99-101)을 통해 준비하였다.

그 외에 저서를 제외한 좀 더 최근의 논문은 J. D. Pearson, Index Islamicus 1906-1955 (Cambridge 1958, 89-90), *Supplements* (Cambridge 1962, 29)에 목록이 실려 있다. 용어의 기원과 활용에 대한 언급은 영어, 프랑스어, 이탈리아어, 기타 유럽어의 어원과 역사 표준 사전, *EI*(2)에 수록된 논문 'Hashīshiyya'를 참조하면 된다.

1 Brocardus, *Directorium ad passagium faciendum*, *RHC*, E, *Documents*

arméniens, ii, Paris 1906, 496-7.

2 Villani, *Cronica*, ix, 290-1; Dante, *Inferno*, xix, 49-50; *Vocabulario della lingua italiana*에서 인용, assasino 항목을 보라.

3 Gerhard(아마도 Burchard를 잘못 표기한 듯)의 보고서 *vice-dominus* of Strasburg는 독일 연대기 학자인 Arnold von Lübeck의 *Chronicon Slavorum* vii, 8 (ed. W. Wattenbach, *Deutshlands Geschichtsquellen*, Stuttgart-Berlin 1907, ii, 240.)에서 인용한다.

4 William of Tyre, *Historia rerum in partibus transmarinis gestarum*, xx, 31, ed. J. P. Migne, Patrologia, cci. Paris 1903, 810-1.

영역본 E. A. Babcock and A. C. Krey, *A History of deeds done beyond the sea*, ii, New York 1943, 391.

5 *Cronicon* iv, 16, ed. Wattenbach, 178-9.

6 F. M. Chambers, 'The troubadours and the Assassins', *Modern Language Notes*, lxiv, 1949, 245-51.

올시키Olschki도 단테가 젊었을 적에 창작한 어느 소네트에서 이와 유사한 구절을 적고 있다. 그 소네트에서 시인은 연인에 대한 헌신적인 사랑을 아사신파가 산중 노인에게 바치는 것보다, 혹은 성직자가 신에게 바치는 것보다 크다고 묘사한다(Storia, 215).

7 William of Tyre, xxiv, 27, ed. Migne, *Patrologia*, cci, 958-9.

Matthew of Paris, *Cronica Majora*, ed. H. R. Luard, *Reum britannicarum medii evi scriptores*, 57, iii, London 1876, 488-9.

Joinville, *Historie de Saint Louis*, chapter lxxxix, in *Historiens et chroniqueurs du moyen age*, ed. A. Pauphilet, Paris 1952, 307-10.

8 Nowell, 515, *Collection des mémories relatifs à l'histoire de France*, xxii, 47f. 안의 프랑스어 번역본 인용.

———, *Historia Orientalis*, i, 1062, in Bongars, *Gesta Dei per Francos*,

Hanover 1611. 안의 라틴어 텍스트.

9 *The journey of Willima of Rubruck to the eastern parts of the world*, 1253-55, ed. and trans. by W. W. Rockhill, London 1900, 118, 222.

The texts and versions of John de Plano Carpini and William de Rebruquis, ed. C. R. Beazley, London 1903, 170, 216, 324.

다른 문헌들에 따르면 400명의 아사신파가 있었다고 한다. 그 외에 여러 버전에서도 400명의 아사신파 요원에 대해 언급한다.

10 *The book of Ser Marco Polo*, trans. and ed. by Sir Henry Yule, 3rd. edn. revised. Henri Cordier, i, London 1903, chapters xxiii, xxiv, 139-43.

11 Ibn Muyassar, *Annals d'Egypte*, ed. H. Massé, Cairo 1919, 68.

Imād al-Dīn, (약칭 Al-Bondārī), *Historie des Seldjoucides de l'Iraq*, ed. M. Th. Houtsma, *Recueil de textes relatifs à l'historie des Seldjoucides*, i, Leiden, 1889, 195.

Kitāb al-Radd 'alā'l-mulhidīn, ed. Muh. Taqī Dānischpashūh in *Revue de la Faculté des Lettres, Université de Tabriz*, xvii/3, 1344 s., 312.

마르코 폴로의 이야기에 대한 몇몇 버전에서는 실제 Assassin이란 단어는 전혀 등장하지 않는다.

12 *Mémories de l'Institu Royal*, iv, 1818, 1-85에 수록된 'Mémoire sur la dynastie des Assassins ……' (= *Mémoires d'histoire et de literature orientale*, Paris 1818, 322-403).

13 J. Von Hammer, *Geschichte der Assassinen aus morgenländischen Quellen*, Stuttgart 1818.

영역본 O. C. Wood, *The history of the Assassins*, London 1835, 1-2, 217-18.

14 'Mémoire sur les Ismaélis et les Nosairis de la Syrie, addressé à M. Silvestre de Sacy par M. Rousseau ……', *Cahier xlii*, *Annales de Voyages*, xiv, Paris 1809-10, 271 이하.

더 자세한 설명은 B. Lewis, 'Sources ……', 477-9에 나와 있다.

15 W. Monteith, 'Journal of a journey through Azerbijan and the shores of the Caspian', *J. R. Geor. S.*, iii, 1833, 15 이하.

J. Schiel, 'Itinerary from Tehrán to Alamút and Khurramabad in May 1837', *ibid*, viii, 1838, 430-4.

더 많은 내용을 보려면 다음을 참고하라.

L. Lockhart, 'Hassan-i-Sabbah and the Assassins', *BSOAS*, v, 1928-30, 689-96.

W. Ivanow, 'Alamut', *Geographical Journal*, lxxvii, 1931, 38-45.

Freya Stark, *The valleys of the Assassins*, London 1934.

W. Ivanow, 'Some Ismaili strongholds in Persia', *IC*, xii, 1938, 383-92.

————, *Alamut and Lamasar*, Tehran 1960.

P. Willey, *The castles of the Assassins*, London 1963.

L. Lockhart and M. G. S. Hodgson, 'Alamut' in *EI*(2).

Manučer Sutūdah, 'Qal'a-i Alamūt' *Farhang-i Irān zamīn*, iii, 1334 s., 5-21.

16 *Annals des Voyages*, xvi, 1818, 279.

St Guyard, *Un grand maî tre des Assassins* ···, *JA*, Paris 1877, 57-8에서 재수록.

17 J. B. Fraser, *Narrative of a journey into Khorassan*, London 1825, 376-7.

18 이 사건에 대한 전문 설명은 미 발간된 런던 대학교 석사논문 Zawahir Noorally, *The first Agha Khan and the British* 1838-1868(April, 1964)에 있다. 1867년에 봄베이에서 발간된 아널드의 판결은 A. S. Picklay, *History of the Ismailis*, Bombay, 1940, 113-70에 재수록되었다.

19 E. Griffini, 'Die jüngste ambrosianische Sammlung arabischer Handschriften', in *ZDMG*, 69 (1915), 63 f.

20 W. Ivanow, 'Notes sur l' "Ummu'l-kitab" des Ismaëliens de l'Asie Centrale', in *REI*, 1932, 418 f.

V. Minorsky, 'Shughnān' in EI(1).

A. Brinsokoy, *Sekta Isma'iliya v russkikhi bukharskikh predelakh*, Moscow 1902.

최근에 구소련의 파미르 원정대에 관한 짧은 설명을 보려면 A. E. Bertel, 'Otčet orabote pamirskoy ekspeditsii ……'(*Izvestya Akad. Nauk Tadzhikstoy SSR*, 1962, 11-16)를 참고하라.

2장

아사신파에 대한 가장 종합적인 저서는 M. G. S, Hodgson, *The order of Assassins* (Hague, 1955)이다. 이 책은 주로 1094년 이후 시대를 다루고 있지만, 이전 시대에 대한 몇 가지 설명도 들어 있다. 아사신파의 종교적 발전에 대한 간략한 설명은 W. Ivanow, *Brief survey of the evolution of Ismailism* (Leiden, 1952)에 나와 있다. 이바노프는 이스마일파 종교, 문학, 역사의 특정 부분을 다루는 수많은 저서와 논문을 펴낸 저자이다. J. N. Hollister는 *The Shī'a of India* (London, 1953)에서 특별히 인도에 대한 설명을 포함시켜 이스마일주의의 역사와 세부사항을 설명했다. A. S. Picklay, *History of Ismailis* (Bombay, 1940)는 이스마일파 독자들을 위해 이스마일파 저자가 쓴 대중 저서이다.

시리아의 이스마일파 저자 Mustafā Ghālib의 현대 아랍어 저술 중에서 두 권 정도가 언급할 만하다. 역사서 *Ta'rīkh al-da'waal-Ismā'īliyya* (Damascus, 연대미상)와 전기적인 사전 *A'lām al-Ismā'īliyya* (Beirut, 1964)이 그것이다. 그리고 이집트의 비이스마일파 학자 Muhammad Kāmil Husayn의 *Tā'ifat al-Ismā'īliyya* (Cairo, 1959)의 일반적인 설명도 좋다.

이스마일파 초기 역사의 여러 측면을 검토한 저술은 다음과 같다.

B. Lewis, *The origins of Ismā'īlism*, Cambridge 1940.

W. Ivanow, *Ismaili tradition concerning the rise of the Fatimids*, London-Calcutta 1942.

———, *Studies in early Persian Ismailism*, Bombay 1955.

W. Madelung, 'Fatimiden und Bahrainqarmaten', *Der Islam*, xxxiv, 1958, 34-88.

———, 'Das Imamat in der frühen ismailitischen Lehre', *Der Islam*, xxxvii, 1961, 43-135.

P. J. Vatikiotis, *The Fatimid theory of state*, Lahore, 1957.

그 외에도 이바노프, 코르빈Corbin, 스턴S. M. Stern의 수많은 논문들과 피어슨Pearson이 열거한 논문에서도 찾아볼 수 있다. 나시르 이 쿠스라우Nāsir-i Khusraw에 대한 연구도 많다. 우선 A. E. Bertel, Nasir-i-Khosrov i Ismalizm (Moscow, 1959)은 나시르 이 쿠스라우 시대에 이스마일주의의 역사적 배경과 의미에 대해 광범위한 논의를 담았다. 이슬람 신학자 알 가잘리Ghzālī는 압바스조 칼리프, 알 무스타지르 시절 1094-1095년에 이스마일파에 반대하는 주요 논쟁 저서를 냈다. 이 저서들은 I. Goldziher, *Streitschrift des Gezālt gegen die Bātinijja-sekte* (Leiden, 1916)에서 분석하였다. 가잘리의 또 다른 반이스마일파 논문은 터키어로 번역되었다(Ahmed Ates ed. and trans., 'Gazâlînin belini kiran delililler'i. Kitâb Kavāsim al-Bātinīya' in *Ilâhiyat Fakültest Dergisi* Ankara, i-ii, 1954, 23-54). 위 두 논문은 가잘리 시대에 이스마일파 신교리에 반대하는 내용이다. 이스마일파에 대한 가잘리의 태도는 W. Montgomery Watt, *Muslim intellectual; a study of al-Ghazali* (Edinburgh, 1963, 74-86)에서 논의하였다.

이슬람 종교와 역사라는 좀 더 넓은 구조 내에서 이스마일파의 입지에 대해 논의한 참고자료는 다음과 같다.

H. Laoust, *Les Schismes dans l'Islam*, Paris 1965.

M. Guidi, 'Storia della religione dell' Islam', in P. Tacchi-Venturi, *Storia delle religione*, ii, Turin 1936.

A. Bausani, *Persia Religiosa*, Milan 1959.

W. Montgomery Watt, *Islam and the integration of society*, London 1961.

B. Lewis, *The Arabs in history*, revised edn., London 1966.

또한 *L'Elaboration de l'Islam* (Paris 1961) 안에 관련되는 부분과 *The Cambridge Medieval History* (iv/1, new edn., Cambridge, 1966)를 참고하라.

1 H. Hamdani, 'Some unknown Ismā'īli authors and their works', *JRAS*, 1933, 365.

3장

하산 이 사바(아랍어로 알 하산 이븐 알 사바 Al-Ḥasan ibn al-Ṣabbāḥ)에 대해 가장 잘 설명한 저서는 Hodgson의 *The order of Assassins*이며, *EI*(2)에 실린 논문 'Ḥasan-i Ṣabbāḥ' 에서는 좀 더 간략하게 설명한다. 이스마일주의에 대한 종합 일반서에는 보다 초기 상황을 설명하는데, 앞에서 이미 언급했고 하나 더 추가하면 E. G. Browne, *A literary history of Persia from Firdawsí to Sa'dí* (London, 1906, 201이하)를 봐도 좋다. 하산 이 사바 당대에 역사적 사건의 보다 넓은 범위 안에서 셀주크를 상대로 싸운 하산 이 사바의 투쟁은 Ibrahim Kafesoğlu가 발간한 *Sulatan Melikşah devrinde büyük Selçuklu imparatorluğu* (Istanbul, 1953)를 통해 논의된다. 보다 대중적인 현대적 분석은 Jawas al-Muscati, *Hasan bin Sabbah*, (영역본 A. H. Hamdani, 2nd edn., Karachi, 1958)를 통해 제시된다.

또한 하산 이 사바는 현대 이란과 아랍 학자들의 주목을 끌었다. 나스룰라 팔사피(Nasrulla Falsafī) 교수는 저서 *Čand Maqāla* (Tehran, 1342 s., 403-44)에서 몇몇 문서의 사본을 제시하면서 하산 이 사바의 생애를 설명했다. 또 Karim Kashāvarz는 문서를 첨부하여 전기문이자 반半 대중서적 *Ḥasan-i-Ṣabbāḥ*

(Tehran, 1344 s.)를 발간했다. 시리아 이스마일파 저자가 쓴 아랍어 저서가 두 권 있다. *'Ārif Tāmir, 'Alā abwab Alamū* (Harīsa, 1959)와 Mustafā Ghālib, *Al-Thā'ir al-Ḥimyarī ibn al-Ṣabbāḥ* (Beirut, 1966)이다. 타미르의 저서는 역사 소설이고 길립의 저서는 대중 전기이다.

하산 이 사바의 생애에 대한 가장 중요한 단일 자료는 바로 그의 자서전으로, 제목이 '우리 주의 모험'이라는 뜻의 *Sarguzasht-i Sayyidnā*로 알려져 있다. 지금까지 사본이 발견되지 않았지만, 몽골 제국 시대의 페르시아 역사가들은 그 책을 보았다. 당시 알라무트와 기타 이스마일파의 요새와 서가의 약탈품에 접근할 수 있었던 것이다. 당시 페르시아 역사가 세 명이 그 자서전을 활용하고 일부 인용하기도 했다. 그래서 그들은 주로 노획한 이스마일파 자료를 토대로 하산 이 사바와 그의 후임자들에 대해 상세한 이야기를 썼다. 가장 오래되고, 가장 유명한 역사가는 아타 말리크 주바이니('Atā Malik Juvaynī, 1226-1283)이다. 그가 쓴 역사서는 Mīzrā Muhammad Qazvīnī ed. *Ta'rīkh-i Jahān-gushā* (3 vols., London, 1912-1937)로 발간했으며, 이후 보일J. A. Boyle이 영어로 번역하여 *The history of the world-conqueror* (2 vols, Manchester, 1958)로 펴냈다. 이스마일파의 역사는 카즈비니의 편집본에서는 제3권에, 보일의 영역본에서는 제2권에 등장한다. 이스마일파를 다루는 일부 내용은 페르시아어 원고를 바탕으로 프랑스어로 번역되었다 (Charles Defrémery, *JA*, 5ᵉ série, viii, 1856, 353-87;xv , 1860, 130-210). 주바이니는 점령당한 알라무트 성의 서가에서 본인이 어떻게 이스마일파 연대기를 발견하였으며 관심 분야를 필사한 다음에, 그것을 없애 버렸는지 설명해 준다. 그는 자료를 주도면밀하게 읽으면서 조심스레 찬사와 비난을 서로 바꿔치기했으며 어느 이교 종파에 대한 분석을 하는 정통 역사가에게 어울릴 법한, 종교를 빙자한 저주를 덧붙인 것 같다.

두 번째로 중요한 자료는 주바이니보다 조금 늦게 태어난 역사가 라시드 알 딘(Rashīd al-Dīn, c.1247-1318)이다. 그는 주바이니가 이용했던 똑같은 자료를 직·간접적으로 근거로 삼아, 이스마일파에 대해 장황한 이야기를 본인의 세계사 안에 포함시켰다. 그러나 라시드 알 딘은 확실히 주바이니의 현존 텍스트에서 나타나는 것보다, 활용할 수 있는 자료가 더 풍부했다. 비록 몇 군데 빠지긴 했지만 라시드 알 딘은 주바이니보다 이스마일파 자료 텍스트를 더욱 철저하게 따라간 것 같다. 그 결과 그는 선임자 주바이니가 빠뜨린 여러 가지 세부사항을 보존하였다. 라시드 알 딘의 이스마일파 역사는 한동안 원고 상태로 알려져 브라운, 이바노프, 호지슨, 그외 여러 학자들이 활용했다. 그것의 페르시아 텍스트는 1958년에 발간되었고(*Faslī az Jāmi' al-tāvārīkh. . tārīkh-i firqa-i-rafi1qān va Ismā'īlyyān-i Alamūt*, ed. Muhammad Dabīr Siyāqī, Tehran 1337 s.), 또 다른 판으로 1960년에 재발간되었다(*Jāmi' al-tāvārīkh; qimat-i Ismā'īlyyān*. ed. Muhammad TaqīDānishpazhūh and Myh. Mudarrisī Zanjānī. Tehran 1338 s.). 참고자료는 두 번째판으로 했다. 라시드 알 딘의 초기 논의에 대해 알고 싶다면 아래를 찾아보라.

R. Levy, 'The account of the Isma'ili doctrines in the *Jāmi' al-tāwārīkh* of Rashid al-Dīn Fadlallah', *JRAS*, 1930, 509-30.

H. Bowen, 'The *Sarguzasht-i Sayyidnā*, the "Tale of the Three Schoolfellows"

―――――, '*wasaya* the *wasaya* of the Nizām al-Mulk', *ibid*, 1931, 771-82.

학자들은 주바이니 혼자 보고 없애 버렸던 그 자료에 대해 라시드 알 딘이 어떻게 더욱 완전하고 밀도 있는 설명을 할 수 있었는지 당황스러워했다. 그래서 보웬은 라시드 알 딘이 주바이니가 필사하고 버렸던, 초기의 완전한 원고를 활용했을 것이라고 암시하기도 했다(Hodgson, *Assassins*, p.73, 34번 주석 참고). 그러나 그 딜레마는 이렇게 생각하면 의외로 쉽게 풀릴 것 같다. 이스마일파는 알라무트 외에도 다른 성이 있었다. 따라서 그 성에도 종파의 역사서 사본을 보유했었다고 가정하는 게 합당하다. 즉 라시드 알 딘은 분명히 주바이니의 저서를 참고했을 뿐 아니라, 주바이니가 직접 활용한 일부 저서의 사본에 직접 접근할 수 있었을 것이다.

1964년에 라시드 알 딘에 이어 당대 학자 아불 카심 카샤니Abu'l Qāsim Kāshānī의 세 번째 책이 세상에 나왔다 (Muh. Taqī Dānishpazhūh, *Tārīkh-i Ismā'īlyyā*,

Tabriz, 1343 s.). 카샤니의 텍스트는 라시드 알 딘의 저서와 매우 비슷하며, 아무래도 두 텍스트가 관련이 있다. 그러나 몇 가지 점은 전혀 다르며, 라시드 알 딘과 주바이니 두 사람이 모두 빠뜨린 세부사항이 담겨 있다.

하산 이 사바는 자서전 외에도 여러 신학 저서를 썼던 것으로 보인다. 이중에 원래 형태로 현존하는 책은 하나도 없다. 그러나 일부 편린들은 다소 변형된 형태로 후세 이스마일파 문헌에 남아 있다. 이에 대해선 W. Ivanow, *Ismaili literature: a bibliographical survey* (2nd, edn., Tehran, 1963)를 참고하라. 또한 12세기 순니파 신학자 알 샤라스타니al-Shahrastānī는 그중에 중요한 구절을 아랍어로 바꿔 인용했다(*Al-Milal wa'l-nihal*, ed. W. Cureton, London 1846, 150-2; ed. A. Fahmī Muhammad, i, Cairo 1948, 339ff. ; English trans. Hodgson, *Assassins*, 325-8).

진위가 논란이 되었던 두 개의 문서가 후세 페르시아 문집에 인용되었는데, 바로 술탄 말리크샤와 하산 이 사바가 서로 주고받았다고 추정되는 편지였다. 우선 술탄은 하산에게 새로운 종교를 세워 일부 무지한 산악 지대 주민을 호도하고 이슬람의 정당한 이바시드 칼리프를 부인하고 배반했다고 비난을 가한다. 동시에 하산 본인, 알라무트, 추종자들이 온전히 살아남으려면 그러한 사악한 길을 포기하고 이슬람으로 회귀하라고 요구한다. 이에 하산은 정중하고 품위 있게 표현한 답신에서, 자서전적 분위기를 강하게 풍기는 글을 통해 진정한 이슬람으로서 자신의 신앙을 변호한다. 즉 압바스조 왕조가 찬탈자이자 사악한 행위자이며 진정한 칼리프는 파티마 이맘이라고 주장한다. 그러면서 술탄에게 압바스조 왕조의 허위적인 주장과 니잠 알 물크의 음모, 그 외에 여러 압제자들의 악행에 대해 경고하면서, 술탄이 그들에 대한 조치를 취해 주기를 촉구한다. 그리고 만약 그렇게 하지 않겠다면 더욱 정당한 다른 군주가 반란을 일으켜 그 자리를 차지할 것이라고 협박한다. 이 텍스트는 조금 다른 형태로 발간되었다(Mehmed şerefuddin [Yaltkaya], in *Darülfünun Ilahiyat Fukültesi Mecmuasi, Istanbul*, vii/4, 1926, 38-44). 이후에 다시 단독 형태로 나왔고(Nasrullah Falsafī, *Ittilā'āt-i Māhāna*, Tehran, 3/27, Khurdād 1329 s. 12-16), 동 저자가 다른 저서에 재수록했다(*Čand*

maqāla, Tehran 1342 s., 415-25). 위 저서의 편집자는 이 편지를 진짜라고 인정하며, 오스만 투란Osman Turan은 조금 신중한 입장을 취한다(*Selçukular tarihi ve Türk-Islam medeniyeti*, Ankara 1965, 227-30). 반면 카페소글루는 인정하지 않는다(*Sultan Melikşah*…, 134-5, nn.). 하산의 것이라고 추측하는 편지를 그의 삶에 대해 알려진 사실과 비교하고 또 지금까지 남아 있는 이스마일파 편지 양식 견본과 비교해 본다면, 카페소글루의 의혹을 확인할 수 있을 것으로 본다.
후세 페르시아 역사가들은 하산 이 사바와 이후 알라무트의 계승자들에 대해 설명할 때, 주로 주바이니와 라시드 알 딘에 토대를 두고 있으며, 여기에 분명히 전설에서 기원한 이야기를 일부 덧붙인다. 한편 그 정보를 알려주는 다른 출처들도 있다. 이스마일파에 대한 가장 귀중한 정보는 셀주크 제국 당시의 연대기부터 그 시대에 근접한 연대기에 다 모여 있으며, 이 안에는 전체 역사와 지역의 역사를 모두 아우르는 아랍어와 페르시아어 저서가 다 포함되어 있다. 그중 최고의 연대기는 유명한 아랍의 역사가 이븐 알 아시르(Ibn al-Athīr, 1160-1234)의 것이다. 그의 역사(*Al Kāmil fi'l-ta'rīkh*, 14 vols., ed. C. J. Tornberg, Leiden-Upsala, 1851-76; reprinted in Cairo, 9 vols., 1348 ff.: 이 두 개의 판을 모두 인용하였다.)는 풍부한 관련 정보를 비롯해 하산 이 사바의 짤막한 전기도 들어 있는데, 하산의 자서전 *Sarguzasht*와 확실히 별개의 내용이다 이 전기의 전문은 아직 세상에 나오지 않은 자료인데, 후세 이집트의 연대기 작가가 제시했다(Maqrīzī, *al-Muqaffā*, Ms. PertevPasha 496, Istanbul). 종합적으로 이 시대의 역사가들에 관해 알고 싶다면, Claude Cahen, 'The historiography of the Seljuqid period, in B. Lewis and P. M. Holt edd., *Historians of the Middle East* (London, 1962, 59-78)를 참고하라.
문헌 자료 외에 더 많은 고고학적 증거 자료도 있다. 이란에 있는 이스마일파 성의 유적과 관련된 저서는 1장의 주석 15번, 3장의 주석 22번에서 언급했다.

1 Rashīd al-Dīn, 97, Kāshānī, 120, Juvayni, 187/667에서는 하산이 라이에서 태어났다고 나온다. 한편 다른 자료들에 의하면 어렸을 때 라이로 이주했다

고 한다. 이런 차이는 맨 처음 주바이니가 경솔하게 요약·축소하는 바람에 발생한 것 같다. 이븐 알 자우지Ibn al-Jawzī(d. 1201)에 의하면, 하산은 본래 마르브 출신으로 청년 시절 압드 알 라자크 이븐 바흐람 'Abd al-Razzāq ibn Bahrām의 비서직을 수행했다(*Al-Muntazam*, ix, Hyderbad 1359, 121; *Talbīs Iblīs*, Cairo 1928, 110; English translation by D. S. Margoliouth, 'The Devil's Delusion', *IC*, ix, 1935, 555). 하산이 말리크샤에게 보냈다고 추정되는 서신에서, 그는 부친이 순니파 중 샤피이파(Shāfi 'ī Sunnī, 순니파가 공인하는 4대 법학파 중의 하나로 이론과 실천의 일치를 특징으로 하며 현재 팔레스타인, 레바논, 동남아시아 등에서 우세하다. —역주)였으며 자신도 그렇게 양육되었다고 말하고 있다. 이 내용은 그 서신의 진위를 의심케 하는 여러 사항들 중의 하나이다. Hodgson, 43, Falsafī, 406을 참고하라.

2 Juvayni, 188-9/667-8; Rashīd al-Dīn, 97-9; Kāshānī, 120-3; Hodgson, 44-5. Ibn Attāsh에 관해서는 *EI*(2)에서 B. Lewis가 쓴 'Ibn Attāsh' 아래 설명을 찾아보라.

3 Rashīd al-Dīn, 110-2. 세 명의 동문에 대한 이야기는 다음을 참고하라.
E. G. Browne, 'Yet more light on 'Umar-i Khayyām', *JRAS*, 1899, 409-16.
위에서 인용한 H. Bowen 논문.
Browne, *Lit. hist.*, 190-3.
M. Th. Houtsma, *Recueil de texes relatifs à l'histoire des Seldjoucides*, ii, Leiden 1889, preface, pp. xiv-xv, n. 2.
Hodgson, 137-8.
Falsafī(406-10)는 이 이야기가 진짜라고 옹호한다. 최근 어느 이집트의 자료도 하산 이 사바가 가잘리와 동문이었다고 한다(Ibn al-Dawādārī, *Kanz al-durar*, vi, ed. Salāh al-Dīn al Munajjid, Cairo 1961, 494). 이는 내용을 잘못 이해하여 생긴 문제로 보인다.

4 Ibn al-Athīr, 494, x, pp.215-6/viii, 201. (Ibn al-Athīr, *anno* 494, ix, 304-5/viii

와 *anno* 487, x, 161/viii, 172-3을 참고하라.) 이븐 알 아시르에 따르면, 하산은 상인으로 변장한 채 이집트로 이동했다. 더 많은 내용을 알고 싶다면, Maqrīzī, *Muqaffiā*에서 'al-Ḥasan ibn al-Ṣabbāḥ'를 찾아 설명을 보라.

5 하산이 이집트로 오간 여행에 대해 직접 설명한 내용은 세 가지 버전에 근거했다. 다음을 참고하라.

Juvayni, 189-91/668-9; Rashīd al-Dīn, 99-103; Kāshānī, 122-5.

Hodgson, 45-7(하산의 이집트 체류 기간에 대한 착오는 *EI*(2)에 실린 Hodgson의 논문에서 정정되었다.).

Falsafī, 411-2.

하산의 직접 설명에 따르면 그가 이집트에서 개인적으로 파티마 칼리프를 만나지 않았다는 것은 분명하다. 따라서 이븐 알 아시르가 그런 만남에 대해 쓴 이야기와 칼리프가 본인의 후계자에 대해 일부러 애매모호하게 이름을 언급했다는 이야기는 사실이 아니다. Asaf A. A. Fyzee, *Al-Hidāyatu'l-Āmirīya* (London-Calcutta 1938, 15)를 참고하라.

하산이 말리크샤에게 보냈다는 그 의심스러운 서신에 하산의 흥미로운 주장이 들어 있다. 즉 파티마의 군대 사령관이 압바스조 칼리프의 사주를 받아 하산을 공격했는데, 혼자 힘으로 적의 음모에서 살아났다는 주장이었다.

6 Juvayni, 190/669.

7 Ibn al-Faqīh, *Mukhtasar Kitāb al Buldān*, ed. M. J. de Goeje, Leiden 1885, 283. cit. V. Minorsky, *La Domination des Dailamites*, Paris 1932, 5.

8 Ibn al-Athīr, *anno* 494, x, 215/viii, 201.

9 Juvayni, 193/669-70.

10 Juvayni, 193-5/669-71; Rashīd al-Dīn, 103-5; Kāshānī, 125-8; Ibn al-Athīr *anno* 494, x, 216/viii, 201-2; Hodgson, 48-50; Falsafī, 413-4.

11 Rashīd al-Dīn, 134; Kāshānī, 154와 Juvayni, 216/683의 다양한 판본.

특이하게 주바이니는 '선교, 임무'라는 뜻의 *da'vat*를 '이교도 혁신'이라는 뜻의 *bid'at*로 바꾸어 놓았다.

12 Juvayni, 199/673-4; Rashīd al-Dīn, 107; Kāshānī, 130.

13 Juvayni, 208-9/679; Rashīd al-Dīn, 115-16; Kāshānī, 136-7.

14 Juvayni, 200/674; Rashīd al-Dīn, 107-8; Kāshānī, 130-1; Ibn al-Athīr, *anno* 494, x, 217/viii, 202; Hodgson, 74.

15 Ibn al-Athīr, *anno* 494, x. 217/viii, 202; Hodgson, 76.

16 Ibn al-Jawzī, *Al Muntazam*, ix, Hyderbad 1359 A. H., 120-1.

————, *Talbīs Iblīs*, Cairo 1928, 110. (영역본 D. S. Margoliouth, *IC*, ix, 1935, 555)

Ibn al-Athīr, *anno* 494, x, 213/viii, 200-1; Hodgson, 47-8.

17 Juvayni, 201-2/674-5. 다음을 참고하라.

Rashīd al-Dīn, 108-9; Kāshānī, 131; Hodgson, 74-5.

18 Rashīd al-Dīn, 110. 다음을 참고하라.

Juvayni, 204/676-7 (그리고 이 텍스트 pp.406-7에 나온 편집자 주석); Kāshānī, 132-3; Ibn al-Athīr, *anno* 485, x, 137-8/viii, 161-2; M. Th. Houtsma, 'The death of Nizam al-Mulk and its consequences', *Journal of Indian History*, iii, 1924, 147-60; Hodgson, 75.

19 Muh. Taqī Dānishpazhūh가 편집한 페르시아어 텍스트 (*Revue de la Facult'e des Lettres, Université de Tabriz*, xvii/3, 1344 s., 329). 이 책을 포함해 이후 저서에서 다니시파주 박사는 이스마일파와 관련된 일군의 흥미로운 자료들, 주로 강력한 논박 자료를 발간했다.

20 W. Ivanow, 'An Ismaili poem in praise of Fidawis', *JBBRAS*, xiv, 1938, 63-72.

21 W. Ivanow, 'The organization of the Fatimid propaganda', *JBBRAS*, xv, 1939, 1-35. Khaki Khorasan(1622년경 호라산의 디즈바드 출신으로 본명 이맘 쿨리Iman Quli, 필명 카키로 유명한 이스마일파 시인이다. ―역주)의 작품 *Divan*에 대한 W. Ivanow의 저서(Bombay, 1933, 11)와 *Haft bab of Abu*

Ishaq Quhistani (Bombay, 1959, 11-14) 서문에 밝힌 비평을 참고하라. 그리고 더 많은 내용을 알고 싶다면 *EI*(2)에 실린 Hodgson의 논문 'dā'ī'와 M. Canard 논문 'da'wa'를 찾아보라. 계급에 관해선 나시르 알 딘 투시Nasīr al-Dīn Tūsi의 *The Rawdatu'l-Talism*에 나와 있는데 이 책은 보통 *Tasawwurat*라고 부른다. W. Ivanow가 이 책을 편집하고 번역하여 1950년에 봄베이에서 출간하였다. 원본 pp.96-7, 번역본 pp.143-4를 찾아보라. 초기 자료에 근거해서 나온 이스마일파에 대한 현대판 설명은 Mian Bhai Mulla Abdul Husain, *Gulzari Daudi for the Bohras of India*, Ahmedabad, 연대미상(? 1920)을 찾아보라.

22 Juvayni, 207-8/678-9; Rashīd al-Dīn, 116-120; Kāshānī, 137-41; Hodgson, 76 주석/ 86-7. 기르드쿠 성에 대해서는 다음을 참고하라.

W. Ivanow, 'Some Ismaili strongholds in Perisa', *IC*, xii. 1938.

Manučehr Sutūdah, 'Qal 'a-i Girdkuūh', *Mihr*, viii (1331 s.), 339-43, 484-90.

23 이스파한 내 이스마일파의 흥망은 알라무트 연대기에서 별로 주목을 받지 않았던 것 같다. 주바이니는 이 주제에 대해 아무런 언급을 하지 않으며, 라시드 알 딘(120 f.)과 카샤니(142. f.)도 짤막한 설명을 한다. 아무래도 이 내용은 비이스마일파 다른 자료를 근거로 쓴 것 같다. 이 에피소드는 그 시대의 일반 자료에서 논의된다. 예를 들면 다음과 같다.

Ibn ar-Rāwandī, *Rāḥat-uṣ-Ṣudūr*, ed. Muh Iqbál, London 1921, 155-61.

Ẓahīr al-Dīn Nīshāpūrī, *Salijūqnāme*, Tehran 1332 s., 39-42.

Ibn al Jawzi, *Muntazan*, ix, 150-1.

Al-Bundārī(약칭, Imad-al-Din) *Historie des Seldjoucides de l'Iraq*, ed. M. Th. Houtsma, *Recueil de textes relatifs à l'historie des Seldjoucides*, Leiden 1889, 90-2.

Ibn al-Athīr, *anno* 494, x, 215-17/viii; *anno* 500, x, 299-302/viii. 242-3 etc.

현대 자료는 다음과 같다.

Hodgson, 85-6, 88-9, 95-6.

Lewis, *EI*(2)에 실린 'Ibn 'Attāsh' 단어 이하 설명.

Muh. Mihryār, 'Shāhdiz Kujāst?', *Revue de la Faculté des Letters d'Isfahan*, i (1343/1965), 87-157.

24 Ibn al-Athīr, *anno* 494, x, 220/viii, 203.

25 Ibn al-Athīr, *anno* 497, x, 260/viii, 223.

26 Ibn al-Athīr, *anno* 494, x, 221/viii, 204.

27 Ibn al-Athīr, *anno* 500, x, 299/viii, 242. 이븐 알 아시르는 이 포위 사건에 대해 전면적으로 설명해 준다.

28 Ibn al-Qalānīsī, *History of Damascus*, ed. H. F. Amedroz, Beirut 1908, 153. 프랑스어 번역본 R. Le Tourneau, *Damas de 1075 à 1154*, Damascus 1952, 68-9.

29 Juvayni, 211/680. 다음을 참고하라.

Rashīd al-Dīn, 124-5; Kāshānī, 135-6; Ibn al-Qalānīsī, 162(= Le Tourneau, 83-4); al-Bundārī, 98-100; Ibn al-Athīr, *anno* 503, x, 335/viii, 259; Hodgson, 97.

30 Juvayni, 207/678.

31 Juvayni, 212/681; Rashīd al-Dīn, 126-32; Kāshānī, 141이하; Ibn al-Athīr, *anno* 511, x, 369-70/ix, 278.

32 al-Bundārī, 147.

33 Juvayni, 213-5/681-2. 다음을 참고하라.

Rashīd al-Dīn, 123; Kāshānī, 144. 어느 시리아 이스마일파 저자는 그 단검과 메시지를 살라딘과 연관시켜 이야기해 준다.

34 Ibn al-Qalānīsī, 203.

영역본 H. A. R. Gibb, *The Damascus chronicle of the Crusades*, London 1932, 163.

35 Rashīd al-Dīn, 133, 137; Kāshānī, 153, 156을 참고하라.

36 Ibn Muyassar, *Annals d'Egypte*, 65-6. 같은 책 68-9와 다음을 참고하라.

Ibn al-şayrafī, *Al Ishāra ilā man nāla'l-wizāra*, ed. Ali Mukhlis, BIFAO, xxv, 1925, 49.

S. M. Stern, 'The epistle of the Fatimid Caliph al-Āmir(al-Hidāya al-Āmiriyya) - its date and purpose', *JRAS,* 1950, 20-31.

Hodgson, 108-9.

37 Juvayni, 215/682-3; Rashīd al-Dīn, 133-4와 Kāshānī, 153-4를 참고하라.

38 Ibn al-Athīr, *anno* 494, x, 216/viii, 201.

Maqrīzī, *Muqaffiā*에서 'al Ḥasan ibn al Ṣabbāḥ'를 찾아 설명을 보라.

39 Juvayni, 210-680; Rashīd al-Dīn, 124와 Kāshānī, 145를 참고하라.

40 위와 같은 인용문.

41 자서전에 대해서는 이번 장 앞에 나온 참고문헌 주석을 찾아보라. 그의 전문 서적은 총 4장으로 구성되었다고 하는데, 그 요약본이 아랍어 버전으로 나와 있다. 앞에서 인용했듯이 12세기 이교 연구 전문가 al-Shahrastānī의 *Al-Milal wa'l-niḥal*을 보라. 그리고 그것의 영역본 Hodgson, 325-8도 찾아보라.

4장

앞서 하산 이 사바의 생애를 다룬 자료에 대해 언급했던 많은 자료들이 그가 사망하고 몽골에 정복당하기 이전까지의 시기에 페르시아 내 이스마일파의 역사에 그대로 적용된다. 우리의 주된 자료는 여전히 Juvayni, Rashīd al-Dīn, Kāshānī가 인용한 알라무트의 연대기이다. 니자리 이스마일파의 현존 문헌은 주로 종교적인 내용을 담고 있으나, 일부 역사적 관심을 표현한 구절도 있다. 추가 정보는 여러 역사가들이 셀주크, 호라즘 왕국, 몽골 시대에 관하여 아랍어와 페르시아어로 쓴 기타 문헌을 통해 구할 수 있다. 이 저서들 중에 유럽어로 번역된 것은 아직까지 극소수에 불과하다. 보일Boyle 교수의 Juvayni 영역본 외에 다음의 자료들이 참조할 만하다.

Ch. Defrémery, 'Histoire des Seldjoucides' [the *Tārīkh-i Guzida* of Hamdullah Mustawfī], in *JA*, xi, 1848, 417-62; xii, 1848, 259-79, 334-70.

H. G. Raverty, *Ṭabaḳāt-i Nāṣirī* [by Minhāj-i Sirāj Juzjānī], 2 vols., London 1881.

O. Houdas, *Histoire du Sultan Djela ed-Din Mankobirti* [by Muhammad al-Nasawī], London 1895.

E. G. Browne, *History of Tabaristan* [by Ibn Isfandiyār], London 1905.

각각 542/1147-8년, 548/1153-4년, 551/1156-7, 555/1160-1161년에 이스마일파 조폐창에서 주조했던 동전에 대해서는 P. Casanova, 'Monnaie des Assassins de Perse', *Revue Numismatique*, 3e série (xi. 1893, 343-52)에서 검토하였다. 이스마일파의 작은 금화 동전 하나가 이스탄불 고대 박물관(Istanbul Museum of Antiquities)에 보관되어 있다(E 175).

이스마일파의 역사에 대한 기본적인 단행본은 Hodgson 교수의 저서이다. 여기에서 그는 다른 학자들의 초기 저서, 특히 W. Ivanow의 연구에 대해 논의하고 있다. 좀 더 짧은 설명은 *EI*(2)에 실린 논문 'Alamūt', 'Buzurg-ummīd' 등을 찾을 수 있을 것이다. 이스마일파 역사에 대한 특정한 면을 다룬 논문은 다음과 같다.

Mme L. V. Stroyeva, '"Den' voskresenya iz mertvikh" i ego sotsial'naya sushčnost'', *Kratikiye Soobshčeniya Instituta Vostokovedeniya*, xxxviii, 1960, 19-25.

————, 'Posledinii Khorezmshah i Ismailiti Alamuta', *Issledovaniya po istoriikul'turi nardov vostoka:sbornik včest' Akademika I. A. Orbeli*, Moscow-Leningrad 1960, 451-63.

지역 역사 속에 나타난 이스마일파와 그들의 입지에 관한 설명은 H. L. Rabino di Borgomale, 'Les dynasties locales du Gîlân et du Daylam', *JA*, ccxxxvii, 1949,

301 이하, 특히 314-6에 나와 있다.

셀주크 왕조와 그 계승자들에 관해서는 Claude Cahen in K. M. Setton (editor-in-chief), *A history of the Crusades*, vol. i , ed. M. W. Baldwin, Philadelphia 1955 중 5장과 vol. ii , edd. R. L. Wolff and H. W. Hazard, 1962 중 19, 21장을 참고한 것이다. 그리고 *EI*(1)과 *EI*(2)에 실린 관련 논문을 참조한 것이다. 터키, 페르시아, 아랍의 학자들이 수행한 상세 저서는 다음과 같다.

Osman Turan, *Selçuklular tarihi ve Türk-Islâm medeniyeti*, Ankara 1965.

Mehmed Altay Köymen, *Büyük Selçuklu Imparatorluğu tarihi*, ii. *Ikinci Imparatorluk devri*, Ankara 1954.

Husayn Amīn, *Ta'rīkh al-'Irāq fi'l-'aṣr al-Salijūqī*, Baghdad 1965.

Ibrahim Kafesoğlu, *Harezmşhler deveti tarihi*, Ankara 1956.

Abbās Eghbāl, *Tārīkh-i mufaṣṣal-i Irān* ……, i, Tehran 1341 s.

1 Ibn al-Athīr, anno 520, x, 445/viii, 319. 다음을 참고하라.

Ibn Fundug Bayhaqī, *Tārīkh-i Bayhag*, ed. Ahmad Bahmanyār, Tehran, (연대 미상), 271-276; Köymen, 151-6; Hodgson, 101-2.

2 Ibn al-Athīr, *anno* 521, x, 456/viii, 325. 다음을 참고하라.

Khwāndamīr, *Dastūr al-vuzarā*, Tehran 1317, 198.

Nāsir al-Dīn Munshī Kirmānī, *Nasā'i, al-asḥār*, ed. Jalāl al-Dīn Muhaddith, Tehran 1959, 64-9.

'Abbas Eghbāl, *Vazārat dar 'ahd-i salātīn-i buzurg-i Saljūqī*, Tehran 1338 s., 254-60.

3 Rashīd al-Dīn, 138; Kāshānī, 158.

주바이니는 마이문디즈Maymūndiz 건설에 대해 언급하지 않는다. 마이문디즈에 대해 상세한 설명을 보고 싶으면 Willey, *The castles of Assassins*, 158 이하를 찾아보라.

4 *Tārīkh-i-Sīstān*, ed. Bahār, Tehran 1935, 391.

5 Rashīd al-Dīn, 140, Kāshānī, 159.

6 Juvayni, 220-1/685.

Rashīd al-Dīn, 141-2; Kāshānī, 164-5; Hodgson, 104를 참고하라.

7 Rashīd al-Dīn, 142; Kāshānī, 165; Hodgson, 103.

8 Rashīd al-Dīn, 141; Kāshānī, 160-4 (매우 완벽한 설명); Hodgson, 103.

9 Juvayni, 221/685.

10 Rashīd al-Dīn, 146; Kāshānī, 168.

11 Rashīd al-Dīn, 146-7; Kāshānī, 168-9; Ibn al-Athīr, *anno* 532, xi, 40-1/viii, 362; Köymen, 304; Kafesoğlu, 26; Hodgson, 143-4.

12 Rashīd al-Dīn, 155; Kāshānī, 176; Ibn al-Athīr, *anno*, 541, xi, 76-7/ix, 15; Hodgson, 145-6.

13 Juvayni, 222-4/686-7.

Rashīd al-Dīn, 162-4; Kāshānī, 183-4를 참고하라.

14 Abū Ishāq Quhistānī, *Haft bāb*, ed. and trans. by W. Ivanow, Bombay 1959, 41. 다음을 참고하라.

W. Ivanow, *Kalām-i Pīr*, Bombay 1935, 60-1과 115-7.

Juvayni, 226-30/668-91; Rashīd al-Dīn, 164 이하; Kāshānī, 184 이하.

Haft bāb-i Bābā Sayyidna (ed. W. Ivanow in *Two early Ismaili treatises*, Bombay 1933. 영역본과 설명이 Hodgson의 *Assassins*, 279-324에 있다.)에 실린 그외 이스마일파 분석.

Tūsī, *Rawdat al-taslīm* (index)에 실린 그외 이스마일파 논의들.

Hodgson, 148-57에 나온 논의들.

Bausani, *Perisia religiosa*, 211-2.

H. Corbin and Moh. Mo'in, edd., Nasir-i Khosrow, *Kitab-e Jami' al-hikmatain*, Tehran-Paris 1953, introduction, 22-5.

Stroyeva, 'Den' voskresenya …' 앞에 참고문헌 설명에서 인용된 부분.

15 Juvayni, 230/691.

Rashīd al-Dīn, 166; Kāshānī, 186을 참고하라.

16 Juvayni, 237-8/695-6.

Rashīd al-Dīn, 168-9; Kāshānī, 188을 참고하라.

8세기에 존재했던 교살 종파가 이와 비슷한 교리를 표방했다.

17 Rashīd al-Dīn, 169.

Juvayni, 238/696; Kāshānī, 188(하산을 찬양하는 이스마일파의 경건한 찬사를 일부 발췌함)을 참고하라.

18 Juvayni, 239/697.

Rashīd al-Dīn, 169-70; Kāshānī, 191; Hodgson, 157-9를 참고하라.

19 Rashīd al-Dīn, 170-3.

Kāshānī, 192-4; Hodgson, 183을 참고하라.

20 P. Kraus, 'Les "Controverses" de Fakhr al-Dīn Rāzī', in *BIE*, xix, 1936-7, 206 ff. (영역본은 *IC*, vii, 1938, 146 이하에 나와 있음.)

21 Juvayni, 241-4/698-701.

Rashīd al-Dīn, 174 이하; Kāshānī, 198 이하; Hodgson, 217 이하를 참고하라.

22 Juvayni, 247/702-3; Kāshānī, 199; Hodgson, 224-5.

23 Juvayni, 248/703.

Rashīd al-Dīn, 177-8; Kāshānī, 200-1 참고하라.

24 Juvayni, 249/703-4.

Rashīd al-Dīn, 178; Kāshānī, 201을 참고하라.

25 Hammer, *History of the Assassins*, 154-5.

26 Nasīr al-Dīn Tūsi, *Rawdat al-taslīm*, 원본 p.49, 영역본 pp.67-8.

Hodgson, 229-31을 참고하라.

27 Juvayni, 249-53/704-7.

Rashīd al-Dīn, 179 이하; Kāshānī, 210 이하를 참고하라.

28 Mohammed en-Nesawi[Nasawī], *Histoire du Sultan Djela ed-Din Mankobirti*, ed. O. Houdas, Paris 1891, 132-4와 프랑스어 번역본, Paris 1895, 220-3. 최근에 Mujtabâ Minovi 교수가 편집한 페르시아어 번역본 *Sīrat-e Jelāloddīn* (Tehran, 1965), 163-6을 보라.

29 Nasawī 아랍어 원본, 214-5; 프랑스어 번역본, 358-9; 페르시아어 원본, 232-3.

30 Rashīd al-Dīn, 181.
Kāshānī, 205; Hodgson, 257을 참고하라.

31 Juvayni, 253-6/707-9.
Rashīd al-Dīn, 182-4; Kāshānī, 205-6을 참고하라.

32 Minhāj-i Sirāj Juzjānī, *Tabakāt-i Nāsirī*, ed. Abdul Hai Habib, 2nd edn., i, Kabul 1964, 182-3. 그리고 영역본 H. G. Raverty, ii, 1197-8.

33 Juvayni, 260/712-3.
Rashīd al-Dīn, 185-6; Kāshānī, 207을 참고하라.

34 Juvayni, 265/716.
Rashīd al-Dīn, 189; Kāshānī, 209를 참고하라.

35 Juvayni, 267/717.
Rashīd al-Dīn, 190; Kāshānī, 210을 참고하라.

36 Rashīd al-Dīn, 192. Kāshānī, 213에서는 이 여자를 투르크인이라고 부르고 있다. Juvayni, 274/722에서는 좀 더 자세하게 설명하면서 그 여자를 투르크 하층민으로 둔갑시켰다. 이 점에 대해서는 보일 교수의 번역본 p.722에 나온 주석을 찾아보라. 낙타 일화에 대해서는 주바이니와 카샤니의 입장이 똑같고 라시드 알 딘(213)의 버전이 조금 다르다.

37 Juvayni, 136/63-7.

38 Juvayni, 274/724-5.
Rashīd al-Dīn, 194; Kāshānī, 215를 참고하라.

39 Juvayni, 139-42/639-40.

40 Juvayni, 278/725.

Rashīd al-Dīn, 194-5; Kāshānī, 215를 참고하라. 마지막 인용구는 꾸란 6장 116절에 나온다.

5장

시리아 내 아사신파의 역사에 대해서는 많은 저서들이 나왔다. 가장 최근에 나온 분석은 Hodgson의 저서 *Assassins* 관련 부분과 B. Lewis, 'The Ismā'īlites and the Assassins', K. M. Setton(editor-in-chief), *A history of the Crusades*, i, ed. M. W. Baldwin, *The first hundred years* (Philadelphia, 1955, 99-132)에서 찾을 수 있을 것이다. 마지막 책은 완전한 참고문헌 목록을 수록하고 있다. 이보다 초기 문헌은 B. Lewis, 'The sources for the history of the Syrian Assassins'(*Speculum*, xxvii, 1952, 475-89)에서 개관했다. 조금 오래된 연구 중에서 Ch. Defrémery의 논문 두 편 'Nouvelles recherches sur les Isma'eliens ou Bathiniens de Syrie', *JA*, 5e série, iii, 1854, 373-421; x, 1855, 5-76은 여전히 주목할 만하다. 좀 더 최근에 나온 연구로는 B. Lewis, 'Saladin and the Assassins' (in *BSOAS*, xv, 1953, 239-45), J. J. Saunders, *Aspects of the Crusades* (Christchurch, New Zealand, 1962) 중에 3장(아사신파의 역할)과 pp.22-7을 찾아보라. 그리고 미 발간 박사학위 논문으로 Nasseh Ahmed Mirza, *The Syrian Ismā'īlīs at the time of the Crusades* (Durham, 1963)가 있다.

최근에 시리아 이스마일파 저자들이 저서와 연구 논문을 발간하기 시작했다. 여태까지 저서들은 주로 종교 교리의 내용을 담고 있고, 역사적 관심을 기울인 내용은 거의 전하지 않는다. 일부 정보는 Mustafā Ghālib가 일부 종래 자료를 바탕으로 쓴 현대 전기 사전, *A'lām al-Ismā'īliyya* (Beirut, 1964)와 Arīf Tāmir가 아래와 같이 아랍 저널에 낸 수많은 논문을 통해 찾게 될 것이다. 이중엔 초기의 몇몇 증거 자료들이 포함되어 있다.

'Sinān Rāshid al-Dīn aw Shaykh al-jabal', *Al-Adīb*, May 1953, 43-5.

'Al-Amīr Mazyad al Hillī al-Asadī, Shā'ir Sinān Shaykh al-jabal', *Al-Adīb*, August 1953, 53-6.

'Al-Shā'ir al-Maghmūr: al-Amīr Mazyad al-hilli al-Asadī', *Al-Ḥikma*, January 1954, 49-55.

'Al-Firqa al-Ismā'īliyya al-Bātiniyya al-Sūriyya', *Al-Ḥikma*, February 1954, 37-40.

'Al-Fatra al-mansiyya min ta'rīkh al-Ismā'īliyyīn al-Sūriyya', *Al-Ḥikma*, July 1954, 10-13.

'Safahāt aghfalahā al-ta'rīkh 'an al-firqa al-Ismā'īliyya al-Sūriyya', *Al-Ḥikma*, September 1954, 39-41.

'Furū' al-shajara al-Ismā'īliyya al-imāmiyya', *Al-Mashriq*, 1957, 581-612. (알라무트 군주 잘랄 알 딘 하산이 시리아 내 이스마일파에게 보낸 서신 한 통의 원문이 수록되어 있다. pp.601-3)

타미르는 영어 논문 'Bahram b. Musa: the supreme Isma'ili agent'(in Ismaili News, Uganda, 21, March 1954)와 아랍어 역사 소설 *Sinān wa-Ṣalāḥ al-Dīn* (Beirut, 1956)을 비롯하여 그외 상당히 많은 저서를 발간했다.

지금까지 세상에 밝혀진 것을 보자면, 시리아의 이스마일파 역사에 대해선 주바이니와 그외 여러 페르시아 역사가들이 썼던 알라무트의 연대기에 필적할 만한 사료가 보존되지 않았던 것 같다. 시리아 이스마일파 수장 중에 가장 중요한 인물인 시난Sinān에 대한 이스마일파의 전기도 최근에야 역사적인 가치가 별로 없는, 미화된 영웅전으로 나왔을 뿐이다. 이 전기는 프랑스어 번역본이 출간되었다. 먼저 S. Guyard, 'Un grand maître des Assassins au temps de Saladin'(*JA*, 7e série, ix, 1877, 324-489)이 나왔고, 이후 Mehmed şerefuddin[Yaltkaya],

Darülfünun Ilahiyat Fukültesi Mecmuasi, ii /7(Istanbul 1928, 45-71)에 재수록했다. 이스마일파의 기원에 관한 몇몇 증거가 시난의 생애 속에서 인용되고 있으며 이는 카말 알 딘 이븐 알 아딤Kamāl al-Dīn Ibn al-'Adim의 미 발간 알레포 전기 사전에도 포함되어 있다. B. Lewis, 'Kamāl al-Dīn's biography of Rashīd al-Dīn Sinan'(*Arabica*, xiii, 1966)에 원본과 영역본, 설명이 담겨 있다.

그와 같은 단편적인 현존 자료와 각 지역의 비문(비문에 대해선 M. van Berchem, 'Ephigraphie des Assassine de Syrie', *JA*, 9ᵉ série, ix, 1897, 453-501을 참고하라.)을 제외하면 시리아 아사신파는 당대 시리아의 일반 역사 자료에 의존해야 한다.

1 B. Lewis, 'Three biographies from Kamāl al-Dīn', *Mélanges Fuad Köprülü*, Istanbul 1953, p.336 아랍어 원본.

2 Kamāl al-Dīn Ibn al-'Adim, *Zubdat al-ḥalab min ta'rīkh Ḥalab*, ed. Sāmī Dahān, ii, Damascus 1954, 532-3.

3 Ibn al-Qalānīsī, *History of Damascus*, ed. H. F. Amedroz, Beirut 1908, 215. 영역본 H.A.R. Gibb, *The Damascus chronicle of the Crusades*, London 1932, 179.

4 Kamāl al-Dīn, *Zubdat*, ii, 235.

5 Ibn al-Qalānīsī, 221, 영역본, 187-8.

6 Ibn al-Qalānīsī, 223, 영역본, 193.

7 Rashīd al-Dīn, 145, Kāshānī, 167. 두 사람은 공히 이 암살 연대를 이슬람 기원 524년으로 제시한다. 시리아 자료들도 부리Buri가 525년에 공격당하여 526년에 사망했다고 전하면서 그 사실을 입증한다. 어느 보고서에 따르면, 그를 공격했던 자들은 독이 묻은 단검을 이용했다고 한다. 독을 사용했다는 점은 당대 자료들로는 확인되지 않는데, 가능성이 매우 낮아 보인다.

8 B. Lewis, 'Kamāl al-Dīn's biography of Rashīd al-Dīn Sinan', 231-2.

9 *ibid*, 230.

10 Kamāl al-Dīn, *Zubda*, Ms. Paris, Arabe 1666, fol. 193b ff.

11 B. Lewis, 'Kamāl al-Dīn's biography of Rashīd al-Dīn Sinan', 231.

12 *ibid*, 10-11. 'the Bee' 첫 줄과 'Ṣād' 마지막 줄은 꾸란에 나오는 시이다. 그 내용은 이러하다. '신의 교리가 당도하였으니 서두르지 말고 그것을 추구하라. 신에게 영광을 바쳐라. 그리고 인간이 (신과 더불어) 연결된 모든 것으로부터 벗어나 신을 높이 들어 올려라.'(꾸란 16장, 1절) '너희는 잠시 후면 그 이야기를 분명히 알게 될 것이다.'(꾸란 38장, 88절)

13 *ibid.*, pp.12-13.

14 Muhammad al-Hamawī, *Al-Ta'rīkh al-Mansūrī*, ed. P. A. Gryaznevič, Moscow 1960, fols. 164a, 164b, 166b-167a, 170b.

15 Joinville, 89장, p.307.

16 Maqrīzī, *Kitab al-Sulūk*, ed. M. M. Ziyādā, i, Cairo 1943, 543.
프랑스어 번역본 E. Quartremère, *Histoire des sultans mamlouks*, i/2, Paris 1837, 245.
'Aynī, in *RHC, historiens orientaux*, ii/a, Paris 1887, 223.
더 자세한 사항은 Ch. Defrémery, 'Nouvelles recherches ……' 50-1을 보라.

17 Ibn Baṭṭūa, *Voyages*, ed. and French trans. by Ch. Defrémery and B. R. Sanguinetti, i, Paris 1853, 166-7.
영역본 H. A. R. Gibb, *The travels of Ibn Battuta*, i, Cambridge 1958, 106을 참고하라.

18 하마의 마스야프 지구, 트리폴리에서 킬라 알 다와Qilā' al-da'wa (선교 본부 요새)라 불리는 합동 지구의 등기부. 합동 지구는 카와비Khawābī, 카프Kahf, 울라이카 'Ulayqa, 카드무스Qadmūs, 마니카Manīqa 성을 말한다. 이 등록부에 대한 연구는 현재 진행 중이다. 최근의 역사에 대해 더 알고 싶다면 N. N. Lewis, 'The Isma'ilis of Syria today' (*RCASJ*, xxxix, 1952, pp.69-77)를 찾아보라.

6장

이스마일파의 방식, 목적, 의미에 대한 몇몇 논의는 지금까지 인용했던 저서, 특히 Hodgson과 Bertel의 저서에서 찾아볼 수 있다. 좀 더 간단하게 설명한 논의는 Margoliouth, 'Assassins'(*Hastings Encyclophdia of Religion and Ethics*)와 좀 더 최근 논문으로는 R. Gelpke, 'Der Geheimbund von Alamut - Legende und Wirklichkeit' (*Antaios*, viii, 1966, 269-93)가 있다. 이스마일주의의 종교적 진화에서 중요한 양상은 Henry Corbin, 'De la gnose antique à la gnose ismaélienne', *Convegno di scienze morali storiche e fiologiche 1956: Oriente ed Occidente nel medio evo*(Rome 1957, pp.105-46)에서 논의한다.

권력과 전제정치의 여러 문제에 대한 무슬림의 견해는 Ann K. S. Lambton의 논문에서 논의된 적이 있다.

Ann K. S. Lambton, 'The problem of the unrighteous ruler', *International Islamic Colloquium*, Lahore, 1960, 61-3.

————, 'Quis custodiet custodes: some reflections on the Persian theory of government', *SI*, v, 1956, 125-48; vi, 1956, 125-46.

————, 'Justice in the medieval Persian theory of kingship', *SI*, xvii, 1962, 91-119.

그 외에 H. A. R. *Gibb*의 *Studies on the civilization of Islam* (London 1962, 141 이하), G. E. von Grunebaum의 *Islam: essays in the nature and growth of a cultural tradition*(London 1955, 127-40)과 *Medieval Islam*(2nd edn., Chicago 1953, 142-69)을 참조하라. 암살에 대해서는 이와 같은 연구가 전혀 없는 듯 보인다. 그러나 9세기에 바그다드에서 어느 저자가 유명한 사람들의 살해와 암살의 역사 이야기를 썼다고 말할 수 있다(Muhammad ibn Habīb, *Asmā' al-mughtālīn min al-ashrāf*, ed. 'Abd al-Salām Hārūm, *Nawādir al-makhtutāt*, 6-7, Cairo 1954-1955). 범죄와 처벌, 동시에 양면 기능을 하는 살인에 대한 이슬람 법

률은 J. Schacht의 논문 'Katl' (*EI*(1))에서 논의된다.

가장 최근에 이슬람 메시아사상을 다룬 연구서는 Emanuel Sarkisyanz의 *Russland und der Messianismus des Orients* (Tübingen 1955, 223 이하)이다.

이전의 논의는 아래와 같다.

J. Darmesteter, *Le Mahdi*, Paris 1885.

E. Blochet, *Le Messianisme dand l'h'et'erodoxie musulmane*, Paris 1903.

D. S. Margoliouth, 'Mahdī', *Hastings Encyclophdia of Religion and Ethics*.

C. Snouck Hurgronje, 'Der Mahdi', *Versppreide Geschriften*, i, Bonn 1923, 147-81.

D. B. MacDonald, 'Al-Mahdī', *EI*(1).

동업조합, 민병단, 종교 단체 등 이슬람 결사체라는 주제는 광범위한 문헌을 형성했다. 그중 다른 측면들을 다룬 몇 개의 예로도 충분할 것이다.

Cl. Cahen, 'Mouvements populaires er autonomisme urbain dans l'Asie musulmane du moyen âge', *Arabica*, v, 1958, 225-50; vi 1959, 25-56, 223-65.

H. J. Kissling, 'Die islamischen Derwischorden', in *Zeitschrift für Religious - und Geistesgeschichte*, xii, 1960, 1-16.

EI(2)의 여러 논문 'Ayyār'(F. Taeschner), 'Darwīsh'(D. B. Macdonald), 'Futuwwa'(C. Cahen and F. Taescher).

1 이슬람 내 최초의 내전에 대한 이 해석을 뒷받침하는 증거를 찾으려면 Laura Veccia Vaglieri, 'Il conflitto 'Alī-Mu'āwiya e la secessione kharigita ……', *Annali dell' Istituto Universitario Orientale di Napoli*, n.s. iv, 1952, 1-94를 찾아보라.

2 명백한 예외에 관해서는 Hodgson, 114, 주석 43을 보라.

3 Hodgson, 4.

4 G. van Vloten, 'Worgers in Islam', *Feestbundel van Taal-Letter-, Geschied-en*

Aardrijkskundige Bijdragen …… *aan Dr. P. J. Veth* …… Leiden, 1894, 57-63.
I. Frielaender, 'The heterodoxies of the Shi'ites', *JAOS*, xxviii, 1907, 62-4; xxix, 1908, 92-5.
Laoust, *Schismes*, 33-4.

5 W. Ivanow, 'An Ismaili poem in praise of Fidawis', *JBBRAS*, xiv, 1938, 71.

6 J. B. S. Hardman, 'Terrorism', in *Encyclopaedia of the Social Science*.

7 Joinville 89장, p.307.

8 Hamdullah Mustawfī, *Tārīkh-i Guẓīda*, ed. E. G. Browne, London-Leiden 1910, 455-6; Ch. Defrémery의 프랑스어 번역본 (*JA*, 4e sér., xii, 1848), p.275.

9 A. E. Bertel의 저서 *Nasir-i Khosrov i Ismailizm*(특히 p.142 이하)는 바로 이런 다양한 경제적 해석을 비판적으로 점검한다. 이 책은 러시아 문헌도 인용하였다. 좀 더 최근의 견해는 앞서 언급했던 Stroyeva의 논문에 나와 있다. 바르트홀트Barthold는 독일에서 발간된 논문 'Die persische Šu'ūbīja und die moderne Wissenschaft'(*Zeitschrift für Assyriologie*, xxvi, 1911, 249-66)에서 그의 관점을 간단하게 서술했다.

찾아보기

| ㄱ |

고비노 238, 239
구舊종파 81, 82, 161, 180
구호 기사단 31, 211~213, 230
국왕·군주 시해 223~225
귀뮈슈티긴 202, 207
그루지야 134, 136, 164
기르드쿠 성 104, 105, 113, 114, 118, 156, 167, 168, 170, 171
길란 90, 114, 150, 152, 160

| ㄴ |

나스르(시난의 후계자) 210
나시르 알 딘 투시 155, 156, 169
나시르 이 쿠스라우 75, 86, 237
누르 알 딘 이븐 장기 195, 200, 207
누부위야 군대 203
누사이리파 178, 190
누슈테긴 시르기르 115
니샤푸르 109, 113, 116,128, 163
니자르(알 무스탄시르의 아들) 13, 79, 80, 81, 90, 103, 119, 141~143
니자리파 13, 14, 80, 81, 103, 104, 118, 121, 122, 161, 192, 193, 200, 203, 217
니잠 알 물크 13, 88, 89, 98~101, 106, 113, 116, 235, 254

| ㄷ |

다마스쿠스 27, 37, 89, 118, 179, 181, 185, 186, 188~192, 209, 210, 232, 236
다와 12, 87, 94, 102, 123
다와 자디다 122
다우드(셀주크 술탄) 134
다이 12, 63, 64, 69, 70, 72, 75, 77, 78, 85, 87, 92~94, 96~98, 102, 103, 119, 122, 138, 139, 156, 173, 186, 188, 213
다일람·다일람족 90~93, 104, 105, 114,

132, 139, 142
다하크 이븐 잔달 190, 195
단테 26, 27
담간 92, 93, 104, 156, 159
대마(Cannabis sativa) 42
두카크(투시의 아들) 179
드루즈파 78, 178, 190

| ㄹ |

라마사르 성 95, 115, 121, 142, 168, 171
라시드 알 딘Rāshid al-dīn(시난 이븐 살만 이븐 무함마드와 동일인물) 196
라시드 알 딘Rashīd al-dīn 45, 94, 99, 102, 119, 141, 143, 252
라이 85~87, 89, 92, 97, 99, 136, 143, 146, 156, 237
라타키아 178
라피크 103, 173
루드바르 95, 96, 98, 99, 113, 114, 128, 129, 132, 134, 139, 150, 151, 161, 167~172
루브룩의 윌리엄 33
『루바이야트』 87, 88
루소(알레포의 프랑스 총영사) 45, 47
루큰 알 딘 쿠르샤(알라 알 딘의 아들) 161~163, 167~172
뤼베크의 아르놀트 30
르베이 드 바틸리 39, 40

| ㅁ |

마니카 194
마라가 130, 132
마라트 마스린 203
마르딘 187
마르코 폴로 34, 37, 38, 42
마수드(술탄) 130, 131, 136, 197
마스야프 성 46, 194, 200, 204, 209, 212, 215
마우두드(모술의 셀주크 아미르) 185, 186, 195
마이문디즈 성 129, 161, 168, 169
마이야파리킨 89
마잔다란 90, 92, 105, 134, 136, 163
마즈드 알 딘 211
마흐디 11, 62~64, 67, 74, 103, 226
마흐무드(셀주크 술탄) 116, 130, 134
말라히다 34
말리크샤(셀주크 대 술탄) 98, 99, 106, 145, 179
매튜 32

메디나 65, 75
메카 62, 65, 75, 131, 139, 140, 149, 151
메헬라트 48
모술 134, 185, 188, 195, 196, 200, 202
몬페라트의 콘라트 30, 200, 208, 234
몽골 14, 32, 33, 45, 156, 159, 162~172, 213, 214
몽티스 46
몽포르의 필립 216
무미나바드 140
무사 알 카짐(자파르의 아들) 67
무스타지브 102
무아위야(우마이야 왕조 창립자) 59, 224
무인 알 딘 카시 128
무크타르 62
무파리즈 이븐 알 하산 이븐 알 수피 190, 191
무함마드 2세(하산의 아들) 143, 147, 154
무함마드 이븐 알 하나피야 62
무함마드 이븐 이스마일 알 다라지(드루즈파 창설자) 78
무함마드 타파르(술탄 베르크야루크의 계승자) 106, 109, 117
무함마드(부주르구미드의 아들) 133, 134, 137~139
민하즈 이 시라즈 주즈자니 166

| ㅂ |

바그다드 70, 75, 78, 79, 81, 90, 91, 101, 108, 112, 116, 130, 136, 143, 146, 148~150, 164, 165, 186, 188, 200, 210
바누 울라임 187
바냐스 189~191, 193
바다크샨 51
바드르 알 딘 아흐마드(이스마일파 특사) 157~159
바드르 알 딘(신자르의 카디) 212
바드르 알 자말리 79, 90
바라크 이븐 잔달 190
바르바로사 27, 38
바르톨로메 40
바르트홀트 240
바스라 196, 237
바이바르스(이집트의 맘루크 술탄) 213~216
바이하크 109, 128
바티니 69, 119, 120, 191, 234
바흐람(아부 타히르의 후계자) 188~190, 193, 195
버티의 제임스(아크레의 주교) 33
베르크야루크(셀주크 술탄) 105~109, 117, 232
보브린스코이 51

보에몽 4세 210
보에몽 6세 215
보흐라파 81
봄베이 48~50
부르수키 188, 195
부리 191, 192
부자 203
부주르구미드 115, 121, 127, 130~133, 139, 141
북부 아프리카 73~75, 77, 90
브로카르두스 25, 26
『비블리오테크 오리엔탈레』 40
비카 204

| ㅅ |

사르민 184, 185, 187, 203
사림 알 딘 215
사바 97
사오샨 61
사자왕 리처드 38, 208, 209, 232, 234
산자르 106~108, 113, 117, 118, 127, 129, 131, 134, 136, 232~234
산중 노인 27, 30~32, 34~38, 210, 216, 230
살라딘 14, 81, 200~210, 232, 233, 235, 236
살라미야 217
샤 칼리룰라 47, 48
샤디즈 105, 112
샤라프 알 물크(호라즘 왕국의 와지르) 156~159, 232
샤이자르 187
샤이크 37, 102, 160, 181, 197
샴스 알 딘 215, 216
샹파뉴의 앙리 백작 32, 208
성 루이 32, 212
세금 48, 118, 149, 159, 185, 211~215, 217, 230
세미요노프 51
셀주크 13, 81, 82, 86, 91~93, 96~98, 101, 104, 105, 107, 109, 110, 112, 113, 115~118, 127, 130, 131, 133, 134, 136, 144~147, 177, 179, 181, 185, 186, 195, 211, 229, 232, 233, 236, 241
순니파 11, 40, 43, 45, 52, 63, 68, 71, 74~77, 81, 86, 89, 91, 101, 109, 110, 116, 117, 122, 123, 130, 131, 136, 137, 143, 144, 147, 148, 152~154, 161, 165, 180, 198, 201, 225, 229, 232~236, 238
슈난 51
시난 이븐 살만 이븐 무함마드(시리아 아사신

파 수장) 194, 196~204, 206~209, 235, 237
시스탄 130, 166
시아투 알리 58
시아파 9, 11~13, 40, 49, 50, 58, 59, 61~67, 70, 78, 86, 91, 92, 96, 105, 113, 119, 132, 156, 178, 180, 183, 184, 187, 195, 203, 225, 226, 229, 235, 237, 239
시합 알 딘 이븐 알 아자미 207
신新종파 82, 86, 122, 161, 177, 236~238
『신실한 형제들의 편지』 72, 73
실베스트르 드 사시 41~43, 45
12이맘파 11, 67, 70, 85, 119, 147, 156, 178, 183, 235, 237
십자군 13~16, 19, 25, 27~33, 37, 41, 42, 76, 179, 185, 189, 193, 200, 201, 208, 209, 211, 234, 235

| ㅇ |

아가 칸 14, 48~50, 172, 217
아라잔 97, 111, 113
아르슬란타시 98, 99
아미라 자르랍 86, 87
아부 만수르 197
아부 만수르 알 이즐리 226
아부 무함마드 194, 197
아부 바크르(초대 칼리프) 11, 57~59, 223
아부 이브라힘 아사다바디 108
아부 타히르 알 사이(시리아 아사신파 수장) 183
아부 하심 132, 133
아부 함자 97
아불 파스 184, 185, 194
아비켄나 237
『아사신파의 역사』 43, 44
아슈라 축제 62, 63
아스칼란 120
아자즈 188, 202
아크레 33, 79, 213
아크르 알 수단 196
아파미야 184, 185, 187
아흐마드(압드 알 말리크 이븐 아타시의 아들) 105
안디즈 강 113
안티오키아 27, 179, 185
안티오키아의 레몽 194, 196, 210
알 나사위 156, 158, 159, 203
알 나시르(압바스조 칼리프) 146, 165, 227
알 다르가지니 116
알 라시드(압바스조 칼리프) 133, 134

알 마문(이집트의 와지르) 119, 120
알 마즈다가니 189, 190
알 말리크 알 살리(알레포 군주) 207
알 무기라 이븐 사이드 226
알 무스탄시르(압바스조 칼리프) 13, 78~81, 103
알 무스탈리(알 무스탄시르의 아들) 80, 81, 118
알 무이즈(파티마 칼리프) 74
알 밥 203
알 아미르(파티마 칼리프) 80, 118~120, 192, 193, 203
알 아프달 79, 80, 118~120, 193
알 카프 194
알 하자즈 91
알 하지라 208
알 하킴 알 무나짐(시리아 아사신파 수장) 183, 186
알 하킴(파티마 칼리프) 77, 78
알라무트 성 13, 32, 34, 45, 46, 50, 52, 92~99, 101, 103, 104, 106, 109, 111, 113~116, 118, 119, 121, 122, 129~134, 136~141, 143, 147~151, 154, 155, 157~162, 165, 166, 168, 169, 171, 172, 177, 178, 180, 181, 184, 187, 191, 192, 196, 197, 199, 200, 210~212, 214, 232, 237
알라위파 178
알레포 성 28, 45, 47, 90, 119, 179, 181, 183~190, 193, 195, 197, 198, 200, 201, 203, 204, 207~211, 232
알렉산드리아 80, 90, 103
알리 이븐 와파 194
알리 자인 알 아비딘(후세인의 아들) 65
알리(4대 칼리프) 58, 59, 61~63, 65, 67, 69, 70, 224, 225
알프 아르슬란 186
암살 9, 10, 13~15, 19, 20, 22, 29, 30, 31, 33, 36~39, 41, 47, 48, 59, 67, 86, 99, 100~102, 106, 109, 111~113, 116, 118~122, 129~134, 136, 149, 151, 153, 156, 159, 161, 162, 166, 173, 181, 185~187, 191, 193, 195, 199, 200, 202, 204, 207~211, 214~216, 221~225, 228, 234~236
압드 알 말리크 이븐 아타시 87, 103~105
압바스(라이 총독) 136
압바스조 칼리프 제국 13, 63, 65, 67, 70, 71, 74, 76, 79, 81, 91, 118, 130~133, 136, 146, 165, 164
야란쿠시 132

야사우르 노이안 167
야즈드 47, 90
에데사 179
에드워드 1세 214
에드워드 피츠제럴드 87
예루살렘 25, 30, 31, 179, 189, 200, 201, 208, 223
예멘 13, 51, 73, 75, 81, 85, 214
오르한 156, 157
오마르 카이얌 88, 89
요제프 폰 하머 43, 44, 152
우마르(2대 칼리프) 10, 11, 223
우마이야 칼리프 제국 10, 59, 61~63, 65, 67
우바이드 알라 알 카팁 116
우스타반드 113
우스만(3대 칼리프) 59, 223, 224
울라이카 199, 215
윌리엄(티레의 주교) 29, 31, 32, 201
유디트 222, 223
유수프 이븐 피루즈 191
이납 195
이마드 알 딘 204, 209
이맘 9, 11~14, 40, 47, 50, 62~70, 72, 74, 80, 86, 87, 89, 101, 103, 104, 110, 111, 119, 122, 123, 136~141, 143, 150, 152~155, 160~162, 165, 167~172, 178, 192, 200, 217, 225, 226, 229, 232
이브 르 브르통 32, 213
이븐 바디 186, 187
이븐 바투타 216
이븐 알 아시르 98, 108, 129, 209
이븐 와실 212
이스나 아샤리 67
이스마일(자파르 알 사디크의 아들) 40, 67
이스마일(바흐람의 후계자) 190, 191
이스파한 성 47, 89, 90, 97, 105, 106, 108~110, 112, 115, 116, 130, 132, 133, 232, 236
『인페르노』 26, 27
일 가지 89

| ㅈ |

자나 알 다울라 181, 183
자루빈 51
자발 바흐라 181, 183, 194
자발 안사리야 181
자발 알 수마크 183, 187, 194, 198, 203
자즈르 187
자지라 102
자파르 알 사디크(알리 이후 6대 이맘) 12,

67
잘랄 알 딘(호라즘 왕조 마지막 술탄) 156, 159
잘랄 알 딘 하산(무함마드 2세의 아들) 147~154, 160, 165, 210, 211, 232
장기(모술의 군주) 134,195, 200, 201
장기 왕조 195, 202, 207, 209
저스틴 세일 46
조앵빌 212, 213, 230
조지프 아널드 49
주바이니 16, 45, 95, 98, 114, 117, 131, 133, 142, 147, 149, 152, 154, 155, 161, 162, 169, 172
주잔 96
지오반니 빌라니 26

| ㅊ |

천국의 정원 35, 43, 199
칭기즈칸 146, 151, 163~165

| ㅋ |

카드무스 194, 215, 217
카라미야파 109
카라코룸 33, 167, 171
카르마티 72, 73, 77
카르발라 10, 61, 62, 65
카리바 194
카린잔 성 106
카말 알 딘 이븐 알 아딤 188
카바 131
카와비 성 194, 199, 210, 215, 216
카이로 13, 74, 75, 78, 80, 87, 89, 90, 103, 104, 118~123, 180, 184, 192, 193, 202, 203, 209, 215
카인 성 96, 97
카임 141, 153
카즈빈 92, 94, 98, 99, 130, 132, 134, 148, 149, 152, 160, 162, 166, 170, 171
카프 성 197, 215, 217
카프로티 51
카프르 나시 188
칼라프 이븐 물라이브 184
케르만 90, 98
쿠이 바라 99
쿠지스탄 90, 92, 96, 106, 113
쿠히스탄 95, 96, 98, 99, 107, 108, 113, 117, 128, 130, 134, 136, 140, 150, 156, 165~168, 170
쿰 47, 48, 85, 97
키야마 141, 147, 153

킬라 알 다와 217

| ㅌ |

타르즈 128
타림 160
타바스 96, 107, 111, 127
타브리즈 132, 134
타이브(알 아미르의 아들) 80
타즈 알 딘 212
타크리트 113
타키야 66, 153, 156, 171, 231
타히르(최초로 처형된 이스마일파) 98
탄크레드(안티오키아의 군주) 185
탈라칸 99, 129
테키시(호라즘 국왕) 146, 147
템플 기사단 31, 44, 213, 230
토르토사 29, 210
투그티긴(다마스쿠스의 투르크 군주) 188~191
투델라의 베냐민 200
투라이티트 128
투르크 76, 82, 130, 144, 145, 179~181, 188, 191, 192, 195, 206
투투시(대 술탄 말리크샤의 아우) 179
툰 96
트리폴리 179, 195, 200, 215, 216
트리폴리의 레몽 2세(아사신파에게 희생된 최초의 프랑크족) 195
티레의 윌리엄 31, 201
티플리스 시 134

| ㅍ |

파르스 96, 113
파미르 고원 51
파크르 알 딘 라지 143
파크르 알 물크(니잠 알 물크의 아들) 113
파티마(선지자 무함마드의 딸) 40, 61, 62, 65, 69, 74
파티마조 칼리프 제국 13, 50, 74~82, 87, 89, 97, 103, 118, 123, 178~180, 184, 192, 193, 201, 203, 232, 236, 239
포르데노네의 오도릭 37
폴로브체프 51
프란체스코 다 부티 27
프랑크족 90, 184, 191, 193~195, 200, 204, 209, 210, 214, 215
프레이저 47
피다이 32, 100, 101, 108, 128, 137, 143, 144, 156~158, 193
피르 37, 102

필립 6세 25

| ㅎ |

하마 194, 204, 209, 217
하마단 116, 130, 134, 146, 167
하산 알라 디크리힐 살람 142
하스바이야 190
하시시 13, 41~43
헤이세에시니 28
호라산 105~107, 132, 134, 136, 146, 165, 166
호라즘 132, 134, 145, 146, 148, 151, 156, 159, 160, 163~165, 211, 232
호자 48~50
홈스 181, 189, 209
후세인 카이니 96, 122
후세인(알리의 아들) 10, 61~63, 65
후자 102, 123
훌라구 33, 164~171

이슬람의 암살 전통

초판 인쇄 | 2007년 11월 12일
초판 발행 | 2007년 11월 19일

지은이 | 버나드 루이스
옮긴이 | 주민아
감 수 | 이희수
펴낸이 | 심만수
펴낸곳 | (주)살림출판사
출판등록 | 1989년 11월 1일 제9-210호

주소 | 413-756 경기도 파주시 교하읍 문발리 파주출판도시 522-2
전화 | 영업부 031)955-1350 기획편집부 031)955-1373
팩스 | 031)955-1355
이메일 | salleem@chol.com
홈페이지 | http://www.sallimbooks.com

ISBN 978-89-522-0725-8 03910

값 12,000원